소공할까?
개공할까?

소공할까?
개공할까?

조성자 지음

매일경제신문사

공인중개사는 중개업의 자격을 얻기 위한 법을 공부한 사람이다. 법학을 전공한 교수님들은 중개할 때 필요한 법률적 지식을 무장하게 했다. 공인중개사는 중개산업에서 유용하기도 하지만, 안 배워도 될 것까지 외우고 나온 상태다. 중개업은 그렇게 배우고 외운 것을 꺼내 쓰는 것만 하면 된다. 공인중개사는 그 상태에서 고객이 원하는 것이 무엇인지만 알면 된다. 디테일은 그다음이다. 배우는 것은 평생 할 거란 이야기다.

시작하기 전에는 보이지 않다가 시작해야만 보이는 것이 있다. 중개업은 대부분 그렇다. 시작해야 보이는 것이 더 많다. 그런데 그것을 예상해서 공부만 하다가 시작도 못 하는 사람들이 많은 것이 현실이다. 시작도 안 하고 부동산 프롭테크가 무섭다고 하더니 이제는 AI가 나온다고 더 무섭다 한다. 중개업은 시작하면 이용하는 길이 보이고, 시작을 안 하면 자격증 자랑만 되고 만다. 중개업을 말로만 하는 사람이 있고, 반대로 생각이 없다고 할 정도로 바로 행동하는 사람이 있다. 자격이 없는 중개 보조원은 개업을 못 해서 난리인데 공인중개사는 고민만 하고 있다. 공인중개사는 왜 자격증을 가지고도 가만히 있을까? 어렵게 취득한 자격증을 잃게 될까 봐 두렵고, 시작해서 돈만 잃을까 봐 걱정하고 있는 것이다. 이제 그 두려움과 걱정은 던져버리고 돌아보지도 말라.

공인중개사가 개업에 자신이 없는 이유는 교육 때문이라고 생각한다. 어려운 중개업 교육은 학원이 여러분을 상대로 장사한 것이다. 공인중개사는 실무 없는 의미가 없다. 자격증만 가지고 돈을 주는 곳도 없고 대여가 목적은 아니니 말이다. 중개 실무에 대해 중개업을 하는 선배 중개사에게 배우고, 법이 저촉되지 않는 한도 내에서 중개사무소를 운영하면 된다. 강사들의 법률 자랑은 중개사에게 일어나지도 않을뿐더러 더 어려운 법률로 중개사 머리만 복잡하게 할 뿐이다.

공인중개사는 중개업을 시작하기 전에 창업 실무 교육을 받는다. 그리고 2년마다 연수 교육을 받으면 그 교육 속에 답이 있다. 세무사도 변호사도 건축사도 모두 연수 교육을 받는다. 공인중개사도 똑같다. 일하면서 자기 분야의 필요한 것은 공부하면서 개정된 법률은 교육을 통해서 알아가는 것이다. 부동산 중개사무소의 고객이 다른 사람으로 바뀌나 거의 유사한 형태의 일들이 반복되는 과정에서 공인중개사는 점차 숙련된 계약을 하게 된다. 일어날 일들을 어느 정도 예상하기 때문에 예방하는 브리핑과 특약을 작성한다.

　그렇기에 중개업을 하는 동안 공부했던 교재를 참고하면 된다. 공부할 때 이해가 안 되었던 법조문을 대조하면 웬만한 것은 해결된다. 중개업은 공동중개와 개업 후에 참고할 교육과 네트워크를 이용하면서 충분히 유지가 된다는 것이 필자의 생각이다. 이 책은 두려움과 걱정에 사로잡혀 있는 공인중개사들에게 '그냥 행동하라고 말하는 책'이다.

　25년 전에 중개업을 시작했고 한 번도 쉬어보지 않았다. 아파트, 상가, 오피스, 택지개발지구, 원룸, 다세대주택, 지식산업센터 모든 것을 해보았지만 사고는 한 번도 없었다. 사고가 날 뻔했던 때는 계약서 쓰기 전에 동료에게 물어보고 구청에 물어보았다. 그동안 고객도 놓쳐보고 다른 중개사에게 물어보며 협회에 전화도 해보고 교육도 받으면서 해결하는 실력을 키워왔다. 긴 시간이 흐르는 동안 공인중개사 인큐베이팅 과정, 중개업 창업 강의, 연수 강의, 대학 강의를 다 해보았지만 창업하는 공인중개사가 가장 겁이 많다.

중개업은 무조건 시작하고 나서 고객을 놓치는 실습을 하는 것이 미리 배우고 무서워서 시작도 못 하는 것보다 훨씬 낫다. 제발 강사들 돈 벌어주는 자선은 이제 그만 베풀라. 고민과 걱정이 많은 공인중개사들이 의욕이 충만한 공인중개사가 되어 성공하길 바란다.

조성자

목차

CHAPTER 02.
현장실무, 알고 시작하기

CHAPTER 03.
부동산 유형별 중개사무소 운영 팁과 애먹이는 등록임대사업자

CHAPTER
01

고민된다면!
궁금하다면!
걱정된다면!

01

개업공인중개사, 소속공인중개사, 선택이 고민된다면

중개업에 입문해 소속공인중개사를 할 것인지, 개업공인중개사를 할 것인지에 대해 고민하지 않을 공인중개사는 없을 것이다. 이는 자격증을 준비하는 시점부터 애써 취득한 자격증을 장롱에 묵혀둔 지금까지 모든 자격증 소지자의 고민일 것이다.

먼저 소속공인중개사를 하는 이유를 살펴보자.

첫째, 개업에 대한 경제적인 이유가 있다.

부동산 중개사무소를 개업할 때 사무실을 구하는 보증금과 권리금이 필요하다. 지역과 위치에 따라 다르지만, 부담을 느낀다.

둘째, 부동산 중개사무소를 개업해서 유지하는 비용에 대한 부담이 있다.

자영업을 해보았던 사람들은 중개업이 다른 업종에 비해 재고가 남는 일이 아니기에 개업 부담을 적게 여길 수도 있지만, 이제 시작하는 단계에서 다달이 월세 관리비라는 지출을 감당할 자신이 없을 것이다.

셋째, 지금까지 직장생활을 했던 사람들은 개업 자체가 엄두가 나지 않는다.

직장은 일이 어떻든 정해진 날에 급여가 입금되므로 부족할지라도 생활고를 느끼지 않는다. 물론 직장인은 급여에 만족이 안 되고, 시간에 매이는 점, 동료나 상사의 관계에서 불편한 점이 있다. 반면 공인중개업은 마음껏 자유를 누릴 수 있지만 스스로 자본을 투자해야 하는 개인사업으로 안정적이지 못한 수입에 대한 두려움을 느낀다.

넷째, 단순하게 중개업에 대한 자신감이 없는 경우다. 자격증 취득을 위한 공부만 했기 때문에 이론만으로는 중개업을 할 수 없다고 생각한다. 중개업에 관련된 법을 공부했지만 어떻게 적용되는지를 배운 후에 개업하는 것이 좋다고 여긴다.

다섯째, 나이가 어리거나 사회 경험이 적기 때문에 처음부터 개업할 생각을 하지 않고 있는 경우다. 그래서 중개사무소를 평범한 직장에 출근하는 개념으로 생각한다.

그렇다면 이들을 채용할 부동산 중개사무소의 상황은 어떤가?

첫째, 중개보조원의 사무실에서 중개사 자격증을 게시하길 원한다.

둘째, 자격증은 게시하지 않아도 되는 개업공인중개사 사무실인데, 허드렛일하는 소속공인중개사를 원한다. 사무실은 비울 수 없고, 직접 방문해 물건을 접수하는 워킹고객이 있어서 적당히 보조할 수 있는 직원이 필요하다.

셋째, 매출 욕심으로 직원이 필요한 경우다. 매물 작업이나 TM을 시킬 초보자로 매출을 올려줄 만한 경쟁력이 있는 소속공인중개사를 필요로 한다.

넷째, 중개법인이나 컨설팅회사처럼 직원을 여러 명 고용해서 도전적으로 일을 하는 사무실이다. 직원이 많아 큰 회사로 보이는 외부적 효과를 노리고 직원들 사이에서도 경쟁한다.

이와 같이 부동산 중개사무소에서 소속공인중개사를 쓰는 경우는 극히 제한적이다. 중개사무소는 아직도 2명이 일하는 곳이 많다. 혼자 일하기에는 약간 시간이 부족하고 자리가 비는 것이 흠이다. 둘이 일을 하는 것이 적당한 듯하나 수입을 나눠야 하는 것이 흠이다. 그래서 부부나 자녀와 함께하는 가족관계 중개사무소가 많다.

막상 개업공인중개사가 되면 소속공인중개사보다는 중개보조원을 선호한다. 고용에 대한 비용 부담도 적고, 채용했던 공인중개사가 주변에서 경쟁자로 등장할 가능성이 적은 이유다. 그나마 소속공인중개사를 원하는 경우는 소속공인중개사가 자격증 취득을 위해 공부하는 동안 부동산 용어라도 배웠기 때문이다. 일에 대한 습득이 빠르니 일부러 하나하나 알려주는 수고를 덜 수 있다. 개업공인중개사는 소속공인중개사가 매출에 도움이 되길 원하지, 가르치는 것은 피곤하게 여긴다.

개업공인중개사가 소속공인중개사와 일하면 소속공인중개사가 일하는 만큼 시간의 자유를 얻는다. 그러나 관찰자 같은 자세로 개업공인중개사의 자유를 구속하므로 자신에게 맞는 적당한 사람을 고용할 수밖에 없다. 그래서 대표보다 나이가 어린 사람을 채용하는 경우가 많다. 젊은 사람이 좀 더 빠릿빠릿하게 일한다고 생각하므로 나이는 개업공인중개사보다 어린 것이 기준이다. 한 살이라도 어려야 일을 시키기 덜 껄끄럽기 때문이다. 내 사업장에서 내 돈 주면서 불편할 필요가 없다고 생각한다. 직원인 소속공인중개사는 견디어보려고 노력해보지만, 아무리 잘 견딘다고 하더라도 불편함이 오랜 기간 반복되면 서로 위축된 상태로 업무를 하게 된다. 업무에 지장이 있을 만한 것을 처음부터 할 필요가 없다.

부동산 중개사무소 유형에 따라 다르긴 하지만, 대표가 여성이라면 남성을, 남성이라면 여성을 원한다. 이는 부동산 중개사무소의 업무상 특성이다. 중개업은 잔잔한 업무가 많은데 광고를 올린다거나 사진을 찍어서 설명하는 것이나 물건 안내 등은 여성이 잘한다. 그런데 중개뿐만 아니라 입주와 퇴실 체크에서 툭하면 시설의 고장이나 청소 인테리어를 감독하는 일처럼 쫓아다닐 일이 발생한다. 이런 일이 발생할 때마다 남성들은 스스로 처리하기 때문에 아쉬움이 적지만, 여성들은 남자 직원의 필요를 느낀다. 가끔 발생하는 일이라 별것 아닌 것으로 여길 수도 있지만, 퇴실 임차인, 새 임차인, 임대인, 공사나 작업자 등과 전화로 내용을 전달하는 일은 꽤 번거로운 일이다. 온종일 잔일에만 매달려야 하는 경우도 부지기수다.

많은 사람들이 공인중개사가 계약만 하고 나면 임대인이 다 알아서 한다고 생각한다. 계약하면 잔금일에 입주시키고 중개보수를 받는 간단한 일로 여긴다. 하지만 계약서를 작성하고 전 임차인이 퇴실하고 새 임차인이 입주하는 사이에도 일이 많다.

또한, 소속공인중개사는 프리랜서로 일하는 경우가 많아서 업무시간이 자유롭다고 생각하는데, 보통은 정해진 시간에 출퇴근하는 것이 일반적이다. 소속공인중개사는 실제로 아이를 키우면서 시간제로 일하는 것을 원하는 경우가 많은데, 시간제 업무는 일에 대한 집중도 떨어지고 장거리 답사나 임장을 할 때 불편한 경우가 많다. 또한, 갑자기 멀리 임장을 가야 하는 경우가 생기거나 고객의 방문이 늦거나 예상보다 계약 시간이 늦어지는 경우는 안정적으로 몰입이 어렵다. 다른 직업에 비해서 비교적 자유로운 점도 있지만, 간혹 벌어지는 일에 대해 커버하려면 일이 있을 때마다 양해를 해야 하는 불편함이 있다.

소속공인중개사는 일반 직장과 굉장히 다르다. 중개사무소는 거의 1인 사업이다 보니 고용한 개업공인중개사의 눈치를 보는 것이 피곤하다. 매출이 별로 없으면 잘못한 것 없이 불편하다. 핸들링하던 손님을 놓치면 '대표가 진행하면 놓치지 않았을 텐데…' 하는 생각에 난감하다.

결국, 이런 이유는 나이 제한, 성별 제한, 근무시간 제한 등을 만든다. 그래서 소속공인중개사를 하고자 해도 안 되는 경우가 다반사다. 굳이 채용도 안 하는 중개사무소를 기웃거릴 필요는 없다. 소속공인중개사를 꼭 해야 한다면 개업 목표를 가지고 자신의 기준을 낮추거나 최소기간으로 정해야 한다.

02
꼭 소속공인중개사를 해야 하는지
고민된다면

경제적인 이유로 꼭 소속공인중개사를 해야 하는 사람은 어떻게 해야 할까?

경제적으로 개업을 하지 못할 상황이면 소속공인중개사가 되거나 중개보조원과 일하는 것을 택할 수밖에 없다.

첫째, 중개보조원이 공인중개사를 채용하는 가장 많은 케이스가 함께 일하며 공인중개사의 자격증을 게시하는 경우다. 공인중개사는 사무실의 개업과 유지는 물론, 중개 경험조차도 보조원에 의지하게 된다. 보조원은 자격을 취득하기 위해 노력을 많이 기울였을 가능성이 있다. 부동산 용어나 일에 완전 무지하지는 않을 것이다. 특히나 자격증 게시자를 여러 번 교체한 경험이 있는 보조원이라면 일머리도 중개사보다 뛰어난 경우가 많다. 공인중개사는 일할 때 공부 머리로 법률적 대처를 하면 된다고 생각하는데, 중개보조원은 좀 더 빠르게 일머리를 쓰므로 계약서 작성하는 것을 빼놓고는 중개사보다 일을 잘하는 경우가 많다.

자격증 대여만 해주는 역할이 되지 않도록 투자만 받고 모든 일을 주도적으로 할 수 있으면 좋으련만 답답해진다. 보조원이 무리한 계약을 요구하고 무조건 도장 찍는 것을 요구하는 성향이라면 버티기 어렵다.

하지만 자격증을 게시하고 퍼센테이지로 일하면서 개업 비용을 버는 것과 고객을 확보하는 차원에서는 나쁠 이유가 없다. 자격증을 걸어도 급여제로는 목돈을 만들기가 쉽지 않으니 퍼센테이지로 과감하게 일해서 목적을 달성하는 것이 바람직하다.

어떤 기업이든 고용주는 직원에게 많은 급여를 주지 않는다. 기본급으로 연명하는 수준이 대부분인데, 기본급에 플러스로 준다고 해도 많지 않은 금액이다. 반면에 공인중개사 입장에서는 기본급도 많이 받고 퍼센테이지로도 많이 받으려고 하는 경우가 일반적이다. 그러면서 일도 배우려고 하면 비위 상하는 일이 많을 것이다.

참을성이 없는 편이라면 퍼센테이지로 수수하고 서로 정한 기간 동안만 일하면서 개업 자금을 챙기는 것이 제일 좋다. 임대만 하게 한다든지, 취급 종목을 가려가며 자격증만 필요해서 공인중개사를 원하는 곳에서는 목돈을 벌기 어렵다. 보조원이 투자해서 일하는 경우는 업종 구분을 하지 않는 부동산 중개사무소를 추천한다.

하지만 자격증을 게시하는 것조차 두려워서 소속공인중개사로 들어가는 경우는 조건을 가리기도 힘들다. 개업공인중개사의 소속공인중개사로 들어가는 경우는 개업공인중개사가 원하는 조건에 해당해야 한다. 나이가 오너보다 어려야 하고, 성별이 맞아야 하며, 출퇴근거리도 멀지 않아야 한다. 어린아이들이 있다면 봐줄 사람이 있어야 한다.

이런 조건을 맞추면서 마음에 드는 개업공인중개사의 직원이 되고자 하면 양보가 필요하다. 목표 달성 기간을 길게 잡을 수밖에 없다.

둘째, 부동산 중개사무소를 개업 후 유지비에 대한 부담으로 소속공인중개사를 원하는 경우다.

개업공인중개사가 되면 계약에 대한 책임과 마찬가지로 개인사무실의 유지에 대한 책임이 따른다. 개인의 중개사무실에 대한 책임을 질 수 있는 사람이 고객의 계약에도 책임과 성의를 다할 수 있다. 개업공인중개사의 사무실에서 빠른 시간 안에 경험하고 소속공인중개사를 탈출하는 것이 답이다. 개업공인중개사의 사무실 운영 및 유지가 힘들든 말든 자기 책임이 아니라는 자세는 도움이 안 된다. 그런 상황을 함께 극복하고 운영이 잘될 때 일할 수 있는 의욕과 역량을 느끼게 되고 개업에 대한 자신감이 붙는다.

또, 일을 주도적으로 할 수 없는 상황을 불편하다고 생각해야 한다. 거기서 느끼는 바가 있다면 개업이 빨라질 것이다. 소속공인중개사는 사업 책임도 없지만 계약할 때 실제로 도장을 찍게 하는 개업공인중개사도 거의 없다. 공동중개 시 계약서 한 장에 도장을 4개 찍는데, 소속공인중개사가 중개했다고 5개를 찍게 하지 않는다. 그러니 계약에서 당당하게 목소리를 크게 낼 수도 없다.

셋째, 직장생활만 했기에 개업 자체가 엄두가 나지 않는 경우다.

안정적인 수입원이 없어진 것만으로도 불안한데, 개업으로 인한 부담이 크게 느껴질 것이다. 다른 공인중개사들은 잘하고 있는 것 같은데 경험이 없어 시작하는 것에 두려움을 느낀다. 이런 사람들은 어떤 경제활동을 했는지가 중요하다. 중개업 이전에 하던 일이 을의 입장이었던 분이나 영업을 했던 분은 소속공인중개사의 기간을 짧게 잡아도 된다. 또는 부동산 중개 실무 교육을 받거나 그 정도 네트워크가 있다면 개업을 할 수 있다.

그러나 회사에서 퇴직 무렵 부하직원들의 도움이 컸던 분들이라면 스스로 할 일이 무엇인지를 잘 배워야 한다. 중개업은 외형은 크지만 잔잔한 일들을 통해서 계약이 발생하는 것이라 부가적으로 할 일이 많다. 많은 이들이 할 일은 잘 찾는데, 직접 일하는 것에 대해 어려움을 느낀다. 즉, 물건을 확보하거나 광고를 해야 하는 등 마케팅이나 홍보의 필요성은 아는데 직접 하기는 어렵다. 이런 분은 소속공인중개사 기간을 통해 직접 할 일들이 무엇인지 확인해가면서 개업 준비를 하면 좋겠다. 스스로 매물 접수를 하러 다니고 광고를 한다. 영업을 하고, 고객의 자질구레한 일을 돕는 것에 대해 적응이 필요하다. 개업하면 무조건 직원 의존도가 커지기에, 도와줄 직원이 없어지면 바로 어려움을 느끼게 된다.

넷째, 단순하게 중개업에 대한 자신감이 없는 경우다.

자신이 없는 사람은 돈을 벌기보다는 경험을 위해서 소속공인중개사가 되어야 한다. 중개사 자격증이 있다고 모두 돈을 벌지는 않는다. 돈도 벌게 해주고 일도 잘 가르쳐주는 개업공인중개사는 거의 없다. 개업해서 능력 발휘를 할 수 있어야 돈이 되는데, 자격증만 가진 것은 일을 잘하는 보조원만도 못한 케이스다. '소속공인중개사가 되니 적성에도 잘 맞고 일도 재미있으며 돈도 따라온다'라는 체험이 필요하다. 그런데 의뢰인들을 실제로 상대해보니 사람 문제부터 부동산 문제까지 합해져 스트레스가 심한 직업이라고 여기며 적응을 못 하는 경우가 많다. 부동산의 여러 유형을 경험하고 개업을 하든가, 부동산의 사무 또는 다른 직업으로의 전환을 고민할 필요가 있다.

다섯째, 나이가 어려서 사회 경험이 없는 경우다.

많이 알면 알수록 자유로운 것이 중개업이다. 나이가 어릴 때는 고객이 내 말을 안 믿는 것 같고 주변으로부터 무시당하는 것처럼 느껴질 때가 많다. 하지만 어린 것이 장점이다. 중개사가 다양하게 배우고 빨리 개업하면 지식과 경험이 쌓이는 것은 당연하다. 젊으면 부동산 중개업을 오래 할 수 있기에 처음에는 정석으로 일하는 것이 중요하다. 일하다 보면 동종 업종의 사람들로부터 욕을 먹기도 한다. 부동산 시장의 흐름에는 성수기와 비수기가 있어 어떤 고객에게는 고맙다고 인사를 받지만 어떤 고객에게는 원망을 들을 수 있다. 시장의 흐름과 상황에 따라 무리한 계약은 지양해야 중개업을 오래 할 수 있다.

공인중개사 자격증이 있으면 우대받는 기업이 점점 많아지고 있다. 시행, 시공, 분양 대행사 등 부동산 개발회사는 중개사 자격증이 있으면 유리하다. 당장 개업할 생각이 없다면 중개업 사무실이 아니더라도 꽤 다양한 곳에 지원할 수 있다. 지금은 부동산 불경기에 기업 경기도 좋지 않아 채용 기업의 수가 적지만 대부분 프랜차이즈 기업들은 공인중개사를 우대한다. 자격증을 가지고 있다는 것을 십분 활용하기를 바란다.

자신이 소속공인중개사를 해야만 하는 이유가 확실하게 있다면, 그에 맞는 중개사무소에 들어가야 한다. 반면 자신의 입맛을 맞추는 중개사무소는 없다고 느낀다면 빠르게 소속공인중개사를 탈출해 개업하는 것을 추천한다.

03
꼭 개업공인중개사를 해야 하는지
고민된다면

공인중개사라면 무조건 개업해야 한다. 자그마치 여섯 과목의 법을 몇 년간 공부해서 취득한 자격증이다. 그 시간 동안 기울인 기회비용을 생각하면 안 하는 것이 오히려 미친 짓이다. 그리 개업하는 것이 무서웠다면 자격증 받기 전에 포기했어야 한다. 자격증 취득이나 취미가 공부인 사람 외에는 당연히 개업해야 한다.

개업할 여건이 안 되는 사람을 빼고는 모두 개업하길 추천한다. 자격증 소지자마다 부동산 중개업을 시작했다면 지금보다 훨씬 중개사가 적게 뽑혔을 것이다. 중개업에서 시장 경쟁은 더 치열해지고 시험 합격자는 덜 뽑을 거라고 생각된다. 요즘은 중개업을 하기에 어려운 시장이지만 미루면 미룰수록 공부한 것은 더 멀어진다.

자격증이 있는데도 불구하고 중개업은 시작조차도 하지 못하는 졸보가 되지 말아야 하는 이유는 다음과 같다.

첫째, 경제활동이기 때문이다. 공인중개사를 직업으로 선택한 첫 번째 이유는 돈을 벌기 위해서가 아닐까? 자격증을 게시만 하려고 공부한 사람은 없을 것이다. 자격증을 게시함과 동시에 돈을 벌 수 있다고 생각했기 때문에 공부했을 것이다. 중개업 시장에서 이론과 실무는 매우 다르다. 공부머리로 합격했다고 하더라도 실무는 일머리로 많은 일이 이루어진다. 그래서 법적으로 다룰 때 어려웠다고 하더라도 실제는 그리 어렵지 않다. 반대로 법적인 문제가 별거 아닌 것 같지만 실무가 약간 까다로울 수가 있다. 이것은 경험하지 않은 경우는 모르기 때문에 개업을 해볼 필요가 있다.

소속공인으로 일하면 직원이기 때문에 어쩔 수 없이 역량을 발휘하기 힘들다. 너무 튀는 직원은 경계하고 경쟁상대로 여기므로 임대만 하게 하든지 파트를 정해주기도 한다. 요즘은 중개 실무를 가르쳐주는 아카데미가 많으므로 실무를 공부하고 네트워크를 활용하면 오픈하는 것에 대한 두려움을 줄일 수 있다.

나이 먹고 은퇴 후에 할 일로 미루기보다는 당장 도전하길 바란다. 개업공인중개사의 평균연령이 낮아졌다. 노후에 부동산을 개업하겠다고 미루는 것은 경쟁에서 우위를 차지할 수 없게 만든다.

'아는 사람이 많아서 괜찮다', '돈 있는 사람들을 많이 안다'라는 식으로 개업하지 말고 현실의 부동산 중개업 트렌드를 읽어야 한다. 그것은 보험회사의 직원이 지인만 보고 영업하다가 보험업을 유지하지 못하고 그만두는 것과 같다. 개업하기에 나이가 많다고 느낀다면 이 순간이 인생에서 가장 젊은 나이이므로 세월을 잡아라. 지금은 젊은 사람을 고용해서라도 운영할 수 있다. 직원들이 돈을 벌어오는 시스템 구축이 가능한 것은 오늘이다. 이후에는 노인을 도와줄 직원은 없으며 이용할 직원만이 있을 뿐이다.

둘째, 사회활동이기 때문이다. 중개업을 하기 위해 중개사 자격증을 취득했다면 이 중개업 사회의 경험은 직업으로서의 가치가 있다. 회사에서 기업과 상사와 주변 동료들과 일해보았다면 비즈니스는 무엇이고 친목은 무엇인지 잘 알 것이다. 중개업의 시장에서 다양한 사람들과 어깨를 겨루고 오너십을 가져보면 기존의 세상과 다른 것이 보인다. 그리고 성공한 사람들을 보고 계속 도전을 하게 된다. 일하는 범위에서 만남의 폭이 매우 넓게 느껴지므로 삶의 원동력이 된다.

셋째, 이해의 폭이 넓어진다. 정치와 경제에 대한 이해가 달라져 지금까지와 다른 방면으로 정치와 경제를 이해하게 된다. 중개업을 하니 대화를 할 사람도 많아지고 하나하나 관심을 가지게 된다. 경제의 개념이 다시 보이고 세상 물정을 이해하려고 노력하기 때문에 가정의 중요성도 인식하게 된다. '전업주부는 왜 사라지고 전문직 여성이 왜 인기가 있는지', '학군은 왜 존재하며 아기는 왜 안 낳으려고 하는지'를 고객들과 이야기한다. 남성이나 여성이나 일하는 사람은 존중받는다. 경제 개념과 더불어 가장의 무게, 부부의 무게, 삶의 무게를 알기 때문이다.

넷째, 개업공인중개사가 되면 다양한 분야의 인맥이 형성된다. 정보가 많아지면 중개업을 하면서 스스로 발전시킬 수 있는 여지가 많아진다. 계약이 아니더라도 주변 사람을 상담하거나 도울 수 있는 여지가 많아지면서 인정을 받는다. 고객 관리가 잘되어야 중개업에서 성공할 수가 있다. 고객 관리에는 많은 시간이 소요된다.

부동산 중개업은 한 사람의 청년이 방을 구할 때 알게 되어 결혼하고 집을 구할 때, 아기를 낳고 집을 넓힐 때, 그 아이가 장성해서 집을 구할 때 계속 연결성을 가진다. 그 청년은 취업하고, 직원으로서 사무실을 구하러 오고, 기업의 담당자가 되어 사무실을 확장하고, 임원이 되거나 책임자가 되어 사무실을 매수하러 온다. 또한 청년은 친구가 집을 살 때 소개해주고, 후배가 창업할 때 소개하고, 은퇴한 선배가 식당을 구할 때 고객으로 소개한다. 중개사는 청년의 성장에서 은행의 지점장부터 세무사, 법무사 등 모든 고리로 연결되기 때문에 업무의 확장성이 무한대다. 고객 창출로 이어지는 짜릿한 경험이 될 것이다.

　중개업은 교육 과정이 많아 시스템을 활용하기 좋다. 처음부터 개업에 목표를 두고 전진해야 한다. 중개업의 시작은 크지 않아도 누구도 무시하거나 흉보지 않는다. 이제 막 개업하는 이는 돕는 손길도 많다. 고객조차도 작은 실수를 해도 이해하고 넘어가는 경우가 많다. 하루아침에 자라는 버섯도 있지만, 긴 시간 공들인 참나무처럼 인내하는 개업공인중개사가 되길 바란다.

04
어떤 부동산 유형으로 시작할 것인지
고민된다면

　어떤 부동산의 유형을 중점적으로 다룰 것인지 자격증을 위해 공부하면서 수없이 고민해왔을 것이다. 나이나 성별, 그간의 사회 경험에 따라 하고 싶은 부동산의 유형이 다른 것은 당연하다. 그런데 시작부터 끝까지 한 지역에서 일하려고 작정한 사람이 아니라면 계약서를 많이 써보고 사람을 많이 상대해볼 수 있는 부동산이면 좋겠다. 사람을 많이 상대해보면 굳이 서비스 교육을 받지 않아도 사회성 교육이 자연스럽게 된다. 사실 개인의 성격은 교육으로 잘 바뀌지는 않는다. 하지만 중개업은 영업 모드로 적응하게 되는 정도로 변화할 수 있다.

　부동산 중개사무소에 방문하는 사람이 많아질수록 부동산 이야기나 부동산과 연관된 사회경제 이야기를 많이 할 것이다. 이와 관련된 사람이나 모임, 업체 등을 찾아다니며 대화하거나 공부하게 된다. 공인중개사가 1년간 만나는 사람은 일반 회사원이 5년간 만나는 사람들보다 많다고 한다. 중개사에게 사람을 접하는 경험은 영업에 도움을 준다. 부동산과 관련된 대화 위주로 사람을 접하는 것이니 고객이 계약하든 안 하든 굉장히 중요하다. 그래서 처음에는 사람을 만나서 부동산 관련 수다를 떨면서 핵심을 파악하는 시험장이 된다. 시작부터 공장이나 토지를 선택하면 고객을 만나는 횟수가 매우 적고 계약서를 쓰는 기회도 적어진다. 일반적인 부동산 유형을 1년 내외로 체험하면서 방향을 잡아나가면 좋겠다.

그리고 오피스텔을 하면서도 토지주를 만나 그와 대화하면서 토지주의 마인드를 읽을 수가 있다. 소유 토지가 개발된다든지, 개발 이슈가 나오면 매도를 한다든지 하는 정보를 접하게 된다. 오피스텔의 소유자가 전원주택을 찾고 있을 수도 있다. 이야기하다 보면 그 사람이 진심으로 찾는지, 단순히 친구들이 가지고 있어서 부러워하는 것인지를 파악할 수 있다. 그러는 과정에서 부동산 중개에 대한 역량이 생긴다.

중개사는 사람을 다양하게 많이 만날 수 있는 일반적인 부동산을 통해서 가장 큰 성장을 하게 된다. 일반적인 부동산이라고 하면 대부분 주거용 부동산을 생각하는데, 꼭 그렇지만은 않다. 주거용 부동산과 비주거용이 혼재한 지역이 많이 있다. 요즘 빌라 단지는 전세사기와 역전세 때문에 어렵긴 하지만, 일반주택과 상가, 그리고 나홀로 아파트라도 적정하게 섞여 있는 지역이 좋다.

상가만 있는 지역은 상가에 대한 전문성, 공장이 있는 지역은 공장에 대한 전문성이 필요하다. 그 주변의 중개사무소가 모두 전문이라는 생각이 들 것이다. 그런 지역에서 일하고 싶은 마음도 생길 것이다. 하지만 주거, 비주거가 혼재한 지역에서 중개업 또는 계약에 대한 체험을 하고 가도 늦지 않는다. 주거와 비주거를 함께 접하면 물건을 내놓는 사람도 다양하고 구하는 사람도 다양하다. 일반인 개인과의 거래와 개인사업자와의 거래, 법인사업자와의 거래를 다 경험할 수 있다는 것은 매우 중요하다. 어느 정도 일을 경험해보고 원했던 지역으로 가거나, 일하고 싶었던 부동산 유형을 선택해서 가면 된다.

이때 이 지역에서 일했던 것이 부동산 중개의 첫 경험이라서 매우 애착이 갈 것이다. 의뢰인도 많이 알아놓고 지역 부동산 네트워크도 어느 정도 맺었다는 이유로 일하던 동네에 주저앉게 된다. 새로운 지역에 가서 매물 작업도 다시 해야 하고 아는 사람도 없으니 그동안 일했던 지역에 머무르게 되는 것이다. 그런 이유로 일하던 지역에서 그렇게 개업하면 물건을 빼간다는 등, 기존에 거래하던 고객에게 전화하지 말라는 등 함께 일했던 중개사와 다툼이 생긴다.

그래서 처음부터 일하고 싶었던 지역으로 바로 들어가기보다는 주변에서 일을 시작하는 것이 더 도움이 된다. 다른 부동산 유형으로 접근하는 것에도 유리하다. 토지나 건물, 공장으로 방향 전환을 했다고 하더라도 이미 일반 부동산을 하면서 겪어보았기 때문에 사람을 대하고 상담하는 것은 불편함이 없을 것이다. 그때 만나는 고객들과의 대화 또한 그러하다. 그들의 집이나 자녀 집 등을 이야기하면서 대화의 폭을 넓힐 수 있다. "공장만 취급하기 때문에, 저는 몰라요", "처음부터 빌딩 쪽만 일해서요"라고 말하며 피하는 것보다는 적절하게 일반적인 상담을 하면서 계약은 해당 지역 전문가에게 넘긴다면 역시 전문가답다며 신뢰를 얻게 된다.

처음에 일반 부동산 중개사무소를 운영할 때는 돈을 많이 번다기보다는 전반적인 부동산 일을 잘 알기 위해서니 특수한 지역을 찾을 필요는 없다. 집에서 가깝거나 향후 일하고 싶은 지역의 옆 동네에서 시작하면 좋겠다. 상가가 매우 흥미롭다고 느껴지거나, 공장 분야가 적정하다고 느껴진 경우라면 출퇴근 시간이나 교통편을 고려해서 정한다. 어느 지역이나 할 것 없이 물건 작업은 저절로 되는 것이 아니라 시간을 투자해야 한다.

일하는 시간과 주변 공인중개사들과의 커뮤니티, 둘 다 중요하다. 귀가가 늦어지면 가족들에게 걱정을 끼치거나 피해를 주게 된다. 가족들에게 경제활동을 이유로 커버할 수 없는 상처를 입힐 수 있으니 적정 거리에서 영업하기를 추천한다. 특히 소속공인중개사는 고객의 사정 상 계약 시간이 너무 늦게 잡히면 일은 했어도 계약서를 쓰는 체험은 못 하는 경우가 더러 있다. 자신이 어떤 유형을 하고 싶은지, 어떤 지역에서 하고 싶은지를 정할 때 무조건 바로 들어가지 말고 자신의 출퇴근 동선이나 소요 시간 등을 생각하며 그 지역을 조사해야 한다.

05
어떤 지역에서 개업해야 하는지
고민된다면

　부동산 중개사무소가 많은 지역은 경쟁이 치열하다. 새로운 사무실을 내기도 어렵고, 중개업을 하던 자리에 들어가는 것도 두렵다. 어떤 지역에 중개사무소가 많을까? 그것은 부동산 거래가격이 고가에 형성된 지역이다. 고가의 부동산은 중개보수가 높아 중개사들이 선호하고 모여든다. 부동산 가격이 고가이며 거래 빈도가 높은 지역은 더 좋다. 거래 빈도가 현저히 낮은 고가의 단독주택 지역의 공인중개사가 고객에게 선물하는 것을 본 적이 있다. 매매하거나 전세로 입주시킨 후 거의 변동사항이 없으니 명절 때마다 인사를 한다. 한번 계약서를 작성하거나 언제 이동할지 모르는 고객에게 잊히지 않으려는 서비스다.

　오피스텔 밀집 지역은 저가이면서 거래 빈도가 높으므로 중개사들이 모여든다. 중개보수는 20~30만 원밖에 안 되지만, 계약서만 많이 쓰면 된다. 10개를 계약해도 큰 사이즈 중개보수 한두 건 처리하는 일과 같다. 오피스텔의 거주기간은 임차인이 주장하면 일반 주거처럼 2+2시스템으로 움직인다. 그러나 일반적으로 1년 계약 기간을 못 채우고 떠나는 경우도 많다. 중개사는 거래 빈도수로 매출을 채운다. 1,000호실이 넘는 오피스텔을 입주시키는데, 주변 중개사무소가 다 모여서 작업하니 불과 몇 달 만에 입주장이 끝난다. 해당 오피스텔 건물 안에 부동산 중개사무소가 5개가 넘는다. 부동산 중개사무소가 많으면 최선을 다해도 계약을 놓치기 쉽다. 설렁설렁 일하면서 계약이 되긴 어렵다.

오피스가 많은 지역도 부동산 중개사무소가 많다. 요즘은 섹션오피스 형태가 많은데 섹션오피스는 중개보수는 적지만 오피스텔처럼 계약이 자주 이루어진다. 이런 쪽의 일은 잔금 절차가 주택보다 간소해 중개사 입장에서 편리하다. 아파트단지처럼 소형평수에서 대형평수까지 확장이나 축소, 그리고 폐업까지 자주 일어난다. 업무시설을 취급하는 일은 주거용 부동산보다 간소하고 주말이나 공휴일도 직장인들처럼 쉴 수 있는 것이 최대 장점이다. 주변에 부동산 중개사무소가 많으면 많은 만큼 치열한 곳이고, 적으면 적은 대로 부동산 거래가 많이 이루어지지는 않는다고 할 수 있다.

요즘은 스마트폰 하나로 어느 부동산 중개사무소에 어느 물건이 나와 있는지 찾기 쉽고, 여러 중개사무소를 접할 수 있다. 물건을 내놓는 쪽도 방문하지 않고도 여러 중개사무소에 전화로 의뢰할 수 있다. 따라서 중개사무소 개수보다도 어떻게 일을 해야 하나를 더 고민해야 한다. 중개사무소가 많은 치열한 곳에서 확실하게 일하는 부동산 중개사무소가 성공할 수 있듯이, 중개사무소가 많지 않은 곳에서도 그렇게 일해야만 성공할 수 있다.

부동산 포털사이트에서 물건을 검색해보면 다른 지역에서 가지고 있는 경우도 꽤 있다. 다른 지역의 중개사무소에서 물건을 가지고 있어도 물건을 볼 때는 예약시스템이기 때문에 시간 배정만 잘하면 현장에서 만나서 보여줄 수 있다. 오피스텔이나 원룸도 다른 지역에서 광고를 올리는데 고가의 부동산은 말할 것도 없다.

결국은 주로 취급하는 것이 '주택이냐, 오피스텔이냐, 상가냐'에 따라서 지역을 결정할 수 있다. 먼저 자신이 하고 싶은 부동산 유형을 정하는 것이다. 내가 농촌 지역에 산다고 해서 전답 위주로 일하는 것이 아니다. 전답 또는 공장 이런 것이 자신에게 맞을지 고민해서 멀지 않은 곳에 개업한 후 해당 지역을 선택해야 일을 재미있게 할 수 있다.

비교적 먼 곳에서 일할 경우는 아이템에 포인트를 주는 것이 좋다. 세세한 것까지 다 하려고 하면 해당 지역 중개사무소에 물건의 양에서 밀릴 수도 있고 정보에 둔할 수 있다. 여러 부동산 사이트나 네트워크를 활용해서 물건을 취합한다. 해당 지역에서는 알 수 없는 다른 지역의 뉴스를 추가해서 제공하면 클로징하는 데 도움이 된다.

서울의 고가 아파트는 아파트 지역에서 중개도 하지만 일반 오피스에서 작업을 하는 경우가 있다. 지식산업센터는 지식산업센터 1층에서 중개하는 것이 일반적인 예이지만 다른 지역 오피스건물에서도 중개가 이루어진다. 물건이 어느 정도 밀집되어 있으면서 보여주러 다니기 멀지 않은 곳을 정해서 일하는 경우가 많기에 지역보다는 부동산 유형에 집중하는 것이 맞다. 고객의 물건 사진이 동영상으로 인터넷 포털사이트에 올라오기 때문에 물건을 작업하기도 좋고 뺏기는 일도 허다하다. 그만큼 경쟁이 치열한 상황에 의뢰인과 밀접한 관계를 갖고 일할 수 있는 경쟁력을 가져야 한다.

일반적인 부동산에서 시작하면서 어떤 유형이 맞는지 생각하면서 일을 한다. 여러 유형의 부동산을 취급해보면서 자신에게 맞는 유형이 있다면, 집에서 멀지 않은 지역의 그런 유형의 물건이 많은 곳으로 간다. 상가나 공장 토지 등을 해보고 싶다면 그에 맞는 전략을 세운다. 약간 떨어진 지역에서 한 가지 아이템에 접하는 것까지 다양한 방향으로 생각해본다.

06
간이사업자, 일반사업자, 법인사업자, 선택이 고민된다면

중개업은 시작할 때 간이사업자와 일반사업자, 그리고 법인사업자 중에서 선택하게 된다. 차이점과 각각의 장단점을 살펴보자.

간이사업자

먼저, 간이사업자는 세금이 거의 없다. 지방에서 간이사업자를 내는 경우가 흔한데, 연 매출 8,000만 원 미만인 사업장에 해당한다. 소액 매출인 경우로 임대료를 내고 경비를 빼면 세금을 거의 내지 않는다. 간이사업자는 매입자료가 더 많다고 하더라도 환급은 불가능하다. 즉, 중개사무소가 임대료를 낼 때 임대인이 일반사업자이면 임대료에 부가세까지 내더라도 환급받을 수 없다. 1년에 한 번, 1월 25일에 세무신고를 한다. 현금으로 중개보수를 수령하거나 지방의 경우처럼 부동산 금액이 낮은 곳에서 중개보수가 높지 않기 때문에 가능하다.

계약자가 요구하지 않아도 현금영수증을 발급하는 것이 중개사에게는 의무이지만 굳이 없어도 된다는 의뢰인도 있다. 의뢰인이 현금영수증 발행을 원한다면 간이사업자는 4%를 추가해서 발급할 수 있다. 그러나 기업을 운영하는 의뢰인이 세금계산서를 요구할 때는 부가세를 받고 세금계산서를 발행할 수 없다. 간이사업자라도 전년의 공급 매출이 4,800만 원이 넘었다면 세금계산서 발행을 할 수 있다.

일반사업자

일반사업자는 세금계산서 발행이 가능하다. 사업자등록증이 있는 의뢰인은 세금계산서를, 사업자등록증이 없는 의뢰인은 휴대폰 번호로 현금영수증을 발행한다. 세금계산서는 국세청 홈택스에서 부가세 10%를 추가해서 '청구'하거나 입금 확인 후 '영수'를 클릭한다. 종이 세금계산서를 써도 상관없으나 취합할 때 별도로 정리하는 것이 번거롭다. 의뢰인이 법인사업자일 때는 종이 세금계산서 받기를 거부하기도 한다.

임대료를 포함한 지출목록인 매입자료와 중개보수 매출자료가 합산된다. 매출이 많으면 금액에 해당하는 차액을 부가세로 내고, 매입이 많으면 환급된다. 1년에 두 번으로, 6월 말일까지의 상반기는 7월 25일에, 7월 1일부터 12월 말일까지의 하반기는 1월 25일에 신고한다. 매출과 매입을 신고하는 것으로 세무서에 방문하지 않고 홈택스에서 직접 할 수 있다. 부가세 신고는 의무이며 세무사에게 월 비용을 주고 기장을 맡기기도 한다. 가장 많은 중개사가 일반사업자등록증을 내며 개인의 다른 소득과 합산해서 소득세를 낸다. 전년도 1월부터 12월까지의 소득을 5월에 종합소득세로 신고한다. 예를 들어, 소득이 8,000만 원이 넘으면 24%의 세금을 낸다. 카드 사용을 비롯한 모든 비용을 공제한 금액에 따른 세율이다. 거기다 누진 공제를 하면 된다.

소속공인중개사나 중개보조원은 4대 보험을 해주는 급여체제이거나 프리랜서로서 3.3% 세액공제 후 사업 소득세로 지출을 잡을 수 있다. 4대 보험이라고 하면 건강보험, 국민연금, 고용보험, 퇴직연금보험으로, 지출이 적지 않다. 프리랜서로 처리하는 경우, 100만 원이라면 33,000원을 세금으로 남기고 967,000원을 주는 것이다.

법인사업자

법인사업자의 경우는 매출이 많은 사업자가 세금을 덜 내기 위해 이용한다. 법인으로 업무 영역을 확장하는 것은 매출을 높이려는 목적이다. 외형적으로 직원이 많은 만큼 처리할 수 있는 역량도 크게 보인다. 비교적 큰 규모의 건물이나 사업부지 등을 취급하며 난이도가 큰 물건을 거래하는 중개사무소로 보인다. 큰 사업 건과 중개의 난이도가 높으면 고액의 보수가 따르니 세금에 민감할 수밖에 없다. 법인 등기이사 및 직원들의 수입과 지출을 명확히 하는 것이 의무적으로 동반된다.

부가세 신고는 1년에 4회다. 4분기라고 하며, 1월 25일, 4월 25일은 상반기, 7월 25일, 10월 25일은 하반기다. 10~12월 일한 것을 다음 해인 1월 25일에 신고한다. 1~3월은 4월 25일에 신고하는 식이다. 법인사업자는 종이 세금계산서를 발행할 수 없고 전자세금계산서를 발행해야 한다. 개인사업자에게 종이 세금계산서를 받는 것은 상관없다.

세금계산서 날짜는 중개보수 입금일보다 중요하다. 분기별 신고를 위해 날짜를 지정해서 발행해달라는 기업이 꽤 있다. 원하는 날짜에 중개보수를 미리 청구하거나 입금 후 원하는 날짜에 영수를 체크해서 발행한다.

법인세는 직전년도 1년 매출을 3월에 신고한다. 세금 부분에서만 볼 때 같은 8,000만 원 매출이라면 법인세는 9%다. 2억 원을 초과하면 19%, 200억 원을 초과하면 21%다. 개인에 비해서는 낮은 세율이다. 이를 개인에게 입금하면 개인은 종합소득세 형태로 또 세금을 내는 구조다. 법인과 개인은 다르기 때문이다. 말하자면 8,000만 원 수익이 잡히면 9%로, 720만 원을 법인세로 납부해야 한다. 나머지 금액 7,280만 원을 법인대표인 개인에게 입금하면 24%(누진 공제 후 약 1,172만 원)의 세금을 개인의 종합소득세로 납부해야 한다. 다른 예로, 개인사업자가 매출이 많아져서 2억 원의 순소득이 잡히면 38%의 세율에 누진 공제액은

1,994만 원이다. 개인은 5,606만 원의 종합소득세를 내게 된다. 법인에게 2억 원의 소득이 잡히면 9%인 1,800만 원을 법인세로 납부한 후, 1억 8,200만 원이 남게 된다. 이를 직원들에게 주거나 대표가 가져오면 그에 따른 세금이 또 발생하게 된다. 법인 세율 자체는 낮으나 개인에게 분배하는 과정의 세금은 피할 수 없다.

법인사업자는 세무사를 통해 기장해야 한다. 세무사에게 기장 비용을 매월 지급하지만 1년마다 결산보고를 해야 하고 법인세를 낼 때는 절세가 된다. 1년간 사용한 법인통장의 내역을 세무사에게 보낸다. 매출이 많은 경우는 개인이 찾지 못하는 절세항목을 찾아내기 때문에 유리한 점이 있다.

전체적으로 보았을 때 매출이 많거나 직원이 여러 명이면 법인사업자가 유리하다. 간이사업자로 시작해도 되지만, 개인사업자로도 지출을 증빙해서 간이사업자만큼 세금을 적게 낼 수 있다. 개인사업자도 종목에 중개업 외 부동산 컨설팅을 추가하면 매출이 비교적 큰 건도 처리할 수 있다. 그러나 매출이 많다면 개인사업자의 소득세 구간에 맞춰 세금을 많이 낼 수밖에 없다. 간이사업자는 중개보수를 많이 받을 수 있는 업무를 하기에 적합하지 않다. 부동산 중개사무소는 금방 매출이 오를 수 있다는 것을 생각해서 사업자를 선택한다.

07
공동사무소, 합동사무소, 공유오피스, 고민된다면?

시작하는 것은 누구나 두렵다. 개인사업자라 할지라도 소공과 보조원이 있다면 훨씬 의지가 되는 것은 당연하다. 이번에는 공동사무소, 합동사무소, 공유오피스에 대해 알아보자.

개인사무소

먼저 개인사무소는 온전히 나의 개성이 반영된 사무실이므로 개인의 능력에 좌지우지된다. 소속공인중개사를 채용하든, 보조원을 채용하든 내가 원하는 사람으로 채우므로 철저하게 자기 책임에 의해 운영된다. 내가 원하는 지역이나 장소에 스스로 사무실을 내고 직원을 채용한다. 중개사무소 개업을 준비하는 데 비용과 정성이 들어가 다른 지역으로 이전하기가 쉽지 않다. 권리금을 주지 않았더라도 비용을 투자하고 사무실을 열었으면 자연스럽게 물건이 들어온다. 지역에서 건물주들을 많이 알게 되고 계약해준 사람들이 증가할수록 다른 지역으로 움직이기가 어려워진다. 직원을 채용해서 본격적으로 자리를 잡게 되면 나만의 사업이 되는 것이다.

개인사무소는 철저하게 개인 자금으로 시작하게 된다. 시작 자금뿐만 아니라 중간에 운영 자금도 개인의 자금으로 운영한다. 주변 사무소를 따라 할 일들이 생긴다. 경쟁 사무소에서 대형 모니터를 놓으면, 뒤처지면 안 될 것 같아 따라 놓게 되고, 다른 사무소에서 광고를 많이 하면 광고비를 추가로 집행하게 된다. 투자해야 직원에게 지장이 없을 것 같고 매출도 증대할 수 있다는 생각이 든다. 시작부터 끝까지 자금에 대한 부담을 갖는다. 결국, 개인사무소는 내 개성이 담긴 사무실로 직원도 어느 정도 수준에서 마음대로 할 수 있지만, 운영에 대한 부담이 있다.

공동사무소

공동사무소는 창업 비용을 나눠서 부담하는 것이다. 둘이든 셋이든 보증금도 운영비도 나눠서 부담하고 수익도 동일하게 나눈다. 한 사람이 개업공인중개사가 되고 나머지는 소속공인중개사가 된다. 누가 개업공인중개사가 되고 누가 소속공인중개사가 될 것인지 정하는 것부터 고민이 된다. 함께 일하기로 했으니 고용인은 별도로 두지 않아도 되는데 인내심이 필요하다. 합의해야 할 부분이 많다. 위치, 인테리어를 하는 것도 의견이 맞아야 하지만 비용을 쓰는 것도 비슷한 성향이어야 한다. 누군가는 필요하지 않은 사무용품을 구입한다고 생각하고, 필요하지 않은 광고를 한다고 생각할 수 있다. 살아온 환경이 다르고 성격도 달라서 지출 부분을 예민하게 받아들이는 수도 있다.

수입 측면에서도 고객에게 집착해서 매달려서라도 클로징을 하는 사람이 있고, 개인이 생각하는 적당한 수준까지만 일하는 사람이 있다. 계약을 성사시키거나 못 시키는 것에 대해 누군가는 불만이 생긴다. 또한, 출근과 퇴근이 정확한 사무형인 사람이 있고 자유롭게 근태를 하고 싶은 사람도 있을 것이라 성향이 맞는 게 중요하다. 일을 할 때 지인을 포함해 많은 사람이 찾아와도 도움이 안 되는 경우가 있고, 방문객은 별로 없는데 진정한 고객만 찾아오는 이도 있다. 한 건을 해도 오래 걸리는 계약만 하는 사람이 있고, 이상하리만큼 간단하고 빠르게 계약을 성사

시키는 이도 있다. 사무실은 함께 청소하고 관리해야 하는데 정신없이 늘어만 놓고 나가는 일이 반복되어 다른 고객이 올 때마다 불편하게 만드는 상황이 생기기도 한다. 워킹고객이나 전화고객, DM을 해서 방문한 고객을 잘 구분해서 일해야 하는데, 늘 공동의 고객으로 생각해 TM과 DM 의욕을 떨어뜨리는 경우도 있다.

공동사업자는 사업자를 건 사람의 세금을 최우선으로 생각해줘야 하는데 매출이 많을 때보다 적으면 불편한 일이 생길 수 있다. 공동사업자는 항상 매출이 적을 때 문제가 발생한다. 사업자를 건 사람이 대표다. 다른 이들은 소속공인중개사로 명함을 만들었을 테니 외부에서는 개업공인중개사만 대표로 생각한다. 동일한 비용을 내면서 사업을 하는데 적절하지 않을 정도로 대표의식이 강하다면 함께 일하기 불편할 수 있다.

공동사업자는 경비를 줄이는 이유로 사업을 하는 것이기 때문에 기간을 정해서 할 필요가 있다. 1년, 2년 일시적으로 동업한다. 그리고 후에 부동산 중개사무소를 하던 자리는 어떻게 할 것인지 동업계약서에 작성할 필요가 있다.

합동사무소

합동사무소는 공동사무소처럼 비용은 나누되 사업자등록증은 각각 하는 것이다. 창업 비용에 대한 부담을 줄일 수 있고 운영 비용도 부담이 적다. 합동사무소라도 임대인이 두 사람에게 계약서를 작성해주는 것이 아니므로 개인사무소보다는 불편한 부분도 있다. 공동사무소처럼 지출할 때 인테리어나 시설에 대한 불만이 따라올 수 있다. 외부에서 볼 때는 하나의 부동산 중개사무소이고 사업자등록증만 2개가 있는 것이다. 각자가 사장이기 때문에 광고비 지출 등은 각자 하고 매출에 대한 소득도 각자 가져올 수 있다. TM이나 DM을 해서 고객이 찾아오는 경우, 누구의 고객인지 확실히 해야 할 필요가 있다. 광고 전화번호는 잘 정하되 워킹고객은 순번을 정해서 불편한 일을 방지해야 한다. 공동사업자보다는 낮지만, 어느 정도 인내심이 필요하다.

합동사무소는 전대 형태로 이루어지기 때문에 전차인이 전대인 부동산에 임대료를 지불하는데, 이때 발생하는 문제가 있을 수 있다. 전차인은 임대료와 관리비를 제때 지불했는데 전대인인 임차인이 임대인에게 납부가 안 되는 경우다. 또 나중에 부동산 중개사무소를 이전할 일이 있을 때 권리금 형성 시 어떤 부동산의 영향이 컸는지 시시비비를 따질 수 있다. 합동으로 사용하는 사무실도 계약서 작성을 잘해둘 필요가 있다. 합동사무소는 초기 비용과 운영비를 절감하는 형태로 이용되고 있다.

공유오피스

요즘 공유오피스가 많아졌는데, 공유오피스에도 사업자를 걸 수 있다. 하지만 부동산 중개사무소는 반드시 간판이 있어야 하는데, 공유오피스는 간판을 걸 수가 없다. 일정한 비용만 내고 알아서 영업하는 형태라서 누구에게 불만을 가질 이유도 없다.

부동산 중개사무소만 이용하는 공유오피스는 중개 초보라 할지라도 다른 중개사무소에서 어떻게 일하는지 보고 배울 수 있다. 때로는 협업도 할 수 있는 장점도 있다. 책상 하나의 자릿세만 내고도 중개업을 해볼 수 있는 것은 매우 고무적이라고 할 수 있다. 다른 사업자들과 회의실을 공동으로 사용하긴 하지만 대부분 건물이 쾌적하다. 일반기업들도 공유오피스를 많이 이용하기 때문에 일반인들에게 나쁘지 않게 인식이 전환되고 있다. 그리고 오로지 광고나 스스로 발로 뛰며 물건을 확보하는 것이라 철저하게 노력으로 매출이 오른다. 사무실을 비워두고 다녀도 상관없다는 점은 최대의 장점이며, 고객과 예약해서 사무실로 오게 하거나 물건지에서 고객을 만난다. 비용 절감의 방면에서 매우 유리한 사업 방식이라고 생각한다.

정리하면 개인사무소는 비용에 대한 부담이 있고, 공동사무소와 합동사무소는 사람에 대한 인내심이 필요하다. 그래도 공동으로 하고자 할 때는 합동사무소가 낫다. 공동사무소와 합동사무소는 실력의 차이가 없을수록 좋고, 시작하기 전에 꼼꼼한 계약서가 필수다. 공유오피스로도 시작하는 것은 안 하는 것보다 백번 낫다.

합동사무소 운영계약서

본 합동사무소 운영계약서는 운영자 각자 개설등록과 사업자 등록을 하며 상호 믿음과 신뢰를 바탕으로 운영한다.

1. 운영비와 필요경비는 각 1/2씩 부담하기로 하며, 문제 발생 시 서로 합의하기로 한다.
2. 운영비 통장은 공동으로 사용하며 사업자 통장은 각자의 것으로 한다.
3. 임대료 등 경비처리는 1/2로 부가세신고의 비율로 맞추기 위해 서로 세금계산서를 발행한다.
4. 사무소 방문고객과 전화고객은 순서대로 각자 상담하며, 전화로 방문예약을 잡은 경우는 방문을 유치한 중개사가 상담한다.
5. 상담 중에는 순서와 상관없이 시간이 되는 사람이 상담한다.
6. 사무소에서 이루어지는 계약은 공동중개로 계약서 작성하며, 외부 계약분은 각자 수익으로 한다.
7. 온·오프라인 광고비는 운영비에서 공동으로 동 금액으로 지출하되, 전화번호는 각자의 사업번호로 광고하기로 한다.
8. 운영 기간은 1년으로 정하며, 합의해서 연장 운영하기로 한다.
9. 근무시간은 09:00~19:00까지로 하며 사무소 청소는 격일로 담당한다.
10. 국 공휴일 각자 출근 여부는 관여하지 않는다.
11. 소속공인중개사나 보조원은 각 1명씩 채용한다.
12. 접수 물건이 중복되는 경우 먼저 접수자의 물건으로 한다.
13. 기 공동중개로 수익한 중개보수를 반환할 경우는 동일비율로 반환하기로 한다.
14. 일방이 영업 종료를 원하거나 이전 시에는 새로운 운영자가 오기까지 시간을 두고 정리한다.
15. 중개업 사무소에 지급된 권리금과 시설비는 상호협의 정리하기로 한다.
16. 시작부터 끝까지 서로 존중과 배려하는 마음으로 운영한다.

년   월   일

[   ] 공인중개사 사무소   개업공인중개사   (인)
[   ] 공인중개사 사무소   개업공인중개사   (인)

08
지역구 중개사무소, 전국구 중개사무소, 고민된다면

일반적으로 동네에서 1층에 중개사무소를 하는 경우는 지역적으로 경계를 정해서 한다. 1층에 중개사무소를 열어놓고 전국 팔도를 다 취급하려고 하면 업무가 산만해진다. 따라서 1층에 중개사무소를 열어서 지역에 맞는 중개사무소를 할 것이 아니라면, 전국구 중개사무소는 반드시 1층을 할 필요가 없다.

지역구 중개사무소

지역구 중개사무소는 범위를 정한다. 자신이 주로 취급할 부동산 유형을 선택해서 큰 도로를 경계선으로 지역조사를 한다. 송파동으로 할지, 성수동으로 할지 정하되, 해당 지역에 주된 부동산 유형이 자신에게 잘 맞는 것이면 좋다. 아파트를 하든, 다세대주택을 하든, 상가를 하든 주된 것과 부된 것을 잘 알고 있어야 한다. 그리고 해당 지역 주변에 어떤 물건이 있는지 잘 파악한다. 이를테면 아파트 지역에서 아파트는 당연하고 단지 내 상가, 다세대주택, 꼬마빌딩, 이런 물건들을 모두 서서히 파악해간다. 그래야 해당 지역에서 토지, 리모델링 꼬마빌딩, 경매 등을 모조리 할 수 있다.

보통 공인중개사는 아파트를 한다고 하면 아파트만 관심을 갖는데,

아파트에 사는 사람이 근처에 사무실을 구한다면 잽싸게 사무실 시세를 알려주고 거래할 수 있도록 물건을 제시한다. 만일 아파트 거주민이 상가를 해보겠다고 하면 어떤 상가가 얼마에 나왔는지 알려주면서 공을 들인다. 고객 한 사람, 한 사람이 귀한데 따로따로 생각하지 않고 하나에서 여러 일이 창출되도록 하는 것이 운영의 묘다. 상가를 내놓은 사람은 어디로 가려고 하는지, 확장하고 싶은 것인지 확인해서 옮겨주는 일까지 하는 것이다. 상가의 임대인과 계약서를 작성하다 보면 임대인이랑 친해지게 될 수도 있다. 임대인의 자녀가 결혼한다면 아파트 시세가 어떻다는 정보를 주고 상담도 해준다. 그렇게 되면 임대인의 자녀를 위한 아파트를 계약해줄 수도 있고, 임대인의 다른 상가가 매물로 나올 때 정보를 먼저 입수할 수도 있다.

공인중개사는 공인중개사가 계약한 상가가 잘될 수 있도록 축하 화분도 보내고 맛집 포스팅도 해준다. 공인중개사가 운영하는 블로그의 블로그 지수가 비록 낮더라도 포스팅을 정성껏 해주면 고객에게 큰 감동을 준다. 공인중개사 자격증 공부를 함께한 친구들을 불러서 저녁도 사고 단체로 포스팅을 한다면 효과가 만점이다. 이렇게 계약한 식당, 호프집 등이 잘 운영되어 확장하기도 하고 체인점을 낸다면 협력업체가 될 수 있다.

공인중개사가 계약하지 않은 상가와도 친하게 지낸다. 되도록 중개사무소가 있는 동네에서 취미 생활을 한다. 탁구장, 당구장, 그리고 피트니스 센터도 다니면서 고객과 접촉할 시간을 확보한다. 예를 들면, 치과 원장님은 '이 안 아프게 뽑는 치과'로, 미용실은 '남성 여성 모두가 좋아하는 원장님'이라고 포스팅한다. 거기에 오는 고객들이 이야기해줄 것이고 중개사무소는 저절로 인기를 얻게 된다. 이렇게 친해진 분들에게 근처에서 경매가 나오면 정보도 주고 필요를 채워주는 부동산 중개사무소가 되면 돈도 벌고 사람도 얻는다.

지역에서 먼 곳의 물건을 의뢰받았다면 적극적으로 할 필요는 없다. 고객과 관계를 유지하는 정도로 일을 한다. 해당 지역에 다른 믿을 수 있는 중개사를 연결해주는 노력 정도가 적합하다. 지역적으로 정한 곳에서 멀어지면 멀어질수록 시간을 많이 뺏기게 된다. 그쪽 지역에 대한 정보도 미약하고 이쪽 일은 시간을 뺏긴다. 집중하지 못하고 산만하게 일을 하면 양쪽 일을 모두 그르치게 된다. 학군, 전·월세 시장처럼 성수기 비수기가 정해진 지역이나 물건이라면 시즌에는 절대로 한눈을 팔지 않는다. 입주장을 하고 있으면서 친한 고객이라고 전국을 유람하듯 다니면 물이 들어왔을 때 노를 젓지 못하고 물이 다 빠져버릴 것이다.

전국구 중개사무소

전국구 중개사무소는 1층이 아니어도 된다. 오히려 1층이면 워킹고객이 있어 주변 물건을 의뢰하기 때문에 더 산만해진다. 전국구 중개사무소는 아이템을 정하는 것이 가장 중요하다. 부동산 유형을 한 가지로 한정한다. 식당만 한다든지 커피숍만 하는 것이다. 빌딩만 하는 중개사무소가 좋은 예다. 아이템이 단순하므로 물건을 모으는 데 집중할 수 있다. 물건의 특성을 제대로 파악하고 일할 수 있다. 땅값, 건물의 준공연도, 역과의 거리, 임대조건 등을 세분화해서 자료화한다. 물건을 내놓는 사람도 물건을 사는 사람도 오로지 목적이 빌딩이기 때문에 성향이나 조건 체크가 용이하다. 이런 점이 강점이기 때문에 1층 다목적 부동산 중개사무소와 경쟁하면 항상 우위에 설 수 있다. 빌딩이 아니더라도 커피숍을 하는 사람은 커피숍에 관해서만 연구하고 커피숍 물건만 보기 때문에 보는 눈이 남다를 것이다. 전국에서 최대 상권이 어디이고, 어느 지점이 매출이 가장 높은지, 그 매출은 몇 년째 유지하는지 등 커피숍만 하는 것이 아닌 곳보다 훨씬 전문적일 것이다.

유명브랜드 음식점 창업팀장과 협업한 적이 있다. 몇 건을 해보니 고객이 찾는 니즈가 명확했다. 전용 30평 이상, 오피스와 주거가 혼재되어 있는 상권, 주방시설이 있는 곳, 권리금 1,500만 원 이하, 임대료 250만 원 전후, 이렇게 5가지 조건이다. 해당 브랜드에서 긴 시간 동안 폐업률을 조사해서 나온 조건이다. 이분은 아이템이 정확하니 서울, 경기까지로 정한 지역만 일한다. 이 팀장은 상가를 구하기 위해 서울, 경기권의 많은 중개사 인맥을 다져놓고 상권 공부도 이미 경험으로 터득했다. 수십 개를 오픈시켰고 지금은 다른 메뉴의 음식 체인업에 스카웃되었다. 서울, 경기에서는 모르는 지역이 없고 중개사 네트워크도 있고 메뉴에 대한 공부만 하면 된다.

전국의 유명 호프 브랜드와 협업한 친구도 있다. 또 요즘 제과점이 얼마나 유행인가. 전국적으로 창고형 대형 베이커리를 적지 않게 발견할 수 있다. 치킨, 학원, 병원과 약국, 전원주택, 고시원, 모텔 등 아이템은 얼마든지 찾을 수 있다.

한때는 당구장이 인기였는데 요즘은 탁구장이 늘고 실내 축구장도 찾는다. 볼링장, 스쿼시, 암벽 타기 등 체육 관련 시설도 확장세다. 아이템별로 음식점만 중개할 수 있고 스포츠 시설 입점이 가능한 곳만 중개할 수도 있다. 상가마다 임대문의 현수막이 즐비한 지금, 물건 접수가 쉬워졌으니 얼마든지 광고로 고객을 확보할 수 있다. 예전에 하던 일에 연결해서 일하는 것도 좋다. 미용업을 했던 사람은 재료상부터 미용의 속성을 다 알고 있어서 다른 공인중개사보다 유리할 것이다. 미용실 개업에 최적화된 중개사무소가 되면 실패할 일이 없을 것이다.

정리하면, 요즘 모든 업이 불황이라서 창업하거나 확장하는 이가 적기 때문에 물건 접수가 쉬워졌다. 전국구 중개사무소는 사무실 보증금부터 유지 비용을 줄일 수 있다. 작은 사무실이라도 중개업 등록만 하면 시작할 수 있는 장점이 있다. 창업컨설팅업체에 취업도 좋을 듯하다. 버릴 것이 하나도 없는 것이 창업컨설팅이고, 이후에는 1층 부동산 중개사무소로 돌아와도 된다. 중개사의 역량을 키우기에 전국구 중개사무소로 시작하는 것이 결코 손해는 아니다. 1층 부동산은 아무 때라도 할 수 있다. 전국구 중개사무소는 기동성이 필요하므로 한 살이라도 젊을 때 시도하는 것이 좋다.

09
회원제 중개사무소와 비회원 중개사무소가 궁금하다면

회원제 중개사무소로 정해진 지역이 있다. 회원제 중개사무소는 지역적인 모임으로, 개업공인중개사가 의무적으로 가입해야 하는 것은 아니다. 부동산 중개사무소가 밀집한 지역에서 업무를 공유하거나 친목을 위해 만들어졌다.

회원제 중개사무소는 주로 아파트가 밀집한 곳에 있다. 자신들이 일하는 지역에 중개사들이 많이 진입하게 되면 치열하게 경쟁하고 수입도 감소하는 것을 걱정한다. 개업공인중개사가 현재 중개사무소를 인수하는 것은 상관없지만 다른 업종의 상가를 중개사무소로 계약해 중개사무소의 수가 증가하는 것을 방지하는 것이다.

중개사무소 수를 일정 개수로 한정하면 중개업을 하는 동안 수입도 유지하고 상가로서의 권리금이 형성되기 때문이다. 회원제 중개사무소는 지역별로 강하게 묶인 곳은 권리금이 높은 것이 사실이다. 이들 지역은 중개사무소의 권리금을 위해서 다른 업종의 상가는 부동산 중개사무소용으로 계약하지 않는다. 회원제 중개사무소는 권리금을 주고 승계하거나 좋은 자리는 가족끼리 상속된다는 표현을 할 정도다.

회원제 중개사무소는 지역마다 달라서 강성과 중성과 약성이 있다.

강하게 묶인 회원제 중개사무소는 비회원 중개사무소와 일절 거래를 금한다. 회칙에 비회원 중개사무소와의 거래를 금한다는 내용은 공정거래위원회에 문제가 제기될 만한 사안이라 공식적으로 오픈하지 않지만, 그들끼리는 암암리에 패널티를 지불하는 방식으로 이어지고 있다. 회원제로 강하게 묶여 있는 지역에 입성하려면 권리금을 줘야 하는데 꼭 그래야만 하는지를 물어보는 이들이 많다. 이제까지 그들이 지켜왔던 것을 쉽게 생각하면 가입할 필요가 없고, 존중한다면 그대로 하는 것이 맞다.

　비회원으로 들어가서 일을 해보면 쉽지 않은 것이 사실이다. 다른 부동산 중개사무소와 공동중개를 할 수 없으니 주변에 돌아가는 정보 입수가 쉽지 않다. 어떤 물건이 나왔는지 고객이 이야기해주지 않으면 알 수가 없다. 물건을 찾는 고객이 있어도 물건이 있는 부동산 중개사무소에서 공동중개할 수 없다고 말하면 계약을 할 수가 없다. 물건을 찾으러 다니는 일도, 계약을 하는 일도 쉽지 않다. 포털사이트에 있는 매물 사진을 추측해서 임대인 또는 소유주를 찾아내야 한다. TM과 DM, 그리고 영업을 열심히 하는 것이 권리금을 주는 것보다 낫다고 생각한다면 가입하지 않아도 된다. 몇 년의 시간이 걸리든 하나하나 쌓아갈 것이고, 혼자 비회원이어도 지치지 않을 자신이 있다면 상관없다. 그러다가 주변에 하나둘 비회원이 들어온다면 서로 힘을 합칠 수 있다. 고객 입장에서는 비회원을 구분하지 않으므로 비회원끼리 공동중개하면서 버틸 수 있다. 이런 식으로 비회원 중개사무소가 점점 늘어난다면 상황은 더욱 좋아진다. 어떤 지역은 회원 중개사무소와 비회원 중개사무소의 수가 반반인 곳도 있다. 그런 경우, 회원 중개사무소의 권리금은 낮아지고 비회원 중개사무소와 별반 다르지 않을 수도 있다.

　또 중성인 모임으로, 회원제 중개사무소이기는 하나 비회원 중개사무소와의 거래를 막지 않은 지역도 있다. 주로 친목과 정보 공유를 목적으로 만들어져서 고가의 권리금이 오가지는 않는다. 하지만 무조건 회원으로 가입되는 지역과 중개사가 가입을 원해도 안 되는 지역이 있다. 비회원과의 거래를 금하지 않는데 왜 가입이 안 될까? 회원제 중개사무소들은 친목을 유지하면서 서로의 성향을 파악하고 중개업에 대한 상도의를 지키길 원한다. 아무나 들어와서 물을 흐리게 되면 지역에서 지켜왔던 평화가 깨지기 때문이다. 다른 중개사무소의 물건을 빼가거나 고객을 마음대로 뺏는 행태 등을 방지하고자 한다. 회원으로 가입을 시키기 위해서 다른 회원들의 동의를 구해야 한다. 추천을 받든 스스로 원하든 가입을 신청하면 회원들에게 가입 신청자의 이력이 공개된다.

중성 정도의 회원제 중개사무소를 유지하고 있는 어떤 지역의 예를 들어보자.

몇 회 공인중개사 합격자인지, 어떤 지역에서 중개업을 했는지 등 간단한 이력을 단체 톡방에 공개하고, 이를 며칠 동안 알아보는 시간을 갖는다. 가입은 카톡방에서 온라인 투표로 진행된다. 만일 전에 있던 곳에서 무리한 일이 있었다는 소문이 있거나, 현재도 문제가 있다고 생각되는 회원은 반대할 수 있다. 평이 나쁜 사람일 수도 있고 일을 너무 잘하는 사람이라서 싫을 수도 있다. 회원으로 적합하지 않다고 여기면 투표에서 거절된다. 강성 회원제 부동산 중개사무소처럼 고가의 권리금을 들이지는 않지만 소정의 가입비를 내는 회원제인데도 마음대로 입회가 안 될 수 있다.

다음으로 무조건 가입이 되는 약성 모임이 있다. 친목과 정보 공유가 목적으로, 제재하는 것이 별로 없으므로 편하게 가입할 수 있다. 이런 지역에서는 회원으로 가입을 하지 않을 이유가 없다. 부동산 중개업은 일하다 보면 어려운 일에 봉착될 때가 많다. 중개업에서 말하는 진상 고객을 만날 수도 있고, 구청에서 단속이 나올 때도 있다. 주변이 개발된다면 어떻게 개발되는지, 건물이 어떤 속성이 있는지, 부동산 중개에 영향력 있는 사람이 있는지 정보 공유도 소중하다.

회원제 중개사무소는 생각보다 도움이 많이 되지만 억압으로 느껴질 수도 있다. 그래서 탈퇴하는 이도 있다. 명함 작업을 하면 안 된다거나 과한 광고를 지양하게 한다는 식으로 규율이 있을 수 있다. 고객이 겹칠 때 민감하게 대하는 회원들이 있다면 마음대로 일하지 못하니 업무에 지장이 생기고 더 신경 쓰인다. 그리고 연회비 또는 월회비를 낸다. 회원제 중개사무소만 사용하는 물건공유 사이트가 있거나 계약서가 있을 수도 있다. 가끔 회원들을 위한 고급 교육도 있다. 광고에서 제재당하지 않는 법이라든가 세무 교육 등 회원들에게 유익한 정보를 제공한다. 비회원 중개사무소는 이런 부분이 부러울 것이다. 회원제 중개사무소만 알고 있는 정보가 있을 것 같고, 회원제 중개사무소의 교육이 궁금하기도 하다. 회원제 중개사무소의 상조회나 야유회는 직장에서 나와 조직이 없어진 중개사들에게 소속감을 주고 중개업무 스트레스를 줄이는 역할을 한다.

중개사무소를 열고자 하는 지역이 회원제를 유지하고 있다면 강성인지, 중성인지, 약성 모임인지 알고 가면 된다. 이에 따라 권리금은 차이가 있다.

10
중개사무소 인테리어 비용이 궁금하다면

전철역 바로 앞에 매우 기대되는 건물이 건축되고 있었다. 그 건물이 준공되고 가장 먼저 입점하게 된 상가는 부동산 중개사무소였다. 엄청나게 큰 간판에 진하고도 노란 선팅을 배경으로 시뻘건 색으로 '부동산'이라고 쓰인 큰 글씨가 그리 좋아보이지 않았다. 이 장에서는 부동산 중개사무소 인테리어를 할 때 염두에 두어야 할 것을 설명하려고 한다.

첫째, 지나치게 크고 원색 간판은 피한다.
강남에서 1층에 부동산 중개사무소를 하던 때는 점두 광고도 금지되어 있었고, 간판 크기와 글씨체도 제한이 있었다. 그만큼 도시와 건물 전체를 고려한 미관이 중시되는데 부동산 중개업을 하는 사람들은 자신만 튀기를 원한다. 지정된 사이즈나 이미지의 간판은 붙일 때는 그다지 마음에 들지 않았더라도 전체적인 미관을 생각하면 편안함이 느껴진다.

혼자만 크고 빨갛고 노란색으로 튀어 보이려는 사람은 사회에서도 부적응으로 느껴진다. 모처럼 바닷가 놀러 갔을 때 음식점마다 호객꾼이 억지로 사람을 세우는 것에 대해 불편한 경험이 있을 것이다. 그것과 마찬가지다. 부동산 중개사무소 간판은 지나가는 사람에게 말을 거는 역할인데, 너무 튀면 마치 악쓰는 것처럼 느껴진다. 적당하게 눈에 뜨이면 좋은 소리로 부르는 것 같은 기분이다. 간판 크기와 글씨체는 건물에서 정해주는 대로 하면 좋다. 크기가 작아지면 빨갛고 노란색을 써도 찌푸릴 정도의 불편함은 없다. 주변과 조화롭지 못한 울긋불긋한 간판은 지양한다.

둘째, 부동산 중개사무소 상호에 정성을 들인다.

간판 크기보다 부동산 상호에 정성을 기울이면 좋다. '삼성 부동산', '엘지 부동산', 이런 상호는 대기업의 기운을 받고자 하는 것인데, 중개사의 개성을 느낄 수 없다. 자신만의 개성과 정성이 담긴 상호를 붙이자. '딸기 부동산'은 예쁘고, '광개토 부동산'은 힘이 있어 보인다. '다정한 부동산'은 다정해 보이며, '우수한 부동산'은 우수해 보인다.

또 공인중개사 자신의 이름을 붙이는 것은 전문가답게 보인다. 식당도 사진을 붙이고 이름을 걸고 영업하는 곳이 많다. 공인중개사가 이름을 걸고 영업하는 것은 멋진 일이다. 부동산 권리금을 받을 때 어렵다고 기피하지만, '삼성 부동산'이나 '엘지 부동산'보다는 나을 듯하다.

셋째, 간판 비용이 가장 비싸다.

부동산 인테리어에서 가장 비용이 많이 들어가는 것이 간판이다. LED 간판은 글자 수에 따라 비용이 들어가므로 부동산 전면의 길이에 신경을 쓴다. 전면 넓이와 높이에 맞게 상호를 붙인다. 전면이 좁다면 짧은 이름을 짓고 심플한 조명으로 포인트를 준다.

넷째, 내부 인테리어는 LED 형광등과 깨끗한 도색이나 도배면 된다. LED 등을 강조하는 이유는 밖에서 볼 때 내부가 어두우면 업무를 안하는 것처럼 보이기 때문이다. 간판과 내부를 밝게 유지한다. 퇴근해도 일정 시간은 근무하는 것으로 보이도록 타이머를 설정하면 좋다. 늦게 지나다니는 사람이 전화하면 외부에서 전화를 받을 수 있게 한다. 요즘 감각적인 인테리어를 많이 하는 추세로, 품격이 느껴지는 사무실도 많이 눈에 뜨인다. 개인의 취향에 따라 목공이나 유리 작업을 하면 비용이 커질 수밖에 없다. 시스템 냉난방기를 천장에 넣으면 소음도 적고 종이도 날리지 않는다. 책상마다 서류가 있으니 종이가 날리지 않는 형태의 선풍기를 구입한다.

다섯째, 사무실에 테이블과 의자를 좋은 것으로 놓는다.

의자는 뱅뱅 돌지 않는 의자여야 한다. 뱅뱅 돌아가는 의자는 브리핑과 계약할 때 집중을 방해한다. 업무용 책상과 컴퓨터는 편리한 것을 택한다. 책상 위에 컴퓨터는 노트북을 사용해도 좋고 데스크탑을 사용해도 좋다. 모니터가 너무 크면 상담할 때 고객의 얼굴이 안 보이니 노트북이 여러모로 쓰임이 좋다. 그래도 요즘에는 카카오톡부터 많은 브리핑 자료가 시각화되어 있어 듀얼 모니터를 사용하는 곳이 많다. 또한 브리핑용 대형 모니터도 일하면서 필요하다면 구입한다.

여섯째, 전화번호는 조금 더 여유롭게 신청한다.

팩스번호까지 받아야 한다. 전화번호 여유가 없으면 직원을 더 채용하게 될 때 번호 연번이 안 되는 생뚱맞은 번호를 받게 된다. 직원마다 스마트폰으로 착신해서 사용하려면 여분의 번호가 있어야 한다. 스마트폰은 사무실용으로 비치한다. 소속공인중개사가 이직하더라도 업무의 연결성을 위해 필요하다.

일곱째, 프린터는 가장 좋은 제품으로 사용한다.

부동산은 늘 컬러 도면과 화질 높은 사진을 취급한다. 또 계약서를 작성할 때 애를 먹이면 안 되기 때문이다. 날씨가 습하거나 추운 겨울에는 기계 고장이 잦고 종이가 자주 걸릴 수 있다. 프린터는 렌탈(2~3만 원)로 이용하면 잉크 걱정을 안 해도 되고 고장을 예방할 수 있다.

여덟째, 붙박이장을 많이 만든다.

부동산 중개사무실 자체가 울긋불긋한 지도와 화분들이 많아 단정하기 어려운데 서류나 물품들이 돌아다니면 어수선해 보인다. 생수통과

쓰레기통도 모두 붙박이장에 넣으면 정리되어 보인다. 지도는 롤보다는 큰 액자 형태로 넣는 것이 단정해 보인다.

아홉째, 고객이 가장 큰 인테리어다.

요즘 건축한 상가는 상가를 고가로 팔기 위해서 길게 나눈 경우가 많다. 전면이 짧고 길이가 긴 형태의 사무실은 여러 명이 사용해야만 유용하다. 기다란 사무실을 계약서 작성하는 방과 탕비실로 사용하는데, 비싸게 인테리어할 필요는 없다. 계약서를 작성하는 모습과 상담하는 모습이 중요한 인테리어이기 때문이다. 계약서를 작성하러 룸에 들어가 있는 동안 사무실이 텅 비어 있는 것처럼 보이기에 홀에서 계약서를 작성하는 모습이 더 좋다. 이는 중개업을 하다 보면 알게 되는데, 유명한 맛집에서 일부러 줄을 세우는 것과 같은 이치다.

이렇게 준비하면 바닥에 대리석이나 데코타일을 하더라도 1,000~1,500만 원 정도에서 개업할 수 있다. 기존의 부동산 중개사무소를 인수한다면 비슷한 수준의 시설비를 내게 된다.

처음에는 잔여 공간이 많고 허전한 듯 보여도 계약서가 쌓이고 관련 자료가 쌓이면 저절로 세월감이 느껴지는 사무실이 된다.

11
부동산 중개사무소 직원의
조건과 보수가 궁금하다면

초보 공인중개사가 보조원을 위해 자격증을 게시할 수 있지만, 개업 공인중개사가 여러 개의 사무실을 운영하는 경우에도 자격증 게시자를 필요로 한다. 자격증을 걸지 않으면서 기본급을 주는 것은 허드렛일을 시킬 수 있는 구조를 만든 것이다. 돈을 벌기보다는 일을 배운다는 목표로 허드렛일을 할 각오를 하고 들어가야 한다. 중개사무소는 식당이나 마트처럼 육체적으로 힘든 일은 거의 없지만 계약 이외 잔일도 꽤 있는 편이다. 중개사무소는 혼자 하기에는 벅차고 둘이 일하기에는 약간 남는 구조라서 약간의 비용으로 인력을 사는 것이다. 청소는 기본이고 물건을 접수하고 광고를 올린 후 고객이 오면 보여주는 일이 가장 흔하다. 직원이 없으면 사장이 해야 하는 일이니까 그것이 허드렛일은 아니나 직원이 있다면 당연히 직원이 그 일을 한다.

중개업은 물건을 접수하는 것, 광고를 하는 것, 보여주는 것 모두 중요한 일이다. 소속공인중개사를 채용하는 어떤 기준도, 정해진 것은 없으며 개업공인중개사의 매출을 올려주는 것이 채용의 목적이다. 따라서 직원의 보수에는 여러 타입이 있다.

1. 아르바이트

파트타임으로 바쁜 시간 때만 도와주며 시간당 급여, 월 급여로 지급된다.

2. 기본급

100~150만 원의 기본급으로 지급된다.

3. 기본급 + 인센티브

50~150만 원을 지급하고, 추가로 전체 매출에서 운영비를 제외하고 10~30% 또는 각자의 계약 건에서 30~50%를 지급한다. 기본급을 주는 곳은 인센티브가 많을 수는 없다. 여러 명이 일을 하면 퍼센테이지가 높아진다. 다만, 각자의 물건과 고객 관리를 잘해야 한다.

4. 기본급 + 건당 금액

기본급을 주고 계약 건당 5~10만 원으로 지급하기도 한다. 퍼센테이지로 지급하다 보면 운영비 부담이 큰 경우 대표의 몫보다 초과되기도 하므로 건당 금액으로 지급한다. 아무리 많이 해도 대표보다 덜 가져가게 하기 위함이다.

5. 전체 매출의 성과제

기본급과 함께 주는 인센티브가 있고 기본급 없이 인센티브제로 운영하는 곳도 있다. 운영비를 제외하고 전체 매출에서 20~30%를 준다. 운영비의 부담이 소속공인중개사에게도 있어서 덜 선호할 것 같지만 대표의 계약 능력에 따라 고수익이 될 수 있다.

6. 개인 매출의 성과제

개인 매출의 50~70%를 지급하는 경우가 많다. 운영 경비를 공제하지 않기 때문에 로스가 없고 자신의 능력을 발휘할 수 있다. 하지만 직원이 여러 명이 일할 때나 가능하다.

7. 자릿세 + 성과제

자릿세(20~30만 원)를 내고 일하는 경우다. 80~90% 정도가 소속공인중개사의 수익이다. 광고비는 운영비에 부담이 많은 항목이므로 개별 광고를 하기도 하고 지원해주기도 한다. 식대는 전 항목에서 포함이거나 별도다. 개업공인중개사가 일해본 경험으로 판단한다.

　소속공인중개사는 기본급 소액을 받아봐야 유류비나 식대로 다 나가는 상황이라 돈이 잘 모이지도 않는다. 식대를 포함한 소액에 연연하는 것도 성격이라 하나하나를 따지는 일도 있다. 그러니 개업공인중개사는 경기가 어려워 부동산 중개사무소 운영이 어려울 때는 기본급이 있는 소속공인중개사를 지속해서 쓰기 어렵다. 또 지역이나 취급하는 물건이 무엇인지에 따라 다른 것은 당연하다. 토지를 하면서 기본급을 주는 경우는 본 적이 없다. 계약이 자주 발생하지도 않는 일을 하면서 기본급을 챙기기는 어렵다. 원룸처럼 소액이나마 계약이 빈번하다면 기본급이 가능하다. 계약이 많은 만큼 잔일이 많으므로 기본급만 주는 경우다.
　개업공인중개사는 소속공인중개사가 돈을 벌어가는 것은 환영하되 운영에 대한 지출 부담으로 최소한의 비용만 주고 싶어 한다. 소속공인중개사는 일을 배우면서 돈도 벌고 고객을 확보해서 근처에 오픈까지 할 위험인물이기 때문이다. 그래서 소속공인중개사보다는 보조원을 선호하는 것이다. 소속공인중개사라면 하나를 취하면 다른 하나는 양보하는 것이 장기적으로 이익이다.
　소속공인중개사와 개업공인중개사는 서로 도움이 되어야 한다. 동업할 때 동업자가 성격을 맞추는 것처럼 해야 한다. 적당히 일만 배우고 나온다고 생각하면 훗날 개업을 하더라도 좋은 이미지로 일하긴 어렵다. 예전보다 정보가 빨라서 어디서 일하는지 다 알게 되기 때문이다.

　개업공인중개사 사무실로 취업해서 개업공인중개사에게 일을 배우고 싶다면 이력보다는 스스로 잘하는 것을 무기로 공략해야 한다. 엑셀을 잘하면 엑셀로 매물정리를 해주고 수익률표나 잔금 정산표, 매물 관리 리스트, 주차관리 등을 만들어준다. 물론, 개업공인중개사가 더 잘할 수도 있다. 파워포인트를 잘하면 브리핑 자료를 개선하고 트렌드에 맞는 광고문구나 홍보자료를 만든다. SNS를 잘한다면 중개사무소를 위한 블로그를 써주고 인터넷 서핑으로 좋은 정보를 많이 발췌한다. 개업공인중개사와 협의해서 부동산 중개사무소에 꼭 필요한 것들을 만들어낸다. 진실은 통하기 때문에 진심으로 노력하는 사람은 다 표시가 난다.

그리고 돈을 벌고 싶은 소속공인중개사라면 퍼센테이지로 일을 해야 한다. 기본급을 받지 않더라도 스스로 일을 만들어내서 중개보수를 받는다면 개업하는 시간을 단축할 수 있다. 한 건, 한 건 귀한 손님이고 개업공인중개사 손님이 아닌 내 손님이기 때문에 개업할 때도 따라올 확률이 매우 높다.

기본급을 받으면 개업공인중개사 손님이고, 기본급이 없으면 오로지 내 것처럼 느껴진다. 처음에 만난 고객은 작은 집이었는데 언젠가는 큰 집을 구하겠다고 찾아올 수 있다. 처음에 만난 고객은 신입사원이었는데 언젠가는 책임자가 되어서 보다 큰 건을 계약할 때가 있다. 우리는 이런 것들을 '고객과 내가 함께 성장한다'고 말한다. 초보였던 소속공인중개사가 어느덧 물이 올라 자연스럽게 일을 헤쳐나가는 경험을 하게 된다. 그래서 원룸 월세만 하다가 원룸 건물을 팔게 되는 행운을 맞게 된다.

기본급을 모아 개업하는 경우보다 퍼센테이지로 일하면서 개업하는 경우가 훨씬 많은 것이 이런 이유다. 어려운 자격증을 공부한 소속공인중개사에게 중개 실무가 자격증 취득만큼 어렵지는 않을 것이다. 다만, 실무는 행동으로 보여줘야 하므로 보는 사람인 고객, 개업공인중개사,

그리고 동료와의 관계가 굉장히 중요하다. 특히 여러 가지 자격증을 가진 공부형은 혼자 있기를 좋아하고 공부 머리가 발달된 사람이다. 중개 실무는 공부머리보다는 일머리가 필요하다. 고객 또는 개업공인중개사와의 관계가 중요하다. 그렇기에 기본급이나 퍼센테이지라는 돈 문제보다는 개업공인중개사와 화합하고 고객에게 대응하는 서비스업을 배우는 시간으로 보내면 유익할 것이다.

정리하면, 기본급을 받으면서 일도 배울 수 있는 곳에서는 돈을 벌 수 없는 구조라 시간을 투자하는 것이다. 돈을 벌기 위해서라면 퍼센테이지로 일하고 빠르게 개업하는 것이 낫다.

개업공인중개사 대표가
무엇을 해야 하는지 궁금하다면

공인중개사는 시험에 합격하자마자 자격증을 게시한다는 것에 대한 두려움이 생각보다 크다. 어렵게 취득한 자격증이 취소되는 일이 발생할까 봐 두렵고, 돈을 벌려고 한 일인데 '돈을 잃지 않을까?' 하는 마음에 두렵다. 초보의 개업인데 동업을 생각하니 '쉽게 깨지고 사람만 잃는다'라는 소리를 들어서 걱정된다. 소속공인중개사가 되어 일할 곳이 없어 개업 후 소속공인중개사를 채용해야 한다면 다음과 같이 한다.

세상일은 무슨 일이든 돈을 투자하는 것이 가장 빠르게 일을 배울 수 있고, 그다음이 시간을 투자해서 하는 일이다.

먼저, 소속공인중개사에게 일을 배운다.

개업공인중개사는 개업할 곳을 선택했다면 해당 지역에서 가장 일을 잘하는 사람을 채용한다. 개업해서 공인중개사협회 사이트에 구인공고를 하면 많은 공인중개사가 지원할 것이다. 이때, 원하는 나이도 성별도 중요하지만 경력에 포커스를 둔다. 우선은 돈을 벌기보다는 일을 배우고 사무실 유지도 한다는 것에 목적을 둔다. 내가 소공인 직원으로부터 배우겠다는 생각을 알려주고 채용을 한다. 초보를 채용하거나 혼자서 일하면 사무실 운영비 걱정으로 모든 일이 제대로 안 된다.

개업공인중개사가 일을 잘하는 직원과 함께 일하면 급여 지출이 클 것이므로 돈으로 일을 배우는 것과 같은 이치다. 직원과는 1년 일하는 것으로 계약서를 작성하고 철저하게 보조하고 지원한다. 직원이 떠나면 스스로 일을 못 할 것 같은 느낌일 수도 있고 더 잘 할 것 같은 느낌이 들 수도 있다.

그다음, 소속공인중개사를 교체한다.

이쯤이면 다른 직원으로 교체할 수 있는데 급여 비용 지출을 줄인다는 개념으로 채용을 한다. 직원의 역할을 줄인 만큼 대표로서 적극적으로 일을 한다. 대표가 직접 일을 하면 일을 잘했던 먼저 직원 때보다 훨씬 능률이 상승한다. 마음에 맞는 직원이라면 사무실을 비워도 걱정이 안 되고 큰 사이즈의 물건 의뢰자가 와도 자신감이 생긴다. 모르는 것은 서로를 찾고 다른 부동산 중개사무소에 가서 배워오고 교대로 교육을 받으면서 대표의 자리를 지킨다. 직원과 자신의 네트워크가 단단하게 움직이기 때문에 처리 능력이 향상된다.

마지막으로, 비용을 줄이고 초보와 일을 한다.

일에 대한 자신감이 생기고 사무실의 운영자로서 경험이 바탕이 되어 누구와 일을 해도 상관없을 정도가 된다. 중개사무실 운영에 대한 경험이 쌓여가는 것이다. 시간은 많은 것을 알려준다. 초보가 대표에게 의지해서 일을 배우고자 할 테니 가르치며 실력이 는다. 초보와 일을 하면 가르치는 일이 쉽지 않다는 것을 알게 될 것이다. 일만 배우고 욕심만 내는 직원도 만날 것이다. 왜 소속공인중개사가 아닌 보조원을 두려는지 이해할 것이다.

주의할 점은 첫째, 직원 의존도가 너무 높으면 안 된다는 것이다. 직원이 계약을 많이 하면 안심을 하고 스스로는 할 일을 적게 하게 된다. 직원은 언제든지 떠날 수 있고 직원이 떠나지 않으면 대표는 나태해질 것이다. 떠나는 직원이 오히려 고맙게 느껴져야 한다. 모든 일이 직원 중심으로 돌아가면 어느 순간부터 사무실의 이미지나 평도 바뀌게 된다. 좋은 이미지일 수도 있지만 나쁜 이미지가 될 수도 있다. 그리고 직원이 바뀌면 또 달라진다. 이보다는 대표의 확고한 이미지가 형성되는 중개사무소가 좋다. '친절한 사장님이 있는 곳이다', '시원시원하게 일을 잘 처리하는 사장님이 있는 부동산 중개사무소다', '부지런한 사장님이 있는 곳이다', '호탕한 사장님 보면 기분이 좋다' 등의 이미지가 있으면 좋다.

둘째, 자신과 어울리는 직원을 채용한다. 중개사무소의 좋은 이미지를 만들고 자신과 어울리는 직원을 채용한다. 자신에게 부족한 것을 보완할 사람이면 좋다. 광고를 잘하고 싶다면 인터넷 마케팅을 잘해줄 만한 직원을 채용한다. 아이 때문에 출근이 늦는다면 일찍 출근할 수 있는 사람이 필요하다. 엉덩이가 무겁다면 잘 돌아다닐 만한 직원을 채용한다. 그리고 면접을 하면서 대화가 되는 사람을 채용한다.

셋째, 자라온 환경과 일을 해온 환경이 많이 다른 것도 문제가 된다. 지인 사장님이 사무실을 2개를 운영할 때가 있었다. 그때 사무실 2개의 운영비 차이가 2배 이상이 났다. 식사할 때 음식값이 상당한 금액으로 지출되고 간식 비용도 비교가 되었다. 대표가 아끼는 것을 매우 궁색하게 생각하고 불평불만 하는 것은 부동산 중개사무실의 업무환경을 저해한다. 경제관념이 없는 직원은 생각해볼 문제다. 사무실에서 운영되는 비용을 너무 쉽게 생각하는 직원은 불편하다. 지나치게 형편이 어려운 직원은 채용을 안 한다. 직원에게 어려움이 닥치면 돈을 빌려줄 상황이 되기도 하고 걱정을 끼치게 되니 말이다. 노름을 좋아하는 직원은 채용하면 안 된다. 물불을 못 가리고 고객에게 돈을 빌리는 경우도 본 적이 있다. 또한, 거짓말을 하는 직원은 채용하면 안 된다. 짧은 면접으로는 알 수 없지만 한번 거짓말을 넘어가면 다른 거짓말을 하는 경우가 생기고 고객에게도 문제가 될 수 있다. 그리고 부유한 환경의 직원은 열심히 안 한다. 여유로운 성격은 좋은데 여유로운 환경은 억척스럽지 못할 수 있다.

개업공인중개사가 직원 채용을 마쳤다면 사무실 업무를 하면서 시간
이 날 때마다 필요한 외부 업무를 한다. 부동산 중개사무소 주위를 자주
돌아본다. 비어 있는 상가를 직원에게 말해주거나 공사하는 건물이 있
다는 등의 주변 변화를 알려준다. 자세히 못 봐 생각이 안 나는 것은 직
원에게 알려주며 다시 보고 오라고 말한다.

그리고 임장을 게을리하지 않아야 한다. 임장을 할 때 의뢰한 물건을
보고 사진을 찍어온다. 그래야 고객이랑 대화가 된다. 고객이 재방문했을
때 아직도 안 보셨느냐고 관심 없음에 실망할 수 있다. 새벽이나 주말을
활용해 임장을 다니면 고객이 부지런한 사장님이라며 높이 평가한다.

명함이나 전단지 작업을 한다. 물건이 접수될 수 있도록 직원에게 모
범을 보인다. 주머니에 자석 명함이나 스카치테이프를 가지고 다니며
수시로 명함 작업을 한다.

종종 다른 중개사무소를 방문한다. 개업공인중개사는 중개사무소와
의 교류를 위해 시간을 내서 차를 마시거나 식사를 하며 주변의 정보를
파악한다. 그래야 어떤 매물을 잘 광고할 것인지 알게 된다. 중개와 관
련된 교육을 받는 것도 좋다. 관련 법이 바뀌거나 주변 변화에 대해 계
속 업그레이드할 수 있는 교육을 게을리하지 않는다.

직원이 있다는 것은 도움이 되면서 한편으로는 부담이다. 잘 맞는 직
원은 자신을 닮은 사람이며 보완을 할 수 있는 사람이다. 선택할 수 있
는 자리에 있는 것이 다행이다.

부동산 유형별
중개보수가 궁금하다면

    의뢰인은 부동산 중개거래 시 중개보수 요율이 변함이 없는데도 부동산 가격이 상승해서 중개보수를 큰 부담으로 여긴다. 당연하게 중개보수를 할인해줘야 하는 것처럼 여기는 이들이 있다. 개업공인중개사는 의무적으로 중개요율표를 게시하고 있다. 정부는 사회의 안정과 질서를 위해 요율을 지키라는 것인데, 중개사가 보수를 오버 청구하는 경우는 거의 없다. 의뢰인들이 부동산 거래가 잘 이루어지지 않을 때 추가로 중개보수를 주겠다고 제시하는 일은 있다. 하지만 중개사가 이것을 요구하지 않는다. 일반적인 거래는 중개보수를 법정 요율보다 더 청구하지 않고 요율표대로 진행한다.

    오피스텔은 거래할 때 매매와 임대의 중개보수를 금액 그대로 받는다. 건당 금액이 많지 않으므로 이 금액을 할인해달라고 하는 이는 흔하지 않다. 중개보수는 할인하더라도 몇만 원이고, 학생이나 청년들이 다수다 보니 중개사가 흔쾌하게 할인한다. 원룸 거래에서는 임대 거래가 잘 안 이루어질 때 임대인이 임차인의 중개보수를 내주겠다고 하는 경우가 있다. 임대인은 임차인을 빨리 구해달라는 의미에서 중개보수를 2배로 제안한다. 이럴 때는 중개사가 알아서 받는다. 임대인은 중개보수가 임대할 방의 한 달 치도 안 되기 때문에 비어 있는 것이 오히려 손해라고 여기는 것이다. 임차인도 할인을 요구하는 경우가 많지 않다.

중개보수 할인 요구는 아파트 거래에서 가장 많다. 아파트는 거래 금액이 크기 때문에 중개보수도 적지 않다. 의뢰인이 아파트를 거래할 때는 중개사무소를 여러 번 방문하므로 중개사와 친해지기가 쉽다. 또는 부동산 상태에 대해 트집 잡힐 일들이 간혹 있다. 중개보수는 의뢰인과 친해지면 처음 방문하는 사람보다 할인해줘야 할 것처럼 요구된다. 고객이 다음에 또 이용한다고 말하며 주변에 소개도 한다고 하니 일회성으로 거래하는 부동산 공인중개사로 낙인찍힐까 싶어 양보하게 된다. 또 의뢰인이 계약할 듯하면서 어딘가 미흡해서 안 할 것 같은 경우에 보수로 조절하게 된다. 경쟁이 너무 치열하다 보니 반값 부동산 공인중개사와 경쟁하거나 일반 부동산 중개사무소에서도 중개보수를 무기로 하는 경우다. 고객이 계약 의사를 표시하면 중개사는 계약서를 작성할 때 무게감 있는 정중한 자세를 취해야 한다. 아파트를 보여주러 다닐 때와는 다른 포스가 나타나면 쉽게 할인 이야기를 거론하는 것을 방지할 수 있다.

가장 할인 요구를 많이 당하는 것이 아파트 거래이므로 요율표를 게시하는 것이 다행이다. 고객이 중개보수 할인을 안 해준다고 다음에 중개사무소를 안 찾지는 않는다. 형편없이 낮은 중개보수를 제시하는 고객에게 그렇게 낮은 금액은 안 받고 만다고 거절했던 경험이 몇 번 있다. 중개보수를 달라고 전화도 안 하고 며칠 놔두면 된다. 고객 입장은 줄 돈을 안 주는 것이 오히려 불편한 상황이기 때문에 어느 수준까지는 채워서 보낸다.

그 외 주택 거래에서 중개보수 할인을 요구하지 않는 것은 의뢰인들이 느끼기에도 빈번한 거래가 아니기 때문이다. 거래가 빈번하지 않으면 중개사가 귀한 일을 해줬다고 생각한다. 남들이 하지 못하는 일을 한 중개사에게 중개보수는 당연한 대가로 여긴다.

중개보수 할인 요구는 중개사가 쉽게 돈을 번다고 생각할 때 한다. 중개사가 자신의 집 한 건으로 크게 돈을 번다고 생각하고 자신에게 고맙게 여기라는 것이다. 이때 정확하게 세금을 신고한다는 것을 이야기하면 할인 요구를 줄일 수 있다.

부동산 매매에서 실거래신고제가 도입되고 나서 중개보수의 할인 요구가 감소했다. 공인중개사가 실거래가 신고라는 공적 업무를 직접 하면서 중개사의 수입이 노출되니 중개사 소득을 불로소득처럼 여기지 말라는 설명이 된다. 요즘은 임대조차도 신고제로 정확한 거래금액이 노출되니 투명하게 세금신고를 한다고 말한다. 현금영수증을 발행한다고 덧붙이면 할인을 요구하지 않는다.

주로 사무실을 취급하는 중개사는 주택보다 중개요율이 높은데도 중개보수를 할인하지 않는다. 중개요율이 높으면 더 할인을 요구할 것 같은데도 그렇지 않은 것이 세금계산서 발행이나 현금영수증을 정확히 하기 때문이다. 물론 사무실을 찾는 이들은 사업자이므로 그들 사업의 목적과 속성처럼 중개사무소도 영리 목적의 사업이라는 이해가 있다. 사업자가 사업자를 이해하듯 할인하지 않고 깔끔한 거래가 대부분이다. 중개보수는 세무적으로 비용 처리가 된다. 그럼에도 불구하고 고객의 유치경쟁이 치열한 곳은 중개사무소가 알아서 낮게 청구하기도 한다. 한번 할인받은 의뢰인은 다른 중개사무소에도 할인을 요구하게 된다.

이 점은 재개발 등의 거래를 보면 비교가 된다. 거래가액이 낮은 주택은 거래 난이도가 높지만, 중개보수는 낮다. 그래서 대부분의 의뢰 물건은 1주택자 소유라서 세금의 부담이 없으니 업 거래를 통해 매수인에게 매력을 줄 수 있는 상품을 만든다. 낮은 금액의 부동산에서 가치를 느끼는 사람에게 작업하는 것과 업 거래 상품으로 만드는 것은 노출이 어렵다. 일반인은 알 수도 없는 일이니 할인은 절대 안 되는 거래가 된다.

토지 거래에서도 매수자를 찾는 것이 모래에서 바늘 찾기처럼 힘들다. 빈번한 거래가 아니고 토지 가격이 저렴하면 더욱 중개사가 꺼리는 거래가 된다. 매도자와 중개보수에 대한 작업이 되지 않으면 절대로 팔 수 없는 물건이 된다. 한 건의 거래를 위한 노고를 중개보수로 환산해서 요구할 수밖에 없다. 토지라도 사업부지를 거래할 때는 오히려 중개보수를 더 받기 위해 컨설팅계약서를 작성한다. 몇 년에 하나 할까 말까 하는 일의 성과물이라서 중개보수 요율은 최고가 0.9%인데도 만족이 안 된다. 또 매도 물건 쪽이나 매수 쪽이나 여러 사람이 끼어서 일하게 된다. 작은 토지는 매가가 낮아 아무도 안 덤비는 것에 반해 매가가 높은 사업부지는 필요한 사람을 찾아서 연결해야 하니 단독으로 처리하기 힘들다. 계약은 용역계약서로 작성해서 요율과 상관없이 보수를 높이 청구하고 각자의 중개사무소로 나누는 방식이다.

공장이나 빌딩의 거래는 빈번하지 않으나 고액 거래이기 때문에 중개보수는 법정 요율로도 충분하다. 기업에서 요구하는 세금계산서 발행도 할 수 있으므로 서로에게 정확한 거래의 느낌을 준다. 중개사는 한 건을 거래해도 중개보수에 대한 피로감을 느끼지 않고 성취감을 가질 수 있다.

상가 거래는 영업하는 동안 월 차임의 부담 때문에 빠르게 답이 나온다. 상가 의뢰인은 중개보수 0.9%는 대략 계산하면 한 달 임대료 정도라 시간을 비용으로 환산해서 처리한다. 새로운 임차인이 빨리 입주하면 중개보수가 문제가 되지 않는다. 빠른 계약, 빠른 입주가 가장 좋은 계약이기에 이를 처리한 중개사에게 중개보수 할인은 거의 요구하지 않는다.

정리하면, 중개보수는 주거와 비주거 형태에서 다르게 적용된다. 아파트처럼 잦은 거래는 할인 요구를 받을 수 있지만, 주거용일지라도 오피스텔은 금액이 적어 할인 요구가 적다. 빈번하지 않은 거래는 할인 요구가 낮고 세금계산서나 현금영수증 처리를 잘하는 곳은 정상적인 중개보수 청구가 쉽다. 중개보수 청구에 대한 스트레스가 적다.

14
중개 물건 확보가
어떻게 이루어지는지 궁금하다면

처음 간판을 붙이면서 고객이 물건을 내놓았다. '이 물건 팔아주실 수 있어요?', '이 물건 임대 놔주세요', 이런 식으로 물건을 접수했는데 첫 경험은 매우 신기할 것이다.

간판 아래 자신의 이름 '대표 ○○○'가 들어가고 중개업 등록증이 나오면 명함을 만들어서 돌리고 어디든지 영업을 다닐 것 같은데, 그러기도 전에 물건을 접수하니 신기하기만 하다.

요즘 부동산 중개사무소는 예전에 비해 영업을 나가야 하는 경우가 증가했지만, 대부분은 사람들이 찾아서 물건을 내놓기도 한다. 아파트 앞이면 아파트 물건이 많고 오피스텔 주변이면 오피스텔 물건이 많다. 그러나 지나가다 들어와서 물건을 접수하거나 찾는 워킹고객의 비율은 점점 줄고 있다.

어떤 식으로 물건을 접수하는지 살펴보자.

인터넷 검색을 활용한다

아파트 앞에 있는 중개사무소도 인터넷에서 검색을 통해 찾는 사람이 증가했다. 해당 아파트 거주자라면 중개사무소 이름을 기억할 가능성이 크다. 그러나 승용차를 이용하고 걸어서 다니는 일이 적다면 부동산 중개사무소가 있다는 정도만 기억할 것이다. 거주자들은 물건을 내놓을 때 인터넷에서 물건을 본다. 특히 네이버 부동산과 같은 사이트에서 자신이 거주하는 아파트를 검색한 후 거기에 노출된 부동산에 물건을 내놓는다. 부동산 중개사무소가 너무 많다면 몇 개만 골라서 내놓거나 특별히 아는 중개사무소가 있다면 찾아서 내놓을 것이다. 그래서 비수기에는 매물을 찾는 고객보다 매물을 내놓는 고객이 훨씬 많은데, 일반 전화번호로 전화를 걸고 중개사의 휴대폰 번호를 물어본 후 사진 등 자료를 보내준다. 부동산 포털사이트에 부동산 중개사무소가 노출되는 것이 매우 중요하다. 물건을 찾는 고객이 검색한다고 생각하지만, 물건을 내놓는 고객도 포털사이트를 이용한다는 사실을 알고 있어야 한다.

특히 임차인이 거주한다면 소유주는 다른 곳에 살고 있기에 부동산 중개사무소에 물건을 내놓을 때는 무조건 전화로 한다. 소유주는 물건의 시세가 적당한지 파악하기 위해 여러 중개사무소에 전화를 걸기 때문에 결국 여러 곳에서 접수한다. 인터넷에 노출되지 않는 중개사무소는 물건 접수에서 제외된다는 의미다. 너무 오래 계약이 이루어지지 않으면 소유주가 직접 중개사무소를 돌아보러 나온다. 이때 사무실을 비우면 물건 접수를 할 수 없어진다. 동네까지 나왔다가 방문했는데도 물건 접수가 안 되었다면 계약과 점점 거리가 멀어질 수밖에 없다. 해당 물건을 광고하지 못하니 찾는 고객마저 없을 수 있다. 다른 물건을 보고 전화해서 방문한 고객에게 공동중개로 보여주게 되면 양타로 계약할 기회를 놓친다.

고객과 좋은 관계를 형성한다

물건을 내놓는 고객이나 물건을 찾는 고객이 방문했을 때는 상담을 통해서 물건을 접수한다. 의뢰인과 업무적으로 정해진 이야기만 하면 다음 물건을 접수하기 힘들어진다. 계약 업무가 가장 중요하나 계약 또는 상담을 하면서 고객과 관계가 돈독해지면 물건 접수의 기회가 증가한다. 고객들은 해당 건은 급해서 어쩔 수 없이 계약하지만 다른 것은 절대로 그 부동산 중개사무소에서 계약하기 싫다고 말하기도 한다. 그래서 부동산 중개업무는 서비스업이다. 중개사가 물건을 찾는다는 사실을 가족이나 조카, 지인에게 잘 말해줄 수 있도록 관계를 형성해나가라.

부동산 중개사무소가 있는 지역을 주 생활권으로 한다

중개사는 일찍 출근해서 낮이나 밤이나 중개사무소 주변에서 지내는 것이 좋다. 반드시 중개사무소가 있는 동네에서 살아야 할 필요는 없다. 그렇게 되면 지나치게 사생활까지 드러나므로 출퇴근이 비교적 가까운 거리에 있으면 유리하다. 이른 아침에 문을 여는 중개사무소는 출근하면서 내놓는 물건을 접수할 수 있다. 되도록 동네에서 점심을 먹고 저녁에도 어느 정도 생활하면서 동네를 자주 둘러본다. 그때 만나는 이들에게서 물건이 나올 수 있다.

TM이나 DM을 활용한다

중개사가 동네를 돌아다니다 보면 임대 문의, 매매 문의라고 쓰인 것들을 발견할 수 있다. 상가인 경우가 많으나 사무실, 다세대원룸에서도 자주 발견한다. 전화를 걸어보고 소유자가 전화를 받는지, 대리인인지, 중개사무소인지 확인해놓을 필요가 있다. 평생 거래가 안 된다고 생각하지 말고 내용을 정리해놓는다. 몇 평이고, 희망 금액은 얼마인지 알고 있다면, 찾는 고객이 있을 때 유리하다. 물건의 조건을 알아놓으면 다른 중개사무소에서 찾을 때 공동중개로 성사시킬 수 있다. 동네를 다니다 보면 문은 닫혀 있고 우편물이 쌓인 곳을 발견할 수 있다. 여러 번 시간을 바꿔가며 봐도 비슷하다면 DM을 보내본다. 건축물대장을 발급받아 해당 주소로 부동산 중개사무소의 명함을 동봉해 보내면 답이 올 가능성이 있다. 해외에 있으니 알아서 해달라고 하거나 지방에 있으니 시간 될 때 들른다고 하거나 다른 중개사무소에 위임했다는 등 내용을 알 수 있다.

명함이나 시세표를 이용한다

돌아다니다 보면 명함을 붙이고 싶은 곳이 발견된다. 설사 사람이 있는 건물이라고 하더라도 고객들에게 인기가 있을 것 같은 곳이 눈에 띈다. 물건을 접수하기 위해서는 유리문이라면 명함에 스카치테이프, 철문이라면 자석 명함을 이용한다. 의외로 명함을 보고 전화하는 사람이 많다. 상가의 경우는 오전 일찍 명함을 붙인다. 상가의 임차인은 출근하면서 명함이 눈에 띄면 주머니에 넣었다가 생각난 어느 순간 중개사무소를 찾게 될 것이다.

그리고 작은 사이즈의 시세표를 만든다. 주요 평형대 물건의 매매나 임대 가격을 리스트화해서 유리문이나 벽에 붙인다. 자신 소유의 부동산 시세가 얼마인지, 임차로 있다면 적정한 시세에 있는지 관심을 갖게 한다. 그중에 필요한 것을 문의하는 이들이 있을 것이다.

건물을 방문하면서 우편함을 본다

부동산 홍보물을 넣고 싶은 칸도 있고, 상황이 짐작이 갈 만큼 우편물이 삐져나오도록 비좁게 쌓여 있는 칸도 있다. '속을 많이 썩고 있구나' 싶은 곳은 직접 방문하거나 DM을 보낸다. 공인중개사를 구세주처럼 생각하고 호의적으로 물건을 접수하기도 한다.

건물 로비의 입주회사 안내판을 확인한다

자주 바뀌는 상가나 회사도 있고 오래 유지하는 곳도 있다. 한 장씩 사진을 찍어와서 인터넷 검색창에 회사 이름을 검색해본다. 건물의 물리적인 부분보다 오히려 온라인상에서 커 보이는 기업도 있다. 이메일 주소 등을 발견한다면 이메일을 보내본다. 후에 필요하면 연락이 올 수도 있다. 다른 중개사무소에 매물로 나왔다면 전화로 담당자를 찾아 내용을 물어볼 수도 있다. 적극적인 중개사무소가 일을 잘한다고 생각하기 때문에 무조건 거절하지는 않을 것이다.

관리인에게 물어본다

작은 건물이나 나홀로 아파트처럼 경비원이 있거나 관리인이 있다면 물어본다. 음료수를 몇 개 가방에 넣어서 들고 나간다. 물건 나온 게 있는지 다른 중개사무소에서 드나드는지 확인해달라고 부탁한다. 때로는 거절도 당한다. 하지만 사람이 하는 일이라 피해만 가지 않는다면 누가 중개해도 할 일이기 때문에 실례될 것은 아니다.

이처럼 여러 가지 방법으로 물건이 접수된다. 거래할 물건이 장착되면 이제는 계약할 사람만 찾으면 된다.

공인중개사의 PC 사용,
어느 정도 해야 하는지 궁금하다면

    공인중개사가 PC를 다루는 것이 능력이던 때가 있었다. 하지만 지금은 거의 대부분의 사람들이 다 사용할 수 있기에 PC를 이용한 자료를 더 요구하기 쉽다. 고객이 방문해서 필요한 것을 찾고, 나와 있는 물건 중에서 보여주며, 계약 의사가 있다고 하면 계약하는 것이 중개업무였다. 지금도 어떤 고객이 방문해 중개사무소에 있는 물건 중에서 계약이 성사되면 사무실 운영 비용이 낮은 곳일 것이다. 중개가 겸업이라면 모를까 대부분 공인중개사가 필사적으로 경쟁하기 때문에 있는 물건만 가지고 부동산 중개사무소를 운영하는 곳이 드물다.

    고객은 여러 지역과 여러 부동산 중개사무소를 다니며 요구사항이 많아졌다. 고객은 중개사가 자신보다 더 많이 안다고 생각하므로 자신이 모르는 것을 계속 물어본다. 사무실에서 꼼짝도 못 하고 중개업만 하는 중개사는 발품으로 또는 온라인에서 정보를 찾아 제공할 수밖에 없다. 중개사가 아는 대로 말하던 시대에서 찾아서 정리해주는 시대로 바뀌고 있다. 예를 들면, 전에는 "수익률이 몇 프로예요?"라고 물으면 "5%"라고 말만 하면 되었는데, 지금은 수익률표를 보여주면서 설명한다. 과거에는 상가나 건물을 분양하는 사람들이 안내 책자를 만들어서 중개사 사무실에 배포했지만, 지금은 파일로 전달하니 이를 고객에게 소개하기 위해서는 대형 모니터로 바로 보여주거나 편집해서 보여준다. 편집이 필요한 이유는 영업사원이나 다른 중개사의 전화번호가 있을 수도 있고, 다른 홍보물과 비교 설명을 해야 하기 때문이다.

오프라인으로만 일하던 부동산 중개사무소는 다른 중개사무소에서 어떻게 일하는지 알기 어려웠다. 주택을 원하면 주택을 소개했고, 고객이 다른 지역으로 가면 고객이 원하는 지역마다 해당 지역의 중개사나 정보를 알 수 없어서 포기해야 했다. 반면 지금은 고객이 원하는 지역의 다른 중개사에게라도 정보를 얻고 비교해 설명해야 한다. 보험플래너가 고객이 가지고 있는 모든 보험을 펼쳐놓고 타 보험을 비교하며 컨설팅을 하는 것과 같은 이치다. 그러다 보니 부동산 정보를 자료화하는 일들이 점점 많아진다. 방문한 고객을 위한 브리핑 자료를 만들고, 또는 방문하도록 온라인에 올릴 홍보자료를 만든다. 만들어진 자료는 이메일로 전송하거나 SNS를 활용한다.

저자 또한 다른 중개사들은 일부러 배우지 않아도 다 할 수 있는 PC를 배워서 해야만 했던 시절이 있었다. 다른 사람이 만들어준 엑셀의 수식이 망가져서 똑같은 것을 여러 개 복사해놓고 사용했다. 블로그 광고도 유료로 했다. 상위 노출해준다고 하면 그게 광고인 줄 알고 월 100만 원씩 지출했다. 후에 중개사에게 필요한 PC 사용법만 가르쳐주는 교육기관을 찾았고, 그들은 중개사가 명청할수록 자신이 돈을 번다고 말했다. 엑셀과 파워포인트 사용이 자유로워지고 나서야 신세계가 보였다.

PC는 잘할수록 활용 가능성이 커진다

엑셀은 매물을 정리할 때 기본적으로 사용된다. 종이 노트에 기록하던 것들이 엑셀로 넘어가면서 물건 찾기가 쉬워졌다. 많은 물건 중에 어떤 물건이 언제 나왔고, 언제 계약되었는지, 평수와 금액은 물론, 바뀐 임대인과 임차인을 찾아내기 쉽다. 고객 관리를 엑셀로 하면 고객이 가지고 있는 물건을 한 페이지에서 볼 수 있다. 언제 매수했고, 임차인이 누구인지와 얼마에 계약했는지, 계약 기간이 언제까지인지를 확인할 수 있다. 기록 여하에 따라 갱신권을 사용했는지를 쉽게 파악한다.

고객이 추가로 가지고 있는 부동산도 표시해두면 다른 일을 진행하다가도 별도로 추진할 수 있다. 말하자면, 주거용 부동산 거래를 위해 일하는 도중에 상가를 매도하거나 임차인이 바뀐다는 이야기를 듣게 된다. 정보를 추가해서 입력해놓고 찾는 고객이 있을 때 거래를 하거나 온라인으로 광고한다. 해당 지역의 중개사를 1~2명 알아놓고 공동중개도 의뢰한다. 종이 노트를 사용할 때보다 일을 할 수 있는 폭이 넓어진다.

엑셀로 수익률표를 만들어 사용한다

한 가지 매물이라도 대출을 몇 %를 받느냐에 따라 달라지는 것이 수익률이다. 한 페이지에 대출 비율에 따른 현금 투자 비용을 볼 수 있어서 꼭 필요하다. 고객이 "취득세 비용, 인테리어 비용, 법무 비용, 그리고 중개 비용을 모두 넣어서 필요한 금액을 뽑아주세요"라고 하면 계산기로 두드려서 일할 수 있다. 그런데 "거기에 대출을 넣어서 수익률표를 보여주세요"라고 했을 때 엑셀로 만든 정돈된 표를 보여주면 신뢰감이 더 증폭된다. 전액 현금 투자, 50% 대출, 70% 대출 이런 식으로 한 페이지에서 보여주면 된다. 집에 가서도 생각하고 가족과 의논하기 위해서 자료를 가지고 가길 원하니 해주는 것과 안 해주는 것은 차이가 있다.

엑셀로 잔금정산표를 만들어 사용한다

잔금일에 중개사가 현금흐름에 대해 정리해놓지 않으면 매도자와 매수자가 힘들어한다. 잔금일은 큰 금액이 오가기 때문에 모두가 예민해 있는 상태다. 매수자가 기납부한 금액은 중도금까지 얼마인지 대출금을 제외하고 얼마를 개인적으로 부담하는지를 알 수 있다. 부가세는 얼마를 납부하고, 선수관리비와 임차인의 차임을 안분해서 얼마를 주고받아야 하는지가 표시된다. 취득세, 법무비와 중개보수를 한눈에 볼 수있도록 정리한다. 매도자는 대출금과 이자를 제외하고 얼마가 남는지, 또 전 임차인에게 보증금을 내주고 얼마가 남는지와 장기수선충당금은 승계하는지, 내주는지가 정리된다. 수익률표가 곱하기, 나누기로 구성되는 반면 잔금 정산표는 단순 더하기, 빼기지만 엑셀의 특성상 숫자에 대한 믿음을 준다.

파워포인트는 브리핑자료와 홍보자료를 만들 때 사용한다

요즘 사진이 안 들어가는 곳이 없으니 사진과 글을 함께 올린다. 사무실 점두 광고에 사용한다. 부동산 유리 면에 광고로 사용할 홍보물을 계속해서 교체해준다. 광고 내용을 캡처해서 블로그 포스팅용으로 사용한다. 카카오톡이나 밴드나 다른 SNS에 광고로 올린다. 고객에게 포스팅을 공유하거나 내용과 함께 캡처된 사진을 전송할 때 유용하다. 중개사의 실력은 홍보용으로 사용할 정도면 족하고 난이도 높은 기술은 요하지 않는다. 중개사가 요즘 많이 사용하는 것은 미리캔버스 정도다. 거의 만들어져 나온 것에 사진이나 글을 잘 활용할 수 있으면 된다.

한글이나 워드로 위임장이나 내용 증명서를 만들 때 사용한다

고객이 인감증명서와 인감도장은 가져오는데 위임장은 안 가져오는 일이 비일비재하다. 위임장은 한 장 만들어놓으면 인적사항만 교체해서 사용할 수 있다. 내용증명을 작성하는 것이 번거롭다고 생각하는 고객이 대부분이다. 내용증명서를 대리해서 작성해주면 고객 관리도 되고 거의 전속 중개로 연결된다. 임대료 미납은 소송으로 가기 전에 해결되는 일들이 많으니 임차인의 체납으로 고생하는 임대인을 위해 필요하다. 하나 만들어놓으면 계속 사용할 수 있다. 기타 전대동의서나 확인서를 쓸 일이 많다. 계약서 작성할 때 인테리어나 명도, 그리고 사업자 추가 등이 있다면 사용된다.

ChatGPT를 사용하면 좋다

사진 광고에서 텍스트만 일일이 뽑기 귀찮을 때, 여러 부동산에서 날아온 물건을 표로 정리할 때 사용한다. 자료를 방대하게 가져오는 것은 잘못된 정보가 있어 반드시 검수가 필요하나 간단하게 정리할 때는 사용하기 좋다. 파워포인트를 작성할 때 의외로 예쁘고 특이한 화면자료를 만들어준다.

정리하면, 고난이도의 PC 능력까지는 없어도 되지만, 중개사가 직접 사용해본 일이 없어서 잘하지 못한다면 약간의 배움이 필요하다. 계약서 작성을 빼고는 모든 계약이 입으로만 되던 시절은 지났다. 온·오프라인에서 사진과 영상으로 보여주면서 고객을 유입 후 자료로 브리핑하며 계약하고 유지와 관리를 해야 한다.

16

광고는
어디까지 해야 하는지 궁금하다면

    혹자는 '광고에 치여 죽는다'라고 말할 정도다. 전면 광고부터 작은 줄 광고까지, 신문에는 광고가 가득하고 펼쳐 들면 우수수 종이 전단지가 쏟아지던 시절이 있었다. 온라인에서도 기사 사이사이 광고를 피하기 위해 구석의 'x' 표시를 누르는데, 잘 피해지지가 않는다. 어떤 때는 클릭한 것 같지 않은데도 쿠팡의 광고가 저절로 열린다. 이런 것들을 보면 효과를 떠나서 광고주의 강렬한 의지와 힘이 느껴진다. 물론 돈의 힘을 말한다. 돈을 지출한 만큼 억척같이 광고해준다. 스마트폰을 열어도 광고, 유튜브를 봐도 광고, 광고의 홍수에서 우리는 살고 있다.

    부동산 중개사무소는 어떻게 광고를 하고 있을까. 부동산 중개사무소도 물건을 광고하거나 중개사무소 자체를 광고한다. 개업한 공인중개사 스스로 광고를 하러 다니기도 한다. 광고비용을 중개사무소 임대료 정도까지 쓴다면 매출 효과가 동일하다고 한다. 추석이나 휴가 기간 등 연휴에는 광고를 안 해도 되니 비용이 감소된다. 성수기에는 광고를 특별히 많이 해서 성과를 거둘 수 있다. 임대료는 쉬는 날 없이 임대인을 위해 일한다. 밤과 낮, 그리고 연휴와 명절에도 임대인을 위해 일한다. 그런데 광고는 분명히 효과가 있지만, 어떤 수준까지 해야 하는지가 관건이다. 비용만 많이 들어가고 효과가 없으면 안 되니까 가성비가 높은 광고를 해야 한다. 주변에서 볼 때 아파트나 상가를 분양하는 분양 사원들은 현수막을 많이 이용한다. 가장 효과가 크다고 한다. 글씨가 큰 만큼 멀리서도 보이고 동일한 내용을 동시에 여러 개 달아서 어디가 눈에 띄든 분위기를 띄우기에 효과가 있다. 구청에서는 이러한 불법 홍보물로 단속하는데 적혀진 전화번호로 과태료가 나온다. 현수막 효과가 중요한 시행사는 과태료를 내주는 조건으로 현수막을 걸게 한다.

부동산 중개사무소도 마찬가지다. 눈에 띄는 것이 가장 효과가 크다. 지리적으로 눈에 띄거나 온라인으로 접속할 때 눈에 띄는 방식이 최고다. 지리적으로 눈에 띄는 위치의 부동산이 권리금과 임대료가 비싼 것처럼, 온라인으로 눈에 띄는 광고는 비용이 크다. 이런 높은 비용을 지불하려면 제대로 광고해야 한다.

원룸이나 오피스텔은 직방과 다방 광고를 많이 이용한다. 광고 효과가 좋다 보니 허위매물도 가장 많은 것이 직방과 다방이다. 허위매물은 '처음부터 없는 매물을 있는 것처럼 한다', '보증금과 월 차임을 마음대로 정해서 올린다', '금액은 맞는데 사진은 다른 사진으로 올린다', '거래가 완료되었는데 물건을 내리지 않는다' 등이다. 늘 반복되는 문제지만 고객을 유인하는 방법으로 사용되고 있다.

중개사무소는 있는 매물도 올리려면 비용이 큰데 이렇게 허위매물까지 올리니 광고비 지출이 많을 수밖에 없다. 오피스텔 기준으로 일반 5개와 추천매물 2개가 20만 원 수준이다. 다방은 이보다 저렴해서 60% 정도 지출되는데 1개월용이다. 오피스텔이나 원룸은 매물을 자주 바꿔줘야 한다. 오피스텔이나 원룸을 찾는 젊은 사람들은 사진을 클릭하며 여러 군데에 전화를 돌리기 때문이다. 직방은 이렇게 돈을 벌고 중개사가 바친 정보가 쌓여 중개업을 할 수 있을 정도라고 한다.

광고할 때 소유주 확인이나 등기사항증명서가 들어가서 동일 매물은 스크린이 되고 있다. 그렇게 되면 어떤 물건이 한 부동산 중개사무소에 있는지, 몇 군데 부동산 중개사무소에 나와 있는지 알 수 있다. 그런데 한 중개사무소에서 임의로 보증금을 줄여서 광고하거나 임대료를 낮춰서 광고하면 다른 부동산 중개사무소로는 전화가 가지 않는다. 다른 부동산 중개사무소 모두가 들러리를 선 꼴이 된다. 중개사는 사진을 이쁘게 찍는 법도 배우고 워터마크도 만들어서 실제 매물을 올려보지만 다른 중개사무소의 먹이만 된다. 물건을 직접 찾아내서 계약을 시키기도 하고 소유주를 찾아가 전속을 맺기도 하는 것이 현실이라서 잘 관리해야 한다고밖에 할 말이 없을 정도다.

직방과 다방, 피터팬 등은 오피스텔과 원룸에 강하지만 다른 부동산 유형은 네이버 부동산을 많이 이용한다. 특히 아파트는 무조건 네이버 부동산을 많이 본다. 네이버 부동산에 광고하기 위해서는 네이버와 협업관계인 스피드공실, 한경, 매경, 조인스랜드, 부동산114, 부동산써브 등에 가입한다. 이런 사이트에서 네이버나 다음 포털사이트로 전송하는 구조다. 일반적인 부동산 중개사무소는 1~2개 사이트에 가입한다. 하지만 직원이 많은 중개사무소는 모든 사이트를 유료로 지출하니 광고비가 높을 수밖에 없다. 이들끼리도 상위노출을 위해 치열한 경쟁을 한다. 허위매물 신고가 많이 들어가는 협업업체는 노출이 덜 되는 시스템이다.

광고는 일반 광고, 현장 확인 광고, 소유자 전화 확인 등으로 분류된다. 고객은 현장 확인된 물건이 실제 물건이라고 생각하고 클릭하면 해당 중개사무소의 다른 매물이 쭉 나오기 때문에 그중에서 선택할 가능성이 크다. 네이버에서 우선해서 노출하는 순서는 '현장 확인 > 집주인 > 전화 확인 > 확인 매물' 순이다.

부동산써브 등에 가입하는 금액은 30건/198,000원, 60건/270,000원,

노출은 30일, 유효기간은 6개월이다. 중개사는 온라인 광고를 많이 하는 추세라서 노출이 안 되는 곳에서 중개업을 하되 광고비 지출을 많이 하는 중개사무소가 증가하고 있다. 그러니 위치가 좋은 곳에서도 온라인 광고를 안 할 수가 없다. 결국은 중개사가 아닌 네이버와 직방, 다방만 돈을 번다. 이제는 꼭 필요한 광고만 해야 할 것이다. 중개사는 허위 매물을 올릴지라도 무조건 직방에 광고하니 고객의 전화가 끊이지 않는다고 하지만 놓치는 계약도 있고 허탈감만 크다. 키워드 광고로 클릭당 금액이 빠져나가는 것도 충전해놓으면 순식간에 10만 원이 사라진다. 준비가 없는 광고는 고객의 전화는 오지만 클로징을 못한다.

부동산 홈페이지나 블로그는 광고비가 들어가지 않는다. 네이버나 직방에는 최소한의 광고만 하고 홈페이지나 블로그로 유입이 되면 좋다. 블로그는 글을 원하는 대로 쓸 수 있다. 중개사가 콘텐츠를 쌓아가기에 좋다. 경쟁 부동산 중개사무소에 물건을 빼앗길 수는 있으나 진정성 있는 블로그는 단골을 유지할 수 있다.

부동산은 지역성이 상당히 강하다. 직장과 거리의 동선을 생각해서 움직이는 것이 일반적이므로, 건물을 찍어서 가기보다는 동네를 찍어서 건물을 찾는다. 동네를 자세하게 안내하면서 건물이 드러나도록 포스팅을 하면 노출도 된다. 블로그를 쓰자마자 네이버나 직방으로 계약되는 것들이 생겨서 허탈하기는 하지만, 포스팅은 살아 있다. 건물 위주이지 물건 위주가 아니라 허위매물도 아니다. 블로그에 거래된 사례를 계속 올리는 것도 도움이 될 것이다. 단골은 친밀한 관계가 형성되기 때문에 여러 고객에게 한꺼번에 방을 구해줄 수도 있다. 주변에 새로 지은 오피스텔이나 원룸 건물은 물건이 많아서 금액이 저렴할 때가 있다. 입주 기간이 맞는 사람은 움직일 수도 있으니 단체 문자를 보낸다. 일반 고객은 스팸으로 신고할 수 있으나 단골이 되면 좋은 물건을 소개할 때마다 고마움을 느낄 것이다. 중개사는 정보를 주는 사람이라고 느끼게 한다.

홈페이지를 잘 구축해놓으면 연간 도메인 비용 빼고는 지출이 없다. 홈페이지를 보고 찾아오게 만든다. 블로그처럼 특별한 내용은 없어도 어떤 물건들이 나왔다가 거래되었는지 보는 사람들도 있을 것이다. 사람들은 똑같다. 중개사도 똑같다. 누구나 구축하는 시간이 오래 걸리는 것은 하지 않으려 한다. 직방, 다방, 네이버처럼 바로 전화가 오는 것만이 결과라고 생각한다. 남들이 안 하는 이유는 힘들어서 안 하는 것이다. 광고비가 지출되는 것은 고객을 유입시키는 정도로만 가입하고, 부동산의 색깔이 듬뿍 묻어난 블로그나 홈페이지를 추천한다.

중개 실무 교육에서는
무엇을 배우나 궁금하다면

　중개사가 부동산을 중개하기 위한 법과 용어를 배우는 것이 자격이라면, 실무 교육이야말로 경제 교육이다. 아기가 태어나서 가르쳐주기 전에 손가락을 빨 듯 공인중개사는 가르쳐주지 않아도 중개는 할 수 있다. 그 후 아기가 자라는 동안 교육이 필요한 것처럼, 공인중개사도 제대로 영업하기 위한 교육이 필요하다. 특히 온라인으로 공부하는 이들이 많아져서 부동산 중개사무소에 한 번도 안 가보고 자격증만 취득한 사람들이 있다.

　실무 교육은 중개업의 분위기와 중개에 대한 전반적인 업무를 익혀서 중개산업에 투입하게 한다. 공인중개사협회와 위탁된 대학에서 의무적으로 받는 실무 교육 과정은 엄선된 강사들로 배정되어 실무에 매우 유익하다. 강사들로부터 과목별로 3시간 동안 실컷 이야기를 듣는 것으로, 공부보다는 중개업 마인드를 잡아준다고 볼 수 있다. 다만, 중개사고를 걱정하는 예방 교육과 계약서 작성에 중점을 두고 있어 영업 방법에 대한 노하우 전달이 아쉽다.

　유료 아카데미는 과목별로 비교적 시간 배정이 여유롭다. 법으로만 배웠던 실무를 유형별로 나눠서 공부한다는 것이 흥미롭게 느껴질 것이다. 주거용과 비주거용을 분리해서 주거는 주거대로, 비주거는 비주거대로 세분해서 받는 교육은 매우 의미 있다.

먼저 주거용은 아파트와 다세대주택, 단독주택과 같은 다가구주택, 주로 주거로 사용되는 오피스텔과 도시형생활주택의 거래에 대해 다루어진다. 임대차보호법과 민법을 공부했지만 보여주고 입주시키는 것은 또 다른 일이다. 거래할 때 권리관계를 확인하고 계약금은 언제 받고 잔금일에 무엇을 해야 하는지를 배운다. 세분하면 다음과 같다.

1. 거래할 물건에 대한 정리와 물건 접수, 온라인 광고하기
2. 고객이 전화했을 때와 방문했을 때 예약하고 물건 보여주기
3. 의뢰인에게 주로 설명하는 것
4. 계약 의사 확인 후 계좌 받기
5. 등기사항증명서, 건축물대장, 신분증 확인
6. 계약서와 확인·설명서 작성에서 중요하게 여기는 것
7. 계약서 작성 후 입주할 때까지 할 일
8. 중도금과 입주 컨디션 확인
9. 잔금과 입주 체크리스트 정리
10. 중개보수와 현금영수증, 입주 후 발생하는 일 해결

이러한 일련의 과정을 실제 일어나는 상황대로 강의를 듣기 때문에 실무에 도움이 안 될 수가 없다. 이 사안을 법에 저촉되지 않게 처리해야 한다.

'신분증은 확인했는가? 의뢰인이 입회를 못 한다면 위임장을 요구해야지. 인감증명서와 위임장 확인은 했어도 소유주와 통화는 해야 한다. 개인정보 활용 동의서를

받아야겠다. 특약으로 쓰면 되겠구나, 입주할 때까지 할 일이 많겠군, 명도를 제때 하려면 퇴실자가 갈 곳을 구했는지 슬쩍 물어봐야겠구나, 중도금을 받으려면 등기 사항증명서를 다시 열람해서 변동사항이 없나 보자, 잔금일이 다가오니 시간을 다시 확인하자, 전세권설정을 해야 하니 법무사에게도 전화하고, 임대인도 권리증 잊지 말라고 문자를 넣어야겠다. 공인인증서도 확인하라고 해야지, 입금을 한도증액 했는지 확인하고 체크리스트를 출력 후 관리비는 가정산으로 미리 뽑아놓자.'

중개 실무 교육은 이러한 사항을 혼잣말로도 할 수 있을 정도로 외우게 하고 자연스럽게 행하도록 교육한다.

주거용 부동산 거래는 중개사의 기본이다. 다른 부동산 유형을 취급하는 중개사라도 간혹 고객 소유 부동산을 처리하는 경우가 생기는 등 여러 상황에서 주거용이 필요하게 된다. 비주거용은 토지나 공장, 상가 이런 식으로 특색이 있지만 비주거용을 주로 하는 중개사는 주거용을 잘 취급하지 않아서 주거용 부동산에 대해 잘 모른다. 주거용 부동산을 하는 사람은 비주거용을 잘 모를 수 있다.

강사도 마찬가지로 비주거용의 한 가지 유형을 전문적으로 취급한다. 그런 전문 강사로부터 해당 분야 실무를 배우게 된다. 어떤 유형의 중개를 할지 아직 정해지지 않았다고 하더라도 분야별로 한 번씩 훑어보면 관심이 생긴다. 나중에는 다른 분야를 접할 기회가 많지 않다. 초창기에는 다른 분야는 어떤지 궁금하고, 할 수 있을지 걱정이 된다. 그래서 일을 배우려는 욕심에 이곳저곳 옮겨다닐 수도 있는데 한 분야에 일하면 최소 6개월에서 2~3년씩 일하게 된다. 이렇게 다른 분야에서 너무 지체하는 것보다는 창업 공부를 할 때 어느 정도 감을 잡아두면 시간을 낭비하지 않게 된다. 설사 그 분야를 가지 않았어도 전문 강사로부터 필요한 것을 배우고 또 그 분야에서 일한 동기들을 알게 되었으니 필요할 때 도움을 받을 수 있다.

이렇게 할 수 있는 일들이 상가, 토지, 공장 등이다. 세분하면 임대관리업, 재개발·재건축, 분양권, 지식산업센터 분야도 있다. 아파트든 상가든 처음에 소속공인중개사가 되어 몇 년 일하게 되면 다른 유형은 귀동냥만 하므로 부동산 흐름을 모른다. 중개업을 오래 한 개업공인중개사도 다른 분야는 전반적인 지식이 없어 불편함을 겪는 일이 발생할 수 있다. 중개 실무는 이런 점에서 특화된 교육이다. 당장 하는 일은 아니니 좀 잊을 수는 있더라도 과목별로 처음에 맥을 짚어놓는 것에 의미가 있다. 특히 실무 교육은 초보 중개사가 서로 버팀목이 될 수 있는 네트워크가 되고, 동기들이 흩어져서 여러 분야에서 일하는 것 자체가 큰 도움이 된다.

정리하면, 공인중개사협회와 위탁된 대학에서 실시하는 실무 교육은 매우 유익하다. 실무 교육이 온라인으로 공부하고 자격증을 취득한 사람에게 다소 부족하다면 유료 아카데미가 실용적이다. 창업을 고민하던 때에 여러 유형의 부동산을 배우면 중개산업에서 자신의 분야를 찾을 수 있다. 전체적인 부동산 실무를 공부했기 때문에 중개업 시장의 맥과 흐름을 알아 시간이 절약된다.

공인중개사의 네트워크가 필요한지
궁금하다면

　학원에서 중개사 공부를 한 세대는 학원 네트워크가 있다. 오프라인 학원에는 보조원으로 일했던 사람들도 있어서 간혹 중개 실무에 대한 귀동냥이 가능했다. 경험상 중개업을 시작할 때 가장 도움이 된 사람은 학원에서 함께 공부한 사람이었다. 긴 시간 공부하고 함께 지내면서 가까워져 개업이나 소속공인중개사에 대한 견해를 나누고 모르는 것을 물어보기 만만한 상대다. 요즘은 온라인으로 혼자 공부해서 자격증을 취득하는 사람들이 증가하고 있다. 온라인 세대는 학원에서 제공하는 특강 때가 되어야 동일한 고민을 하는 사람들을 만난다. 실무 교육은 4일이라서 친목을 도모하기보다는 정보를 위해 전화번호를 교환한다. 학원 친구가 없는 온라인 세대는 실무 교육에서 만난 중개사들에게 의존할 수밖에 없다. 그래서 중개사는 실무에 대한 정보를 카페에서 접하는 경우가 많고, 어디선가 겨우 시작한 초보의 소공담이나 개공담에 귀 기울인다. 여기저기 자투리로 들은 이야기들은 개별성이 커서 도움이 별로 안 된다.

　공인중개사의 네트워크는 실무 교육 유료 아카데미가 제일 좋다고 생각한다. 특히 온라인으로 자격을 취득한 중개사는 오프라인 실무 교육이 필요하다. 오프라인 실무 과정은 적어도 3~4개월간 다니게 되므로 친분을 쌓을 수 있다. 그리고 중개사무소에서 일어나는 실제 상황 이야기를 동료들에게 들을 수 있다. 교육 시간 전에 이미 소속공인중개사가 되었거나 개업공인중개사가 된 사람도 있다. 중개사들은 교육 기간 중에 개업이 계속된다.

소속공인중개사로 들어간 사람들에게 이야기를 들어도 좋지만, 막 개업하는 공인중개사의 사무소는 준비하는 내내 자기 일처럼 쫓아다니게 된다. 그들의 지역 선택 이야기나 동업 이야기가 바로 현실이므로 도움이 안 될 수가 없다. 중개사가 자격증을 취득했으니 공인중개사 사무소 탐방 좀 제대로 하고 싶을 것이다. 실무이야기도 제대로 듣고 싶을 것이다. 잘 아는 중개사가 있다면 방문해서 부동산 중개사무소의 분위기를 살필 수가 있다. 그렇지 않다면 남의 부동산 중개사무소를 면밀하게 보긴 힘들다. 반면, 실무 아카데미 출신은 동기들이 계속 오픈하므로 어렵지 않다. 선배 기수들도 교육 기간 내에 자주 드나들기 때문에 그들의 사무실을 방문하기도 쉽다. 많이 보는 만큼 는다고 중개사무소 개업과 소속공인중개사에 대한 안목이 형성된다. 그래서 돈을 주고 배우는 것이 가장 당당하고 빠르다.

다음은 소속공인중개사가 되거나 개업하는 지역에서 네트워크를 만든다. 소속공인중개사가 되면 동네에 명함을 들고 인사를 하러 다니게 된다. 명함을 들고 다른 중개사무소에 방문하면 반겨주는 공인중개사도 있고, 그렇지 않은 공인중개사도 있다. 소속공인중개사는 너 나 할 것 없이 이직이 많으므로 대부분 다른 부동산 중개사무소에서는 관심이 없다. 또 잠깐 있다가 갈 사람이라고 생각하므로 명함을 받아도 내팽개치기 쉽다. 그래도 공손히 인사를 하고 명함을 받아 나오면 후에 꼭 필요하다. 지역에 따라 다르지만 "전에 인사드린 소공인데요"라고 말을 하거나 문자 메시지를 보낸다.

동네 부동산 중개사무소는 많은 공인중개사들이 들락거리기 때문에
한두 번으로 기억하기 힘들다. 만날 때나 문자를 보낼 때마다 '전에 인
사드린 소공'이라고 말한다. 그러다가 공동으로 물건을 보여주며 만나
거나 계약을 하게 되면 확실하게 각인된다. 이렇게 만나는 부동산 중개
사무소마다 적극적으로 대하면 어느새 휴대폰에 부동산 중개사무소의
소속공인중개사와 개업공인중개사의 전화번호가 쌓인다.

　　중개사는 개업해도 명함을 들고 인사를 다니게 된다. 다른 부동산 중
개사무소들은 개업한 사람을 경쟁자로 보기 때문에 그리 반기지 않는
다. 차 한잔 나누지 못하고 나오는 경우가 대부분인데 대부분 친해지기
도 전에 떠나는 신설 개업공인중개사가 많아서 기대하지 않는다. 그들
이 친절하게 대하지 않아도 명함을 받아 나오고 물건을 찾거나 구하는
사람을 찾을 때마다 문자를 보낸다. 중개사는 어느 순간엔가 아쉬울 때
가 오면 신설 개업공인중개사라도 찾게 된다. 중개업을 시작하고 한 건
이라도 공동중개를 하면 식사를 하거나 커피 한 잔이라도 한다. 공동중
개를 하면 절대로 그냥 넘어가지 말고 그 중개사를 의지하고 주변으로
사람을 넓혀나간다.

　　중개사는 업무에 대한 정보를 잘 취하는 것이 매우 중요하다. 강남의
사거리에서 어떤 시행사가 대형 상가건물을 분양한 적이 있었는데, 분
양 대행사 없이 중개사 몇 명이 완판을 시켰다. 이런 사례는 부지기수
다. 지역에 소속되는 네트워크를 위해 자진해서 명함 수집을 안 할 수
없다. 점점 많은 사람을 찾아 영향력을 넓혀나간다.

　　중개사의 취미 생활도 중요하다. 되도록 중개업을 하는 지역에서 골
프를 치든지 운동을 다니든지 한다. 중개사는 영업사원이기 때문에 일
부러라도 고객을 만날 만한 곳을 찾아다녀야 한다. 취미 생활은 고객을
만날 가능성을 높이고 다른 부동산 중개사무소의 소속공인중개사나 개
업공인중개사와 친해질 수 있는 계기를 만든다. 보통 취미 생활은 하면

1~2시간은 넘게 걸리니 대화를 공유하기에 더할 나위가 없다. 취미 생활로 다른 부동산 공인중개사들의 최근 동향, 거래사례 담화, 물건 공유 등 유익을 찾는다.

중개사는 정적인 사람과 동적인 사람이 있다. 정적인 사람은 중개사의 모임이나 다른 친목 모임에 무조건 참석한다. 가만히 있으면 있는지 없는지 표가 안 나는 중개사는 모임의 참석률을 높이는 것에 주력한다. 집행부는 사람을 모이게 하는 것이 가장 힘든 일인데 항상 참석해서 참석률을 높이면 신뢰하고 고마움을 느낀다. 나갔다 안 나갔다 하지 말라. "그 사람?" 하면 반드시 오는 사람이 되면 좋다. 동적인 사람은 남들이 귀찮아하는 일을 하면 좋다. 다른 부동산 중개사무소를 방문하는 일이나 모임의 회원사무실을 방문하는 심부름을 도맡아서 한다. 바쁘긴 하지만 현실을 가장 빨리 파악할 수 있다. 돌아다니고 많이 보게 되니 비슷한 사람을 묶어주고 문제가 있는 것을 사람을 통해 해결해주게 된다. 이것은 중개와 거의 비슷한 속성이라 무료중개를 받은 것처럼 고마움을 느낄 것이다.

정리하면, 중개사의 네트워크는 당장 계약으로 이루어지는 것이 아니다. 공인중개사 자격증 준비 시점부터 실무 교육을 받고 중개업을 하는 내내 모든 것이 계약을 준비하는 과정이다. 중개사는 많은 사람을 만나는 직업이다. 그렇게 사람이 돈을 벌어주는 체험을 하게 될 것이다.

공인중개사를 도와주는
협력업체가 궁금하다면

　물과 돈은 위로부터 아래로 흐른다. 보통의 사람은 변호사를 최고라고 생각하고 자격증을 취득하기 힘든 '사' 자가 들어갈수록 부러워한다. 건축사, 세무사, 그리고 법무사까지도, 공인중개사 시험보다 어려운 시험의 자격증이다. 공인중개사 자격증이 흔하다 보니 우습게 보는 사람도 있다. 하지만 공인중개사 시험이 어려워져 함부로 말하기도 힘들고, 돈이 중개사로부터 흐르기 때문에 공인중개사를 부러워하는 일들이 많아졌다.

　그런데 중개사보다 공부를 더 많이 한 협력업체가 공인중개사에게 영업을 하는 특징이 있다.

법무사

　법무사의 경우에는 공인중개사에게 등기업무를 받는다. 법무사에게 등기를 맡기면 법무사는 감사의 표현을 하기도 한다. 은행법무사와 소유권 이전 법무사는 다르다. 은행법무사는 은행에서 지정된 법무사이므로 은행에 영업하는 셈이다. 중개사는 법무사에게 일을 맡기기도 하지만 등기에 관련된 문제들에 대해 의논할 수 있다. 임대인이 차임을 연체한 임차인 명도 문제로 힘들어할 때 중개사는 법무사와 의논한다. 중개를 의뢰한 회사에서 법인을 만들 때도 법무사와 의논하거나 연결해줄 수 있다. 중개사는 법무사와 협업하고도 법무사의 지인이 원하는 부동산 거래를 할 수 있도록 친목을 유지하면 좋다.

세무사

세무사의 경우에는 고객을 소개한다. 상가를 계약하는 사람도 있고 창업 사무실을 계약하는 일도 있다. 이들을 세무사에게 소개하면 약간의 인사를 받는다. 개인사업자와 법인사업자는 기장업무를 해야 하고 분기별로 부가세 신고를 한다. 법인은 법인세를, 개인은 종합소득세를 세무사에게 맡기게 되므로 한 번만 소개하면 세무사는 늘 중개사에게 감사한 마음을 갖는다. 기업과 달리 개인 고객은 자신의 세무사가 있는 경우가 드물다. 세무 일이 생길 때만 찾는 것이라 중개사가 잘 아는 세무사를 소개하기 원한다. 개인 고객은 부동산을 양도할 때 양도세 신고를 맡기고, 상속이나 증여가 일어날 때마다 세무사를 연결해주면 된다. 그래서 공인중개사는 세무사에게 세무에 관련된 문제가 있을 때나 모르는 세법은 질의할 수 있어서 좋다. 중개사가 세무사에게 물어볼 때마다 상담료를 낼 수 없으니 공인중개사에게는 이익이다. 세무사와 가까이 지내면 역으로 고객을 소개받을 수 있다.

건축사

건축사의 경우에는 고객을 소개한다. 건축사와 친하게 되는 경우는 부동산 업무에 따라 차이가 있다. 건축사는 건축할 때 필요해서 일반적인 업무를 할 때는 많이 찾지 않는다. 건축업자는 협력하는 건축설계사가 있어도 도면을 여러 군데에서 받는다. 특별히 실용적으로 잘하는 건축사가 있다면 고객을 소개한다. 중개사는 건축할 수 있는 토지를 의뢰받으면 건축사에게 가설계를 부탁한다. 요즘은 랜드북에서 어느 정도

가설계할 수 있지만 건축사의 작품과는 다르다. 친하게 지내는 건축사가 있다면 가설계된 도면으로 영업하는 것이 도움이 많이 된다. 리모델링을 협의할 때도 변경·증축되는 부분은 임의로 할 수 없다. 그 외 부동산을 분할해서 팔거나 용도 변경을 할 때 건축사가 필요하다. 만일 상가의 크기가 커서 가격이 너무 고가라면 쉽게 팔리도록 분할할 수 있다. 건축사가 도면을 그려서 제출하면 합법적인 분할이 되고 분할 등기가 가능하며 토지를 분할하는 경우도 해당한다. 상가계약에서 용도를 변경하는 일도 있다. 근린생활시설도 음식점과 휴게음식점이 다른 것처럼 주차, 정화조 등 시설에 관련된 부분도 건축사의 협력이 필요하다.

변호사

고객이 어려운 일이 있어도 아는 변호사가 없으니 중개사를 찾아오는 일이 많고 중개사는 이를 변호사에게 연결한다. 프린터가 없는 사람은 출력하러 오고 팩스가 없는 사람은 팩스 한 페이지를 전송하러 부동산 중개사무소에 방문한다. 중개사무소를 만병통치로 여기기 때문에 변호사도 소개할 수 있다. 결혼정보업체 보험회사까지도 고객을 유치하러 방문해 중개사와 친해지려고 한다.

인테리어 회사

구축주택은 구축주택대로 신축은 신축주택대로 인테리어를 한다. 인테리어는 중개사에게 견적서를 전달하기 때문에 거의 공식적으로 인사를 한다. 그리고 인테리어 없는 상가가 없다. 인테리어 공사견적이 높게 나오니 하나만 소개해도 중개보수만큼 받을 수 있다. 그래서 인테리어 회사와 친하게 지내는 공인중개사가 많다. 인테리어는 금액이 크니 무시할 수도 없으나 공인중개사 편에서도 부탁할 일들이 많이 있다. 예를 들면, 벽에 붙인 장식이 떨어진다거나 간판 자국을 제거할 때 부탁할 사람이 있어야 한다. 계약한 방에 몰딩이 떨어졌을 때도 해결해야 한다. 또는 선팅만 새로 하는 자잘한 일이라서 비용을 많이 투입할 수 없는 일에 친한 작업자가 꼭 필요하다. 인테리어 업체를 소개해달라고 하면 고객에게 2~3개 인테리어 회사를 알려준다. 고객의 눈높이에 맞게 도면을 잘 그려주거나 브리핑을 잘하면 채택이 된다. 누가 되든 공인중개사는 이익이다.

청소업체나 기타 협력업체

청소업체는 모든 부동산 중개사무소에서 다 필요한 것은 아니다. 입주 청소를 시키면 비용이 많지 않으나 사무실은 주 1회, 2회 이런 식으로 청소를 시킨다. 고정적으로 수입원이 생기니 공인중개사가 소개하면 인사를 한다. 이사업체는 중개사무소에 정기적으로 이사 날짜를 받아가거나 명함을 돌린다. 블라인드 업체는 오피스텔 블라인드 개당 1~2만 원이라도 주고 간다. 사무용품 회사, 정수기 회사, 통신 회사도 중개사무소에 고객을 소개받으러 온다.

정리하면, 공인중개사 주변의 협력업체가 공인중개사를 돕는 시스템이다. 공인중개사의 지위는 높아졌고 돈이 중개사로부터 흐르는 것을 실감할 것이다. 공인중개사가 협력업체 소개를 많이 할수록 쏠쏠한 수입원이 된다. 그들과 친하게 지낸다면 중개를 위한 부동산 고객도 소개받을 수 있다는 것을 잊지 말자.

20
공인중개사에게 필요한
인터넷 사이트가 궁금하다면

중개사가 필수로 즐겨찾기에 꽂아두고 사용하는 사이트를 소개한다. 공인중개사가 가장 많이 사용하는 것은 등기사항증명서 발급, 건축물대장 발급, 토지대장(임야대장) 발급과 토지이용계획증명원 발급, 그리고 중개보수를 위한 계산서나 현금영수증에 필요한 사이트다. 따라서 인터넷등기소, 정부24, 토지e음, 국세청 홈택스는 필수로 사용된다. 매일 들어가는 사이트이므로 은행에서 사용하는 공인인증서로 가입해서 사용하는 것이 간편하다. 가끔 사용하는 사이트는 가입된 휴대폰 통신회사로 인증해도 된다. 국세청 홈택스 사이트는 돈과 관련 있으므로 은행처럼 공인인증센터에 등록해 한 번 더 인증 후 이용할 수 있다.

모든 부동산 관련 인터넷 사이트는 공인중개사가 아니어도 이용할 수 있어 공인중개사가 모르면 바보처럼 보인다. 공인중개사는 계약할 때 필요하니까 중개사무소 광고와 물건 광고 사이트만을 이용하는데, 고객은 다양한 사이트를 보고 접근한다. 그리고 공인중개사는 더 잘 안다고 생각할 수 있으므로 하나씩 들어가 보고 업무에 필요한 것은 정확하게 알아둘 필요가 있다. 예를 들어 국세청 홈택스는 중개보수 세금계산서와 현금영수증 발행을 할 때 필요하고, 부가세 신고를 할 때도 필요하다. 부가세 신고는 중개사가 세무사에게 기장을 맡기기도 하지만, 스스로 해도 좋다. 그 이유는 투자자와 상담할 때 부동산 매수 후 부가세 신고를 세무사에게 맡기는 것을 부담스럽게 생각할 수 있기 때문이다. 다달이 비용이 발생하므로 수익률에도 영향을 미친다.

중개사가 부가세 신고를 직접 해보면 신고 자체가 자동시스템화되어 있어서 어렵지 않다. 고객에게 간단한 방법으로 할 수 있다고 설명해주고 종합소득세 신고만 세무사에게 맡기라고 한다. '부가세 신고를 스스로 해보니 어렵지 않더라'라고 설명해주고 다른 고객도 스스로 한다고 말하면 고객이 좀 더 관심을 보인다. 부가세 신고 달마다 신고하는 법에 대해 알려주면 고객과 관계가 돈독해지는 장점이 있다. 세무사만큼 할 수 없으나 고객과 친밀함을 유지하고 계약하는 데 더할 나위 없이 좋은 방법이니 스스로 신고서를 작성해보자.

중개사에게 필요한 프롭테크와 사이트

종합증명서, 건축물변경
일사편리 〈https://www.kras.go.kr/mainView.do〉
부동산등기, 법인등기
대한민국 법원 인터넷등기소 〈http://www.iros.go.kr/PMainJ.jsp〉
건축물대장 발급
정부24 〈https://www.gov.kr/portal/main/nologin〉
세움터 〈https://www.eais.go.kr〉
토지이용규제서비스
토지e음 〈https://www.eum.go.kr/web/am/amMain.jsp〉
압류, 공유재산, 인터넷공매
온비드 〈https://www.onbid.co.kr/op/dsa/main/main.do〉
세금계산서, 현금영수증 발행
국세청 홈택스 〈https://www.hometax.go.kr〉
렌트홈 〈https://www.renthome.go.kr〉

국토교통부 부동산거래관리시스템 〈https://rtms.molit.go.kr〉

매물, 시세 정보
네이버 부동산 〈https://land.naver.com〉
아실 〈https://asil.kr/asil/index.jsp〉
호갱노노 〈https://hogangnono.com〉
부동산 공급량 빅데이터 기반 아파트 정보
부동산지인 〈https://aptgin.com/root_main〉
토지 가격 시세-다가구주택 포함
밸류맵 〈https://www.valueupmap.com〉
부동산 가격 기본 정보, 가격 산정
밸류쇼핑 〈https://valueshopping.land/main/map〉
토지 가격
디스코 〈https://www.disco.re〉
부동산 시세
KB부동산 Live on 〈https://kbland.kr/map〉
청약 정보, 부동산 정보와 통계
한국부동산원 〈https://www.reb.or.kr/reb/main.do〉
실거래가 개별고시지가
국토교통부 실거래가 공개시스템 〈https://rt.molit.go.kr〉
은행 대출
은행연합회〈https://portal.kfb.or.kr/main/main.php〉
지역 분석과 신축 개발
랜드북 〈https://www.landbook.net〉
토지개발 정보
땅야 〈https://ddangya.com/home/map〉
양도세 재산세
부동산계산기 〈https://부동산계산기.com〉

세무 정보
세무통 〈https://semutong.com〉
원룸과 오피스텔
직방 〈https://www.zigbang.com〉
다방 〈https://www.dabangapp.com〉
상가와 사무실
네모 〈https://www.nemoapp.kr/store〉

소상공인 상권분석
상권정보 〈https://sg.sbiz.or.kr/godo/index.sg〉
창업 정보와 정책자금
소상공인시장진흥공단 〈https://www.sbiz.or.kr/nhrp/main.do〉
학군 통학 구역
학구도안내서비스 〈https://schoolzone.emac.kr〉

고객 관리와 실비 서비스가
궁금하다면

    공인중개사가 계약할 때마다 중개보수로 실랑이한다면 참으로 피곤한 일일 것이다. 다행히도 법정 중개보수가 제도로 정해져 있어서 다툼의 여지가 다소 감소했다. 중개사는 매출을 위해 억지로 계약 횟수를 늘리고 계약 금액을 올릴 수 없으니 가진 매물을 늘리고 수요 고객을 증가시키는 것 외에는 방법이 없다. 그래서 수입을 추가할 수 있는 것 중 하나가 관리비를 실비로 받는 것이다. 법무사가 등기업무를 할 때 인지대 외 교통비나 서류비를 항목에 넣는 것을 본 적이 있다. 이것을 그대로 인용하면 중개사가 중개 외 서비스 비용을 받는 것이다.

    부동산 매매를 할 때 실거래신고는 중개사의 의무이지만 임대신고는 의무가 아니다. 주택임대사업자가 임차인이 바뀔 때마다 신고하는 것을 어려워하는 경우가 있다. 등록된 민간 임대사업자가 등록된 주택에 대해 임대신고를 하는 것은 의무다. 렌트홈 사이트에서 의뢰인이 직접 신고하는 것을 간단하게 여기는 사람이 있지만 이것을 못 해 구청에 직접 방문해서 대리로 신고해달라는 의뢰인도 있다. 등록 민간임대주택의 거래신고는 한 달 안에 하면 되는데, 부동산 거래 비용이 적어 수고 비용을 많이 청구할 수는 없다. 그래서 한 달 안에 발생되는 건들을 모아 한꺼번에 신고한다. 5만 원 정도 예상할 때 한 건만 생각하면 적은 금액이지만 몇 건이라도 모아 처리하면 적지 않은 금액이다.

또 가끔 고객이 자신 소유 부동산에 대해 관리를 맡기는 경우가 있다. 부동산이 여러 건이어서 맡기거나 한 건이라도 번거로워서 맡기는 경우다. 부동산을 맡긴다는 의미는 전속 중개인데, 일반적으로 전속 중개 계약서를 매매나 임대 시에만 작성하는 것으로 알고 있지만 그렇지 않다. 예를 들면, 해당 부동산에 대해 인테리어를 할 때는 감독을 하고 파손된 부분이 생기면 임대인을 대신해 빠르게 방문해서 해결한다. 월별로 임대료에 대해 세금계산서를 발행한다. 임대인의 세무사에게 연락할 변동사항이 있으면 연락을 취한다. 어떤 건물은 관리사무소가 관리비를 등기로 구분된 호실에 한해서만 발행한다. 따라서 분리된 호실은 관리비 발행을 임대인이 해줘야 한다. 임대인들은 임대료는 받지만 번거로운 것을 하기 싫어한다. 이런 경우에 공인중개사는 임대인의 관리비 청구에 대한 대행 서비스도 한다.

고객과 부동산 관리계약서를 서로 작성한다. 중개사가 임대와 관리에 대한 일체의 사항에 대해 수임하는 계약이다. 그리고 일정 비용을 받는다. 어떤 고객은 연 1회나 2회, 어떤 고객은 분기별로 연 4회 실비를 받도록 작성한다. 임대인이 비용에 대해 부가세 신고를 원하면 세금계산서나 현금영수증 발행을 한다. 다른 부동산 중개사무소가 물건을 뺏어가거나 고객을 뺏어간다고 고민되는 게 현실의 부동산 공인중개사다. 하지만 이렇게 관리되고 있는 고객을 뺏어갈 수 있을까?

많은 금액은 아니나 고객을 관리하는 차원에서 하면 힘든 일은 아니다. 어차피 하는 일이기 때문에 말일에 하는 일, 매달 15일에 하는 일 이런 식으로 날짜를 정한다.

중개사는 고가의 부동산을 취급한다고, 또는 돈을 많이 벌었다고 그 위상이 높아지는 것은 아니다. 중개사를 신뢰하고 저절로 찾아오는 고객이 많아진다면 바이럴 마케팅이 되고 있다는 증거다. 대부분 공인중개사는 한 건을 하더라도 중개보수가 두둑한 중개를 하고 싶어 한다. 하지만 큰 건 하나는 작은 계약 여러 개 중에서 씨앗이 된 경우가 많은데 이것을 잘 모른다. 작은 계약 한 건에 중개사가 수없이 많은 통화를 하고 쫓아다니며 구청 신고까지도 한다. 똑같은 일을 부탁했을 때, 어떤 중개사는 "바쁘시다니 돈 되는 일은 아니지만 대신 해드릴게요"라고 하고, 어떤 이는 "그런 자잘한 일까지 시키세요? 차라리 중개 안 하고 말게요"라고 말한다.

돈이 안 되는 적은 금액의 연장계약서도 마찬가지다. 법으로 정해진 금액이나 요율이 있으면 좋은데 현실은 그렇지 못하다. 해당 지역에서 다른 부동산 중개사무소가 하는 방법대로 하면 크게 무리가 없다. 그렇지 않다면 등기사항증명서를 발급받아 서로의 시간을 맞추고 최대한의 형식을 갖춰서 계약서를 작성한다. 고객만 아는 사람이지, 계약은 처음처럼 동일하게 신중히 하라. 그렇게 해야 공짜가 아니고 약간의 비용이라도 받을 수 있다. 하지만 금액을 작게 준다고 다투지는 마라. 정상적으로 서류를 확인해서 계약서를 써주면 적은 금액을 받아도 고객을 유지시키는 것은 성공할 것이다. 사람을 남기는 공인중개사는 성공하게 되어 있다.

외지에서 서울, 경기에 투자하는 사람들이 많아졌다. 이런 고객이 계약할 때 전화 통화 후 중개사무소에 오지 않는 일도 있다. 또는 계약서를 작성할 때 영상통화로 입회하기도 한다. 고객 소유의 부동산이 만일 공실이거나 임차인이 없을 때 체크할 일들이 발생한다. 비가 많이 왔거나 추운 겨울에 한 번씩 가보고 문을 열어 비가 들어갔는지 눈이 쌓였는지 돌아봐야 한다. 이렇게 부동산을 관리하면 사람을 남기게 된다.

공인중개사는 '내 물건'이라고 말한다. 공인중개사 물건이 어디 있나? 고객의 물건이고 고객이 의뢰인이니 고객 자체가 정보다. 내 물건이 아니라 내 중요한 정보다. 고객이 만족하지 않으면 정보는 이동한다.

정리하면, 중개사에 대한 인식이 달라지고 위상이 높아지고 있다. 중개사가 도장을 찍은 거래만 신뢰하는 상황으로 전개되고 있다. 계약 시 중개사가 계약한 건에 한해서 전세자금 대출이 가능하다. 임차인이 전세자금 대출을 신청한 은행에서 공인중개사에게 전화를 걸어 금액과 입주 날짜, 소재지 등을 확인한다. 법인은 세무서에서 사업자등록을 내려고 할 때와 은행에서 통장을 개설할 때 공인중개사가 거래했는지를 확인한다. 쌍방거래가 증가하고 있는 현실이지만 공인된 기관에서는 공인중개사를 통한 거래만 신뢰하기에 중개사에 대한 인식이 바뀌고 있다. 중개사의 인식이 전환될 때 잔잔하고 성실한 서비스는 공인중개사의 이미지를 확고하게 하는 데 도움이 될 것이다. 고객이 자진해서 부동산 관리를 위탁하도록 하고 사람을 얻는, 그리고 사람이 정보인 서비스를 하자.

매물 관리 노트 만들기가 궁금하다면

    매물 관리 노트는 처음부터 엑셀로 잘 작성해놓으면 편리하다. 처음에 만들 때 항목을 잘 구성한다. 부동산 중개사무소를 하는 지역에 따라 다르나 아파트의 경우에는 아파트단지별, 동별, 평형별로 정렬한다. 동 호수와 평형, 임대료 내용을 정리한다. 특히 베란다 확장, 올수리 등은 별도의 항목으로 해놓아야 후에 찾기 편리하다. 만기 전 또는 만기일을 구분해놓고 즉시 입주, 날짜 협의의 칸도 만든다. 비밀번호, 거주 여부 항목이 있으면 편리하다. 연락처에 물건을 내놓은 사람을 구분해 소유주, 관리인, 임차인, 이런 식으로 기재한다. 온라인 광고 때문에 소유자의 통신회사가 필요하다면 알아내서 기재한다. 나중에 변경되는 일이 있더라도 접수일 현재, 필요한 사항을 구분해서 기재하면 도움이 된다. 단지가 크면 시트별로 구분해도 좋다. 많은 세월이 흐르면 데이터가 많아져서 규칙을 잘 정한 것만 보기에 편리하다.

    아파트라고 하더라도 매매와 임대는 시트를 달리하는 것이 좋다. 매매와 임대는 구성항목이 다르므로 섞이면 매물 관리 노트가 지저분해진다. 매매는 매매가격이라는 항목이 따르고 임차 중인지 직접 거주인지 한 항목으로 하되, 임차 중이면 임차 금액과 만기일이 기재되어야 한다. 매매와 임대 중 빨리 거래되는 것을 택해서 계약하는 경우에는 매매와 임대, 두 군데 시트에 기록하고 각각 '매매로도 진행 중', '임대로도 진행 중'이라고 기재해놓아야 능률적으로 일할 수 있다. 처음에는 생각이 나는데 물건이 많아지면 다 관리를 할 수가 없다. 중개사는 매물 관리 노트의 항목 구성을 잘하고 기록을 잘할수록 일을 잘하게 된다. 만일 다른 부동산 중개사무소에서 거래가 완료되어버렸으면 다음에는 소유주가 거래한 부동산 중개사무소에만 물건을 내놓을 가능성이 크다. 임대가 잘 안 되면 소유주가 다시 의뢰하겠지만, 그러기 전에는 임대가 나왔는지 다시 매매 진행을 하는지 모를 수도 있다. 그래서 어느 부동산 중개사무소에서 거래했는지 알아두면 다음에 그 부동산 중개사무소에서 가지고 있는 물건을 추측하고 소유주에게 물어서라도 물건을 확보해야 한다.

아파트 이외 다세대주택이나 다가구주택, 상가, 건물 등은 시트를 달리해서 기재하면 좋다. 나름대로 건물의 특성을 살려서 항목을 구성한다. 다세대주택의 경우 주차 가능, 베란다, 엘리베이터 이런 항목도 필요하다. 몇 층인지에 따라 다르겠지만 엘리베이터 있는 집만 구한다고 했을 때 확인이 편리하고 꽤 흔한 일이다. 여러 개를 소유하고 있는 소유주는 '○○아파트 30평도 □□명의로 소유 중', 이런 식으로 기재해 물건을 찾을 때 요긴하게 써야 한다. 20평대 물건을 내놓은 의뢰인이 다른 물건을 찾는다면 매물 관리 노트에 물건을 기재하며 '30평대로 이주 희망해서 매물 찾는 중'이라고 표시한다. 그리고 찾는 고객 쪽에 입력을 잘해놓는다. 이런 고객은 매물을 놓치면 찾는 것도 못 해줄 수 있어서 주의해야 한다. 고객의 가족이 다른 부동산을 보유하고 있다면 '○○호는 동생이 소유, 관리는 형 ○○○이 함', 이렇게 특이사항에 기재한다.

'내놓습니다, 찾습니다'를 잘 정리하면 물건에 따라서 해마다, 또는 변경사항이 있을 때마다 참고하기에 좋다. 고객 관리 노트를 잘 정리하면 좋다. 고객은 매도자와 매수자, 임대인과 임차인이 있는데 1회로 끝나는 사람이 있고, 계속해서 확장되는 고객이 있다. '내놓습니다, 찾습니다'는 매물을 찾거나 매물을 접수할 때마다 보는 노트다. 볼 때마다 빠뜨리지 않기 위해 입력하고, 퍼뜩 생각나라고 '다른 물건도 있음'을 표기하는 것이다.

물론 이것만으로는 부족하다. 고객을 관리하는 노트가 필요하다. 고객 관리 노트는 한 번 이상 거래한 고객 중에서 관리해야겠다고 느끼는 고객을 기록한다. 많은 부동산을 가지고 있거나 반복적으로 할 수밖에 없는 상황인 고객은 별도로 정리하면 좋다. 그 고객이 가지고 있는 물건이나 정보를 알 때마다 기록해둔다. 고객이 부동산을 추가로 구입했다는 소식을 듣거나 임대나 매매를 추가 의뢰할 때 기재한다. 고객이 소유한 부동산의 변동사항을 알고 있으면 그 고객의 맥을 잡을 수 있다. 고객은 가진 모든 부동산을 뭉쳐서 큰 건물을 매수할 수도 있고, 매도를 의뢰한 물건 중에 어떤 것이 팔리면 다른 부동산 매도는 보류할 수도 있다. 고객의 자금 투입 여력을 파악할 수 있다면 괜찮은 물건이 나왔을 때 규모에 맞는 투자를 권유할 수 있다. 이렇게 똘똘한 고객을 만들어놓는 것이 부동산 중개사무소의 자산이 된다.

부동산 중개사무소는 정보를 가지고 영업하는 직업이다. 부동산 중개사무소 자체의 소유매물이 아니므로 그 정보가 다른 사람에게 이전되기 전에 거래하는 것이 중요하다. 그 정보를 빼내기 위해서 무리하게 일하는 중개사가 있는 것은 그게 돈벌이이기 때문이다. 그런데도 일반적인 공인중개사는 고객 관리를 제대로 하지 못한다. 고객에게 접대하거나 선물을 보내는 것만이 고객 관리가 아니다. 고객 관리를 잘한다는 것은 고객과 고객의 주변에서 보유하고 있는 부동산을 잘 알고 있고, 때에 맞게 필요한 거래를 해줄 수 있는 것을 말한다. 그것을 머릿속으로 기억하는 것은 한계가 있으므로 처음부터 노트에 기록한다. 그리고 매물 관리 노트와 구입자 관리 노트, 즉 '내놓습니다, 찾습니다'를 참고해 하나씩 정리해나간다. 매물 관리 노트를 잘 활용하면 관리할 고객을 찾아낼 수 있고, 그 고객에게 몰입한다면 중개실적을 올리는 데 크게 도움이 될 것이다.

23
계약 프로세스와
필수 서류가 궁금하다면

계약 프로세스

1. 의뢰인이 목적물을 보고 계약 의사를 표시한다.

2. 계약 조건을 다시 확인한다. 금액, 입주일, 현재 상황과 추가사항, 계약금 입금 방식과 잔금 처리 방식을 논의한다.

3. 등기의 소유자에게 전화해 계약 의사를 전달한다. 거래에 해당하는 조건을 다시 확인 후 계약일과 방식을 논의한다(계약금 일부 입금, 계약일과 잔금일 결정).

4. 계약금 선입금 시 등기사항증명서 확인 후 입금계좌를 받는다. 계약금의 일부 또는 계약금 전체를 받는 문자나 간단한 확인서로 계약 취소 시 발생할 수 있는 상황에 대비한다.

5. 계약일에 임대인, 임차인 모두 입회 시 인사 후 서로의 신분을 확인시켜준다. 당일 등기사항증명서를 다시 열람해 변동사항이 있는지 확인한다.

6. 부동산 기본 서류를 바탕으로 계약서 작성과 특약(중도금 여부, 시설물 유지, 보완사항 등)을 작성한다.

7. 확인·설명서 작성과 설명을 꼼꼼하게 하고 계약금을 계좌 또는 현금 입금하게 한다. 입금 확인 후 계약서와 확인·설명서, 그리고 첨부 서

류를 의뢰인에게 교부한다.

8. 실거래신고를 계약일로부터 30일 이내에 하고, 잔금일에 입회할 법무사를 확인한다.

9. 중도금이 있으면 등기사항증명서를 열어보고 변동사항이 있는지 확인한다. 중도금이 없어도 잔금 전에 퇴실 준비를 하고 있는지, 입주 청소는 해야 하는지 등을 체크한다. 계약 당사자 공인인증서와 은행 입출금 한도 늘리기, 부동산 명도 서류 준비 등 이전 준비를 잘하고 있는지 확인한다.

10. 공과금, 선수관리비, 장기수선충당금 등을 관리사무소에 확인하고, 명도할 부동산의 퇴실 점검과 함께 열쇠와 비밀번호를 받는다. 법무사 입회하에 소유권이전절차 진행 후 입주를 마무리한다. 중개보수 수령과 세금계산서를 발행한다.

계약과 잔금 필수 서류

구분		매도인(양도)	매수인(양수)	임대인	임차인	공인중개사
본인	계약 시	신분증, 도장, 통장 임차현황리스트와 계약서 분양권-분양계약서 원본 계약에 영향을 미치는 갑구 을구 관련 서류	신분증, 도장, 계약금(보안카드 인증서 등 필요시 지참)	신분증, 도장, 통장 임차현황리스트와 분양권-분양계약서 원본 계약에 영향을 미치는 갑구 을구 관련 서류	신분증, 도장, 계약금 (보안카드 인증서 등 필요시 지참)	계약서 등록인장 확인·설명서 등기사항증명서 건축물대장 토지대장 토지이용계획확인서 공제증서 실거래신고서 선수관리비나 장기수선충당금 기타 비용정리 중개보수 통장
	잔금 시	등기권리증원본 매도용인감증명서 인감도장, 신분증 주민등록초본 갑구 을구 관련해지 서류, 열쇠, 리모컨 등 공과금 관련 영수증	주민등록등본 도장, 신분증	전세권설정 시 등기권리증원본 매도용인감증명서 인감도장, 신분증 주민등록초본 갑구 을구 관련해지 서류, 열쇠, 리모컨 등	도장, 신분증 주민등록등본 (정확한 주소 필요)	
대리인		대리인 신분증, 소유자 인감증명서, 소유자 인감도장, 인감도장 일치하는 위임장		대리인 신분증, 소유자 인감증명서, 소유자 인감도장(설정 시), 인감도장 일치하는 위임장		

24
준비된 계약서는
어떤 것인지 궁금하다면

중개사가 자주 사용하는 것은 컴퓨터에 저장해놨다가 출력해서 쓴다. 물건 브리핑을 하거나 계약 도중에 필요한 것들을 알고 있으면 일의 능률을 높일 수 있다.

첫째, 계약서는 미리 써놓는다.

일하고 있는 지역에서 계약이 될 법한 부동산 계약서를 미리 초안처럼 작성해놓는다. 아파트라면 단지, 평형이 다른 부동산 계약서를 작성해놓는다. 계약할 때마다 서류를 열람하는 것이 당연하지만, 서류가 없이 기본적인 틀만 작성되어 있어도 일이 편리하다. 확인·설명서까지 세트로 작성해놓는다. 평수가 동일하거나 동 또는 단지가 동일하다면 계약 시스템에서 계약서 하나를 열어서 복사한 후 다른 내용만 수정하거나 입력하면 된다. 계약서에는 대지지분과 전용면적과 용도가 필요하다. 단지마다 소재지가 다를 텐데, 소재지만 미리 기재되어 있어도 편리하다. 소재지는 법정 주소를 찾아야 하므로 미리 찾아서 기재하면 번거로움이 감소한다. 거기에 지분과 면적 용도가 미리 입력되어 있으면 금액과 특이사항만 적으면 된다. 특약은 기초적인 내용을 입력해놓고 계약에 해당하는 특이사항만 추가한다. 기초적인 내용은 시설 및 권리 관리에 관한 내용, 채권최고액이 있다는 내용, 원상복구의 내용, 중도금 지급에 관한 내용, 개인정보 동의에 관한 내용, 임대차보호법이나 민법, 부동산 관례에 따른다는 내용, 입금할 은행 계좌 정도다. 계약서 특약은 처음 구성할 때 힘들지만 구성을 해놓고 필요할 때 변경하면 훨씬 편리하다.

확인·설명서도 미리미리 작성해놓으면 좋다. 한방에서는 계약서를 작성하면 소재지부터 계약 당사자의 인적사항까지 계약서의 기본사항이 확인·설명서에 그대로 입력되어 나온다. 그러니 새로 입력하는 것에 비하면 시간이 많이 단축된다. 빈칸으로 남는 항목은 서류에 없는 실제 사용 용도, 내진 설계 적용 여부 등이 있다. 내진 설계 적용은 건축물대장 표제부를 발급받아야 기재할 수 있는데, 때마다 열어보려면 번거롭기 그지없다. 이처럼 준공 시점부터 변경할 수 없는 사항들은 미리 기재한다. 토지이용확인도 동일 건물이라면 모두 내용이 같으니 서류에 의거해 작성해놓으면 다음에는 복사를 눌러 적용하기 편리하다. 공시지가는 1년에 한 번 바뀌는 내용이고, 전철역과의 거리, 학교와의 거리 등도 거의 바뀌지 않는 사항이다.

둘째, 준비된 특약을 이용한다.

주거용에서 아파트와 같은 집합건물에 필수적으로 들어가는 내용이 있다. 관리비, 장기수선충당금, 선수관리비 등이다. 다가구주택이나 오래된 단독주택에 들어가는 내용은 주차 문제나 관리비 노후에 대한 사항일 것이다. 오피스텔이나 도시형생활주택과 같은 임대용주택은 보증금 반환보험이나 청소 문제 등이 따라온다. 상가의 경우는 시설이나 권리금 처리가 관건이라서 특약 모음을 가지고 있거나 샘플계약서에 미리 담아놓으면 어려움을 감소시킬 수 있다. 대부분은 공통되는 특약이 정해져 있다. 채권최고액을 기재하고 개인정보 동의 문구는 기본이므로 한번 만들어놓고 복사해서 사용하는 것이다.

"본 계약서에 명시되는 개인정보는 공인중개사법 제26조(거래계약서의 작성 등) 및 부동산 거래신고 등에 관한 법률 제3조(부동산 거래의 신고)의 목적 이외에는 사용하지 않으며, 거래 양 당사자는 이에 동의한다."

이러한 특약 한 줄이면 동의서를 별도로 출력할 필요도 없이 해결된다.

셋째, 영수증은 계약서를 작성하면 클릭 한 번으로 자동 입력된다.
　임차인에게 받은 보증금 수령 영수증, 전 임차인에게 받는 보증금 반환 영수증, 매수자에게 승계하는 선수관리비 영수증, 임차인에게 환불하거나 매도 시 승계하는 장기수선충당금 영수증을 계약서에서 쉽게 출력할 수 있다.

넷째, 매물 등록 사진, 도면을 잘 정리해놓는다.
　중개사무소를 오래 할수록 매물 사진은 점점 많은 양을 차지한다. 부동산은 비어 있을 때가 가장 넓고 깨끗해서 사진이 잘 나온다. 신혼부부가 살던 집도 아기가 태어나면 장난감으로 가득 차고 바닥까지도 보호 카펫이 깔려 있어서 단정한 이미지가 사라진다. 그래서 사진은 해당 부동산 중개사무소의 역사가 될 수도 있다. 괜찮은 사진을 가지고 있으면 다른 부동산 중개사무소보다 유리하게 고객을 유치할 수 있다. 계약서를 작성할 때 흠이 있는 부분은 사진으로 남겨 계약서에 끼워주면 좋다. 서로에게 증거가 될 수 있어서 부동산 거래를 편안하게 해준다. 도면은 도움이 많이 된다. 치수가 나와 있는 도면이 있다면 원본을 잘 보관하고 복사해서 사용한다. 도면 때문에 툭하면 중개사가 치수를 재러 다니는 일이 생기고, 시간을 많이 허비하게 된다.

다섯째, 첨부 서류를 정리해놓는다.

세금계산서 발행을 위한 국세청 홈택스, 인터넷등기소, 정부 24, 렌트홈, 거래신고 사이트, 공인중개사협회 사이트 등은 즐겨찾기에 꽂아놓는다. 공제가입 서류와 중개보수를 위한 통장, 매매 잔금 정산표, 수익률표, 전대동의서 등은 운영 서류에 모아놓는다.

여섯째, 전화번호를 모아놓는다.

구청의 부동산 정보과, 부동산 세무과, 부동산 주택과 전화번호가 자주 필요하다. 주변 건물이나 상가건물 관리사무소, 세무사, 법무사, 건축사, 은행 담당자들, 다른 부동산 중개사무소 대표와 실장 전화번호를 잘 정리해두면 요긴하게 사용된다. 이삿짐센터와 인테리어 회사, 번호키, 배관 업체, 철물점, 전기 업체, 간판 업자, 인쇄소, 정수기 회사 전화번호는 고객들이 늘 물어보는 번호다.

계약 시스템을 갖춰놓으면 숙련된 중개사처럼 계약서를 작성할 수 있다.

계약 후 입주까지
진행 사항이 궁금하다면

계약을 하고 나면 계약 조건에 따라 잔금 전까지, 그리고 입주까지 할 일들이 있다. 공인중개사가 계약할 때 옆에서 듣고 있다가 그 일을 대신 해주는 사람이 있으면 좋겠다 싶을 정도로 할 일들이 많은 것이 사실이다. 계약을 여러 건 진행하다 보면 잔금일정이 겹치게 되고, 그로 인해 미처 해결하지 못한 일들이 발생할 수 있다.

A동 1001호	계약금 : 10,000,000 중도금 : 40,000,000 잔 금 : 50,000,000	7월 24일 8월 15일 8월 31일	완료 체크
1. 현재 시설 및 권리 상태의 계약이다. 2. A1001~A1003호를 동시에 사용하는 계약으로 임대료는 부가세 별도로 세금계산서를 발행하고 지불한다. 3. 관리비는 관리사무소에서 임차인에게 직접 부과한다. 4. 중도금과 동시에 인테리어를 시작할 수 있으며 관리비가 부과된다. 임대료는 9월 1일부터 기산한다. 전 임차인 퇴실 체크 완료 후 비번 받아놓을 것 −완료 5. 주차는 무료 3대, 유료 6대로 건물관리 규약을 따르기로 한다. (무료 유료신청서를 빠뜨리지 말고 잔금일에 첨부할 것)			

6. A1001~A1003호 전체에 채권최고액 하나은행 1,500,000원이 설정되어
   있는 상태로 임차인 부담으로 잔금일에 보증금에 대한 전세권설정을 하기로
   한다. (법무사한테 중도금 전에 연락할 것, 임대인 권리증을 준비하라고 할 것)

7. 현재 시설물은 임차인이 그대로 사용하되 훼손된 바닥, 오염된 벽 등은 입주
   전까지 임대인이 수리해주기로 한다. (인테리어 업자 중도금 전에 섭외, 견적 받아서 넘
   길 것)

8. 임대인은 훼손된 블라인드 1개와 냉난방기 리모컨은 새것으로 교체해주기로
   한다. (블라인드 사모한테 샘플 받기, 인터넷으로 리모컨 주문)

9. 현재 상태 룸 6개, 냉난방기를 제외한 임차인의 시설물은 퇴실 시 원상복구하
   기로 한다. (간판 탈부착 주의)

8. 임대 만기 전에 퇴실 시 새로운 임차인이 입주할 때까지 임차인이 임대료와
   관리비, 중개보수를 부담한다.

10. 임차인이 만기 퇴실을 원할 경우 퇴실 통보는 2개월 전에 하기로 한다.

11. 본 계약서에 명시되는 개인정보는 공인중개사법 제26조(거래계약서의 작성 등)
    및 부동산 거래신고 등에 관한 법률 제3조(부동산 거래의 신고)의 목적 이외에는
    사용하지 않으며, 거래 양 당사자는 이에 동의한다.

12. 해당 호실은 산업집적활성화 및 공장설립에 관한 법률을 적용받으며 임차
    인의 사업에 관련된 인허가에 관한 사항은 임차인이 알아서 한다(신고 의무는
    없음).

13. 기타 사항은 부동산 임대차보호법 관련 법규 및 부동산 관례에 따른다.
    (은행 : ———— 예금주 : ————)

퇴실 임차인 관리비 중간 정산 확인, 장기수선충당금 확인, 열쇠 꾸러미와 비번
확인
관리사무소에 입주신고 시킬 것
주차등록 신청하라고 할 것
임대인 사업자(전 임차인 사업자) 확인하면서 중개보수 받기 전에는 환불하지 말라
고 필히 말할 것
전 임차인 사업자등록증과 이메일을 받아놓을 것

그래서 계약할 때마다 특약을 복사해놓고 체크리스트를 만든다. 특별한 서식은 필요 없다. 계약서를 작성하고 계약서를 확인할 때마다 열어보기 번거롭고 한방계약서 시스템은 메모하기가 안 되니까 특약만 한 장을 복사해서 해결한 것은 펜으로 지우는 것이다. 이렇게 습관이 되면 거의 실수가 없다.

국토교통부가 정한
전세계약 입주 체크리스트가 궁금하다면

120페이지의 자료는 국토교통부가 만든 전세계약 핵심 체크리스트다. 전세사기가 많으니 의뢰인들을 조심시키는 자료인데, 공인중개사는 일반인들이 어떤 사항을 예민하게 생각하고 있는지 알고 있으면 도움이 될 것이다. 고객이 사무실에 와서 공인중개사 자격증과 개업등록증, 공제증서를 유심히 체크하는 일이 흔해졌다. 자격증을 취득할 때의 오래전 사진을 흘끔흘끔 보기도 한다.

이제는 의뢰인들이 공식적으로 다음과 같은 체크리스트를 가지고 다닐 수도 있겠다 싶은 생각이 든다. 중개사는 안전한 거래에 최선을 다해야겠다.

🏠 전세계약 핵심 체크리스트

전세계약 체결 시 꼭 확인하세요!

	무엇을 확인하나요?	왜 필요할까요?	어떻게 확인하나요?
계약 전	☐ 주택상태	• 불법·무허가 주택여부 확인 • 임대인에게 하자보수 요청	• 건축물대장 열람(세움터, cloud.eais.go.kr) • 현장 확인
	☐ 적정 전세가율	• 보증금을 돌려받지 못할 위험 방지	• 국토부 실거래가 공개시스템(rt.molit.go.kr) • 부동산 정보 사이트(네이버 부동산, 직방 등)를 통한 적정 시세 체크 • 물건지 인근 복수의 중개 업소 방문 • 지역별 전세가율 체크(www.rtech.or.kr)

	☐ 선순위 권리관계	• 보증금 안전여부 확인	• 등기부등본(갑구, 을구) 확인
			  - 인터넷등기소(www.iros.go.kr) 또는 인터넷 등기소 앱
			• 다가구주택의 경우 선순위보증금 확인
			  (전입세대 열람 내역, 확정일자 부여현황 확인)

	☐ 임대인 세금 체납 여부	• 보증금 돌려받지 못할 위험 예방	• 국세(세무서 또는 홈택스), 지방세(주민센터 또는 위택스) 미납내역 확인 ※ 계약체결후에는 임대인 동의 없이 미납 국세 확인 가능('23.4월부터)
계약 체결시 (당일)	☐ 임대인(대리인) 신분	• 계약자 본인여부 확인	• 신분증 • (위임계약시) 위임장·인감증명서
	☐ 공인중개사 정상영업 여부	• 적법한 중개로 위험계약 체결 방지	• 국가공간정보포털(www.nsdi.go.kr) → 부동산중개업 조회
	☐ 주택임대차 표준계약서 활용	• 권리보장 특약 명시	• 국토교통부 부동산거래관리시스템(rtms.molit.go.kr)에서 다운로드 후 공인중개사나 임대인에게 사용 요청
	☐ 권리관계 재확인	• 근저당 등 권리관계 확인	• 등기부등본(갑구, 을구) 확인 - 인터넷등기소(www.iros.go.kr) 또는 인터넷 등기소 앱
계약 체결 후	☐ 임대차신고	• 법적의무('부동산거래신고법」 제6조의2, 계약 후 30일 이내) • 확정일자 자동부여	• (온라인) 부동산거래관리시스템(rtms.molit.go.kr) • (오프라인) 관할 주민센터 방문(계약서 지참)
잔금 및 이사 후	☐ 권리관계 재확인	• 계약체결 후 권리변동사항 확인	• 등기부등본(갑구, 을구) 확인 - 인터넷등기소(www.iros.go.kr) 또는 인터넷 등기소 앱
	☐ 전입신고	• 법적의무('주민등록법」 제11조, 전입 후 14일 이내) • 대항력 확보	• (온라인) 정부24(www.gov.kr) • (오프라인) 관할 주민센터 방문
	☐ 전세보증금 반환보증 가입	• 보증금 미반환 위험 해소	• 보증기관*에 문의하여 가입 * 주택도시보증공사(HUG), 한국주택금융공사(HF), SGI서울보증 등

(출처 : 국토교통부)

공인중개사에게 좋은 부동산 중개사무소, 나쁜 부동산 중개사무소가 궁금하다면

　지역에서 함께 일하는 부동산 중개사무소는 모두 좋을까? 처음에 좋은 중개사무소는 사무소를 중개해서 창업하게 해준 부동산 중개사무소일 것이다. 공인중개사는 중개사무소를 중개하면서 잘할 수 있을 것이라고 용기를 돌아주고 모르는 것이 있으면 가르쳐주겠다고 했을 것이다.

　공인중개사 홈페이지에서 보고 쌍방으로 계약하면 일하던 사무실을 넘겨주고 떠나므로 바로 혼자가 된다. 이때는 창업을 도와주기는커녕 잘 아는 부동산 중개사무소도 없어서 힘들다. 그렇게 스스로 발품을 팔고 전화와 광고를 하면서 자생력을 키우게 된다. 공인중개사는 이런저런 물건을 찾느라 다른 부동산 중개사무소에 전화를 한다. 1층 부동산 중개사무소라면 워킹 고객이 내놓은 물건이 있어서 광고를 한다. 또 고객이 광고를 보고 전화하면 공동중개할 물건을 찾는 것이다. 광고로 전화 받은 것 한 건만 보여주고 계약이 성사되기는 힘들다. 네이버 부동산 같은 광고 사이트에 올라온 다른 부동산 중개사무소의 물건을 보고 "손님이 있는데 공동중개할 수 있느냐?"라고 전화를 한다. 중개사는 바쁜 중에 답변하는 다른 공인중개사에게 고마움을 느낀다. 손님이 오면 물건을 보여주면서 좀 더 친밀함이 생긴다. 그리고 마침 계약하겠다고 하면 공동중개로 계약서를 작성하면서 좋은 관계가 형성된다.

좋은 부동산 중개사무소

첫째, 물건의 공유로 공동중개를 하게 한 부동산 중개사무소다. 점점 폐쇄적으로 일하는 중개사가 증가하고 있다. 공인중개사가 백년손님이라고 했는데, 이를 무시하는 부동산 중개사무소는 스스로 물건도 많고 찾는 고객도 많아서일 가능성이 크다. 그럼에도 불구하고 물건을 공유해서 계약서를 쓰게 한 부동산 중개사무소가 고맙지 않을 수가 없다.

둘째, 계약이 안 되어도 변함없이 물건을 공유해주는 부동산 중개사무소다. 몇 달이 지나고 해가 바뀌어도 물건은 받기만 하고 성사가 안 되기도 한다. 그럴 때는 '초보라 계약을 못 하는 것일까?' 하는 위축된 마음이 든다. 그럼에도 불구하고 꾸준하게 물건을 공유해주는 부동산 중개사무소는 고마울 수밖에 없다.

셋째, 손님을 잘 데리고 오는 부동산 중개사무소다. 다른 부동산 중개사무소는 안 가지고 있는 나만의 물건이 있을 때 어떻게든 물건을 빼가려고 하는 부동산 중개사무소가 많은데 그렇게 하지 않는다. 지역에 있는 많은 부동산 중개사무소 중에 초보인 부동산 중개사무소를 선택해서 공동중개를 한 부동산 중개사무소가 고맙다. 광고 사이트는 동일 매물을 묶어서 보여준다. 동일한 매물을 3개의 부동산 중개사무소에서 소유하는지, 5개 부동산 중개사무소에서 소유하는지 확인이 가능하다. 동일한 조건인데도 선택해줘서 계약이 이루어졌다면 고마운 것은 당연하다.

넷째, 급한 매물을 잘 처리해주는 부동산 중개사무소다. 급매를 처리할 때 광고보다 지역 부동산 중개사무소에 알리는 것이 훨씬 빠를 때가 있다. 다른 부동산 중개사무소로 퍼지면 누구나 있는 매물이 되니 초보에게는 불리하다. 이때 자신의 일처럼 처리를 도와주는 부동산 중개사무소가 고맙다.

다섯째, 지역의 정보를 잘 알려주거나 친절하게 대하는 부동산 중개사무소다. 창업하면 어색할 수밖에 없는데 적응하도록 알려주는 부동산 중개사무소가 고맙다. 지역 모임이 있을 때 함께 가주거나 거리를 두어야 할 부동산 중개사무소, 진상 고객에 대한 정보를 알려주며 조심하게 해준다. 창업하면 적응하는 기간이 짧아질수록 유익하다.

나쁜 부동산 중개사무소

첫째, 물건을 빼가는 부동산 중개사무소다. 부동산 중개사무소를 하다 보면 저절로 알게 되는 매물이 있고, 알려주지 않으면 절대로 알 수 없는 매물이 있다. 이런 것을 무시하고 물건을 빼가는 부동산 중개사무소는 나쁜 부동산 중개사무소다. 이런 부동산 중개사무소는 지역마다 골칫덩어리다. 얼마 전에는 단체 카카오톡방에서 강남에서 물건을 빼는 부동산 중개사무소를 공개했다. 10개 부동산 중개법인의 개업공인중개사, 소속공인중개사, 보조원 명단과 전화번호가 공개되었다. 중개사가 전속으로 가지고 있는 물건인데 고객을 직접 찾아 작업하다가 소유주가 전속으로 의뢰한 중개사에게 알려줘서 알게 된 것이다.

둘째, 물건의 정보를 다른 부동산 중개사무소에 알려줘 계약을 방해하는 부동산 중개사무소다. 직접 빼가면 바로 표가 나니 다른 부동산 중개사무소에서 작업하게 만든다. 어떤 물건인지 잘 모르겠으면 공동중개로 물건을 보고 친한 부동산 중개사무소에 정보를 주고 작업을 시킨다. 직원이 많은 곳에서는 자기 회사의 물건을 다른 부동산 중개사무소에 토스하는 경우도 있다. 직원이 많은 곳은 내부에서도 공동중개를 해야 하므로 외부에 던져주고 수고비를 챙기는 것이다.

셋째, 자신의 고객만 위하는 부동산 중개사무소다. 공동중개는 해당 부동산 중개사무소에서 공동 책임을 진다. 계약서를 작성하게 되면 계약이 성사되도록 최대한 도와야 하는데, 심하게 자신의 고객 편을 들어서 계약을 위태롭게 만든다. 자신의 고객 편을 들어야 중개보수를 깎이지 않게 받는다고 생각하는데, 계약이 안 되면 의미가 없다.

넷째, 손님을 자기 마음대로 하는 부동산 중개사무소다. 공동중개로 보여주면서 상대의 중개사를 무시하는 행동을 한다. 상대 중개사가 초보인 것을 강조하거나 상대 중개사는 이 지역에 대해서는 아무것도 모른다고 고객 앞에서 표현한다. 물건을 본 고객의 전화번호를 묻거나 자신의 명함을 주는 경우도 있다. 공동중개에서 지켜야 할 예의를 무시하는 언행은 질이 나쁜 부동산 중개사무소 유형이다.

다섯째, 뒤처리와 책임을 미루는 부동산 중개사무소다. 계약을 마치고 입주 과정까지는 할 일도 많다. 입주 후에 수리보수가 덜 끝날 수 있고, 애매하게 잔금 전후에 새로 발생하는 일도 있다. 이런 상황에서 고객이 문제를 제기하면 무조건 해결을 미루는 부동산 중개사무소가 있다. 계약서만 작성하고 나면 귀찮은 일은 안 하고 싶어 한다. 중개보수를 받으면 일에서 손을 떼는 부동산 중개사무소가 계약 만기 때가 되면 고객 관리 차원에서 다시 고객에게 접촉한다. 일은 처리 안 하고 아예 사라지는 것이 아니라 다시 돌아오는 케이스다.

여섯째, 비용이 들어가는 것을 무조건 반대하는 부동산 중개사무소다. 모든 계약에서 중개사는 비용을 쓰지 않는 것이 좋다. 하지만 일하다 보면 의뢰인들이 한 치도 양보를 안 하고 버티는 경우가 있다. 예를 들어, 에어컨 청소를 누가 부담하는가를 정할 때 임대인은 이미 그 문제에 가격이 다 반영되어 있다고 말한다. 임대인은 저렴하게 계약하니까 이해해달라고 하고, 임차인은 청소비를 부담해줘야 계약을 한다고 한다. 그러면 임대인 쪽 부동산 중개사무소에서 처리해야 한다고 결론을 내기도 한다. 그럴 수도 있지만, 계약을 위해서 양쪽 부동산 중개사무소에서 공동으로 처리할 수도 있다. 공인중개사의 기본은 협의인데 중개사는 조금도 금전적으로는 양보를 안 하려고 한다. 공인중개사가 비용을 부담할 일을 만드는 것도 좋지 않다. 하지만 진행을 위해 어쩔 수 없는 비용 부담을 무조건 안 하는 것도 나쁘다.

정리하면, 감사하는 마음이 중요하다. 공동중개는 '어차피 돈 벌려고 한 것이고 중개보수만 받으면 되지 뭘'이라고 생각할 수도 있다. 하지만 부동산 중개사무소가 많아 경쟁이 치열하다 보니 그 많은 공인중개사 중에 선택해준다는 점에서 좋은 부동산 중개사무소가 되는 것이다. 물건이나 고객을 빼가는 행위는 중개업에서 가장 나쁜 행위로 보며, 공동중개할 때 계약을 위해 중개사들이 협력하는 것은 지극히 당연하다.

28
공인중개사로서 자신의 성격이
걱정된다면

　중개사가 일을 시작하는 것이 두려운 이유로 자신의 성격을 걱정하는 분들이 있다. 걱정이 많은 이들은 내성적인지, 외향적인지를 생각하거나 요즘 유행하는 MBTI가 중요한 것처럼 말을 한다. 중개업은 혼자서 일하는 것이 아니므로 주변과의 조화가 필요하긴 하다. 하지만 중개업은 설사 조증과 울증이 있더라도 자신의 성격이 어떤지 알고만 있다면 단점을 보완하면서 할 수 있다. 공인중개사가 자신의 성격을 알고 있다면 치료 약을 복용하든, 의뢰인에게 설명하든 상관없다. 당뇨가 있는 사람, 고혈압이 있는 사람도 꾸준히 약을 복용하면서 일을 한다. 단, 제대로 관리하지 못해서 쓰러진다면 고객을 만날 수 없다.

　그래서 자신의 성격과 성향을 잘 파악하고 있으면 된다. 나는 지극히 내성적이나 생계형 외향 성격으로 바뀌어 처음에는 무엇이 문제인지 몰랐다. 고객과 상담할 때는 정상적으로 보였으나 스스로는 알게 모르게 사람을 골라서 일했다. 내 마음에 안 드는 고객에게는 정성을 다하지 않았다. 그런 사람과는 처음 대면하는 날을 제외하고는 만나서 계약으로 이루어지는 일을 하지 않았다. 겉으로 무서워 보이거나 잘난 척하는 사람은 스스로 멀리했다. 초보이면서 이런저런 이유로 사람을 골라서 일하니 계약을 많이 할 수 없었겠지만, 열심히 일하는 것으로 극복했던 것 같다. 다른 중개사는 부잣집 딸이고, 예쁘며, 공부도 많이 했고, 적극적인 성격이라서, 주변에 도와줄 사람도 많다고 생각했다. 그래서 스스로 얌전하게 일했고, 교양 있어 보이려고 노력했으며, 적극적으로 매달리는 것은 너무 없어 보이고 초라해 보여 고객을 보낸 적이 있다. 그래놓고 스스로 호탕하거나 화끈한 척했다. 그리고 뒤돌아서서 다른 사람들은 중개 사기꾼 같다고 말했다. 또는 사기의 기술을 아주 조금만 가르쳐주는 곳이 있으면 내가 좀 이용해서 강해질 것 같다고 생각했다. 초보 시절 나는 피해의식만 없었지, 자존감이 낮은 그저 그런 중개사로 한동안 지냈다. '나이를 먹으면 고객들이 내 말을 들어줄 거야', '내가 추천한 물건을 믿고 사주는 날이 올 거야'라며 기다렸다.

나는 믿고 계약해준 고객들과 주변의 중개사들 속에서 대화하고 일하는 동안 많은 것들이 적응되었다. 공인중개사로도 특별하지 않고 고객으로 특별하지 않은 사람들, 즉 나 같은 사람이 주변에 점점 많아지면서 불편함을 느끼지 않았다. 시간은 많은 문제를 해결해준다. 나이 어린 것 이외에는 장점이 하나도 없었는데, 중개업무와 사람의 접촉 경험을 통해 모나지 않은 서비스형 중개사로 바뀌었다. 누구를 만나서 어떤 중개를 해도 두렵지 않다. 부족한 것을 채워 성격도 무난한 사람으로 변해왔다.

반면 어떤 공인중개사는 브리핑을 잘하기로 평이 나 있다. 그분의 고객들도 큰 손님들이 많다. 가끔 물건과 의뢰인이 겹쳐 만나 보면 '역시!' 하며 감탄이 나왔다. '일 잘하는 중개사는 다르구나'라고 생각한 적이 여러 번이다. 그러나 그분은 지나치게 적극적이다 보니 다른 부동산 중개사무소와 분쟁이 많았다. 그 중개사는 '내 물건은 모두 내 것이다, 내 것은 절대로 뺏기지 않을 것이고, 다른 부동산 중개사무소가 가지고 있는 물건도 내 것으로 만들 것이다'라는 식이다. 욕심이 많은 부동산 중개사무소는 일도 많이 하고 돈도 많이 번다. 그러나 무리하다 보니 물의를 일으키게 되고 고객도 동일한 일이 반복되면 이탈할 수 있다. 예를 들어, 계약 일정까지 잡은 건을 억지로 뺏어온다든가, 보증금을 내주거나 공실이 나게 되어 시간이 없는데도 전속 중개를 주장하는 식이다. 절대적으로 고객 편이 아니고 부동산 중개사무소의 이익만 생각한다. 공인중개사들끼리 다툼이 생기면 마음이 약한 중개사는 싸우지 않고 피하는데, 강한 중개사는 이들을 알아서 피하는 바보라고 생각한다. 적당한 경쟁은 끝까지 버티는 것이 맞다. 하지만 욕을 하거나 행패를 부리면 그 꼴을 당하면서까지 일을 해야 하나 하는 자괴감이 들기 때문에 포기하기 쉽다.

그래서 중개사는 이런 일 저런 일을 당하면서 적응하게 된다. 포기하는 것도 배우고 뺏어오는 것도 배운다. 뺏기지 않는 것도 배우고 양보하는 것도 배운다. 강하고 무서운 중개사로부터 고객이 스스로 이탈해서 이쪽으로 오기도 하고, 약하고 순진한 공인중개사를 답답하다고 여긴 고객이 저쪽으로 가기도 한다. 그저 사회에서 일어나는 일일 뿐이다. 걱정하지 말자. 중개사가 경험이 쌓이면 어느 순간 무엇이든 잘할 수 있는 서비스형으로 바뀌게 된다.

집에는 여자만 있는, 하물며 강아지조차도 암놈인 남자 공인중개사가 있다. 직장 업무 이외에는 여성들과 말 한마디 섞어보지 못한 분이었다. 개업하자마자 방문한 여성 고객과 대화가 처음에는 무척이나 어색했다. 그런데 생각지 않게 여성 고객이 더 질문을 많이 하고 답을 유도하니 쉽게 답변할 수 있었다. 나중에는 컨설팅조차도 자유로워졌다고 한다.

대부분 초보 공인중개사가 처음 보는 사람에게 말을 조리 있게 하면서 물건을 보여주고 계약을 잘 성사시킬 수 있을까 걱정한다. 하지만 업무를 하다 보면 이 또한 자연스러워진다.

오히려 자신이 동적인 사람인가, 정적인 사람인가를 생각해볼 필요가 있다. '공인중개사로서 물건을 구하는 작업, 또는 영업적으로 활동할 수 있는 동적인 사람인가?', '책상에 앉아 블로그를 쓰면서 매물을 입력하는 것이 더 맞는 정적인 사람인가?' 중개사는 일하면서 서비스형 사람이 되가 듯 업무상 동적이며 정적이면 좋다. 블로그를 쓰거나 매물 광고하는 것은 혼자 하는 일이기 때문에 아주 잘하는 중개사가 있다. 엉덩이가 무거워서 혼자 하는 일을 주로 하고, 그래야 스트레스를 덜 받는다. 이런 사람은 나가길 싫어하는 것이 문제. 부동산 중개사무소와 인접한 주변 변화나 정보에 둔감하다. 어떤 중개사는 돌아다니면서 고객을 만나고 명함을 붙이고 사진을 찍는 외부 일을 좋아한다. 그래서 고객이 사무소에 찾아와도 얼굴을 볼 수가 없다. 사무실을 비우게 되니 워킹 고객을 놓친다. 사람이 2가지를 아주 다 잘하기는 힘든 것 같다. 그래도 의도적으로 적당하게 2가지를 잘하는 것이 좋다. 요즘은 온라인이 대세라서 블로그와 매물 광고를 안 하고 잘되는 중개사무소는 거의 없기 때문이다.

거래 사고보다 더 많은
중개사 민원 문제가 걱정된다면

공인중개사는 애초부터 화합이 안 되는 무리다. 사회에 나와서 첫 직장인 사람부터, 각양각색의 회사에서 일하다가 이직한 케이스까지 있어서 이질적인 집단이다. 기업에 속한 사람이 아니라서 정해진 목표와 한 방향을 향해 가는 것이 아니라, 같은 일을 하되 각자의 목표로 향한다. 그래서 공인중개사는 중개사들을 위한 협회는 존재하나 집단이라고 할 수 없을 정도로 개별성이 커서 소속감이 없다. 중개업은 영세한 공인중개사와 규모가 큰 공인중개사가 같은 지역에서 공존한다. 같은 지역이라서 업무의 범위가 동일하기도 하고 때로는 한 분야만 특화해 전문성 있는 중개업을 한다.

공인중개사는 고객을 창출하는 것도 부동산 중개업을 하는 것도 자유롭다 보니 경쟁이 치열해서 나눌 수 있는 파이가 작다. 고객이 생산되는 것이 아니라 있는 고객을 뺏어가는 구조와 나누는 구조가 되었다. 한 지역에서 오래전에 일을 시작했다고 하더라도 공인중개사의 배출이 늘고, 주택은 갱신권 청구로 2년을 더 살 수 있는 권리가 있어 이미 일감이 반으로 줄었다. 경쟁 부동산 중개사무소의 폐업이 반가울 수밖에 없는 것이 현실이다. 공인중개사는 오래전부터 화합해서 서로 돕기보다는 경쟁에서 탈락하지 않으려는 레드오션에 와 있다. 이는 중개사고보다도 중개사들 자체 민원을 더 무섭게 만들었다. 공인중개사가 법을 지켜야 하는 것이 사실이지만, 법을 지키지 않는다고 서로 민원을 넣는 사례가 많아 이중고에 시달리고 있다.

공인중개사들이 민원을 넣는 사례들을 살펴보면 다음과 같다.

첫째, 소속공인중개사가 등록을 하고 일하는지, 그냥 일하고 있는지를 보고 신고하는 경우다. 등록을 안 한 중개사가 내 파이를 먹는 것에 민감하다. 내가 나무에 올라가서 열매를 따는 것으로는 양이 부족해 자격을 갖추지 않은 사람이 뺏어가는 것을 용납하지 못한다. 함께 일하고 있는 사람이 소속공인중개사로 등록되었는지 살펴보는 사람들이 늘 주위에 있다는 것을 생각해야 한다. 거의 지역에서 일하는 공인중개사나 보조원이 신고할 가능성이 크다.

둘째, 확인·설명서나 계약서를 신고하는 경우다. 계약서나 확인·설명서의 서명을 빠뜨리는 경우가 있다. 계약서 하나를 쓸 때는 꼼꼼하게 작성한다. 하지만 원룸처럼 여러 개를 써야 하는 날이 가끔 있다. 한 팀의 계약서를 작성하고 있는데 다른 팀의 의뢰인 중에 배정한 시간보다 일찍 오는 이가 있다. 또는 계약 중에 다른 고객이 물건을 보기 위해 오면 놓치기 싫어서 기다리게 하다가 집중을 못 하게 된다. 이때 실수했다고 계약자가 신고하는 경우는 거의 없다. 나중에 임대인이 다른 부동산 중개사무소에서 계약할 때 특약이나 이전 임차인 조건을 확인하기 위해서 계약서를 들고 간다. 그 공인중개사가 계약서를 살펴보다가 허점을 발견하고 민원을 넣는다. 타인의 실수를 발견한 것이 기쁨인 중개사가 있다.

셋째, 공인중개사가 이중 소속된 케이스다. 소속공인중개사가 소속공인중개사 해지를 하지 않은 채 개업사무실의 일을 하는 경우다. 등록을 해지하지 않고 자신의 사무실을 개업하기 위해 사무실을 계약했다. 준비하는 동안 명함을 만들거나 광고를 올리게 되면 이중 등록이 된다. 또는 개업공인중개사가 폐업하지 않고 소속공인중개사처럼 일하는 케이스다. 자신의 사무실을 닫는 상가계약만 한 상태에서 개업공인중개사 폐업을 먼저 하지 않았다. 이때 취업한 소속공인중개사 명함을 가지고 있거나 광고에 해당하는 영업행위를 하면 이중 등록이다. 이런 사항은 사무실 변동 과정 중에 잠깐 일어나는 행위다. 이 과정에서 잠시 이중 소속이 되었다는 사실을 고객이 알 수는 없을 것이다. 경쟁 부동산 중개사무소 종사자가 아니고서는 민원을 넣을 수가 없는데 종종 발생한다.

넷째, 경쟁 부동산 중개사무소는 무엇이든 신고한다. 광고하면서 꼬투리를 잡는 부동산이 있다. 외부 벽면에 광고 현수막을 신고한다. 외부 현수막은 지정된 자리가 아니니 불법 광고가 된다. 2층 부동산 중개사무소의 창문에 걸쳐 있는 간판을 신고하기도 한다. 외부에 보이는 간판이 적법한지 찔러보는 것인데 문제가 되면 과태료가 나오게 된다. 중개사가 바뀌면서 1층 부동산 중개사무소 간판에 대표명이 안 바뀐 것도 신고한다. 간판이 너무 높아 이름을 고치기가 쉽지 않아 미루어놓은 것을 신고하다니, 아는 사람이 아니고서는 할 수가 없다. 물론 관청에서 나와서 지적을 하거나 사진을 찍어 보내기도 하지만 틈새가 있으면 신고하는 사람이 있다. 부동산 중개사무소 종사자가 아니고서는 있을 수 없는 일이다.

다섯째, 다운계약서 작성을 신고하는 부동산이 있다. 중개사는 여러 위험에 노출된다. 우리는 불법이라서 하지 않으면 된다고 생각한다. 그러나 대부분 고객 스스로가 다운해서 계약하기를 원해서 계약서를 쓰게 되는 경우다. 이 경우에 고객의 변심이 가장 크다. 매수자가 후에 세월이 흐르고 양도세를 낼 때 변심한다. 이런 내부적인 상황을 누가 알까? 그런데 세월이 흐르기도 전에 다운계약서를 작성한 부동산 중개사무소를 신고하는 부동산 중개사무소가 있다. 해당 부동산 중개사무소에서 일했던 소속공인중개사나 보조원일 가능성이 크다. 개업공인중개사는 소속공인중개사와 보조원이 소속된 부동산 중개사무소의 비밀을 다 알고 있으므로 불법에 노출될 일은 하지 말아야 한다.

부동산 중개사무소가 같은 중개사무소를 물어뜯는 경우는 단순하게 사이가 서로 안 좋거나 성격의 차이도 원인이 된다. 고객을 놓고 경쟁하다 계약을 놓치게 되고 번번이 비슷한 일로 부딪쳐 미워하게 될 수도 있다. 공인중개사는 성격도 중요하지만 일 때문에 화합이 안 되는 경향이 많이 드러나는 직업이다. 고객에게 시달리는 것도 힘든데 다른 부동산 중개사무소와 고객 때문에 경쟁하다가 업무에 지장을 받는 행정처분이 따라오는 것이 큰 스트레스다. 일을 잘했을 때 더 겸손하고 주변 관리를 잘할 수 있어야 한다.

30
개업공인중개사의
겸업 제한이 걱정된다면

영업행위는 영리를 목적으로 계속적·반복적으로 불특정 다수를 대상으로 한다. 사업자를 등록하고 자유롭게 영업할 수 있다. 부동산 매매업과 컨설팅은 자유업에 해당한다. 부동산 중개업은 법의 목적에 따라 요건을 갖춰야 등록과 인허가가 된다는 면에서 비자유업이다.

공인중개사법은 중개사의 업무를 정해 공인중개사의 전문성을 제고하고, 부동산 중개업을 건전하게 육성해 국민경제에 이바지하는 목적으로 한다. 공인중개사는 법인과 개인사업자에 따라 겸업을 제한하고 있다. 개인인 개업공인중개사는 타 중개법인에서 임원을 하지 않는 이상 다른 제한이 거의 없다. 다른 법에서 제한을 두지 않는 이상은 다른 법인이든, 다른 개인사업을 하더라도 상관없다. 하지만 부동산 거래를 체결하거나 중개업무를 수행할 때는 제3자에게 일을 맡겨서는 안 된다. 이 말은, 개업중개사가 주도적으로 다른 일을 하는 동안 중개행위를 대리인이 할 때 처벌을 받을 수 있다는 것이다.

또 매매 행위는 별도로 겸할 수 없다. 매매업은 반복적으로 매수 또는 매도하는 것으로 시세조작을 유도할 수 있다고 본다. 중개사가 낮은 가격에 매수해서 높은 가격에 매도하는 것을 반복하는 행위는 거래 질서를 해하는 것으로 금하고 있다. 그 외에는 겸업을 제한하는 명문 규정이 없어서 법인보다 업무 범위가 넓다고 할 수 있다.

1. 상업용 건축물 및 주택의 임대관리 등 부동산의 관리 대행
2. 부동산의 이용·개발에 관한 상담
3. 개업공인중개사를 대상으로 한 중개업의 경영 기법 및 경영 정보의 제공
4. 상업용 건축물 및 주택의 분양 대행
5. 그 밖에 중개업에 부수(도배·이사업체의 소개 등 주거 이전에 부수되는 용역의 알선)되는 업무로서 대통령령으로 정하는 업무

1. 상업용 건축물 및 주택의 임대관리 등 부동산의 관리대행을 할 수 있으나 상업용 건축물 및 주택의 임대업은 불가하다. 임대관리업과 임대업은 다르다. 법인 소유로 임차인을 상대로 임대료를 징구할 수 없다. 농업용과 공업용 부동산의 임대관리는 불가하다. 상업용 건축물 및 주택의 임대관리만 가능하다고 밝히고 있다. 관리대행을 하더라도 다른 법의 제한을 받는 것은 할 수 없다. 예를 들면, 300세대 이상의 공동주택관리는 공동주택관리법에 따른 주택관리법에 등록해야 한다.

2. 부동산의 이용·개발에 관한 상담을 할 수 있다. 일종의 컨설팅으로, 개업공인중개사와 중개사가 아닌 일반인도 할 수 있다. 법인 공인중개사는 이용 개발업은 할 수 없다. 이용·개발에 관한 상담만 가능하다.

3. 개업공인중개사를 대상으로 한 중개업의 경영 기법 및 경영 정보의 제공을 할 수 있다. 법은 개업공인중개사가 대상이라고 밝히고 있다. 등록을 준비 중인 공인중개사를 대상으로 경영 기법 및 경영 정보의 제공은 불가하다. 또 개업공인중개사가 아닌 다른 부동산업 관계자에게는 불가능하다.

4. 상업용 건축물 및 주택의 분양 대행을 할 수 있다. 상가나 주택의 분양업은 할 수 없다. 토지는 분양 대행도 불가하다. 주택법의 사업계획 승인 대상이 아닌 주택은 분양 대행이 가능하다. 주택법의 사업계획승인 대상은 청약을 말한다. 미분양 시는 분양 대행이 가능하다. 상가는 분양이 가능하다. 건축물 분양에 따른 법률의 적용을 받는 경우는 신탁회사와 계약한다. 건축물 분양에 따른 분양 신고 대상이 아닌 상가는 분양 대행이 가능하다. 골프 회원권, 수목장 등은 상업용 건축물이 아니므로 불가하다. 공장 분양 대행도 불가하다. 개인인 공인중개사나 일반인은 가능하다.

5. 그 밖에 중개업에 부수되는 업무로서 대통령령으로 정하는 업무는 가능하다. 대통령령으로 정하는 업무는 중개의뢰인에 따른 도배·이사 업체의 소개 등 주거 이전에 부수되는 용역의 알선을 말한다. 중개의뢰에 따른 경우로 중개와 무관한 알선업은 불가하다. 이사업체나 인테리어업은 불가하다. 중개현장에서 개업공인중개사는 간혹 인테리어업이나 도배 페인트 청소업을 하는 경우가 있다. 법인 중개사는 할 수 없다.

경·공매 부동산의 권리 분석 및 취득의 알선과 매수 신청 또는 입찰 신청의 대리는 할 수 있다. 법원에 매수 신청 대리인으로 등록된 경우에 한하며 중개사가 대리인으로 할 수 있는 행위는 다음과 같다.

민사집행법에 제113조의 규정에 따른 매수 신청 보증의 제공

① 입찰표의 작성과 제출
② 민사집행법 제114조의 규정에 따른 차순위 매수신고
③ 민사집행법 제115조의 제3항, 제142조 제6항의 규정에 따라 신청의 보증을 돌려줄 것을 신청하는 행위

④ 민사집행법 제140조의 규정에 따른 공유자의 우선 매수신고

⑤ 임차인의 임대주택 우선 매수신고

⑥ 차순위 매수신고인으로 보게 되는 경우 그 차순위 매수신고인의 지위를 포기하는 행위

그러나 경·공매에 관련된 이의 신청, 명도 관련 서류제출 개입행위, 취소 및 취하 신청, 배당이의 신청행위는 변호사법 위반으로 금한다.

31

공인중개사 금지행위가
걱정된다면

공인중개사법 제33조에서는 개업공인중개사의 금지행위를 설명하고 있다. 그중에서 제3조에 따른 중개대상물의 매매를 업으로 하는 행위가 포함된다. 제3조는 중개대상물의 범위이고 중개대상물은 토지, 건축물 그 밖의 토지의 정착물, 그 밖에 대통령령으로 정하는 재산권 및 물건이다. 중개사는 시행령 제2조 입목에 관한 법률에 따른 입목과 공장 공장 및 광업재단 저당법에 따른 공장재단을 중개대상물로 포함하고 있다. 사법상 권리 행사가 제한되어 권리의 안전성이 문제되는 가등기·가압류등기·가처분등기된 부동산이나 용익물권 저당권 등이 설정된 부동산이라 하더라도 중개대상물이다.

중개대상물의 해당 요건에 등록이나 등기 등 공시는 요구하지 않는다. 토지의 정착물인 무허가 건축물 및 미등기 건축물도 중개할 수 있다. 우리가 쉽게 생각하고 있는 상가의 권리금에 해당하는 중개는 할 수 없다. 영업용 건물의 영업시설·비품 등 유형물이나 거래처, 신용 등 무형의 가치다. 판례는 영업용 건물의 영업시설 비품 등 유형물이나 신용 영업상의 노하우는 무형의 가치로 본다. 또는 점포 위치에 따른 영업상의 이점 등 무형의 재산적 가치는 중개대상물이라 할 수 없다고 한다. 그렇다고 의뢰인이 상가 물건의 거래를 위해서 행정사에게 매물을 놓을까? 행정사가 '상가 물건 접수 및 중개', 이렇게 간판을 건다고 한들 거래가 될까? 권리금계약서는 행정사 스스로 할 수도 없으면서 중개사가 거래할 수 없는 중개로 행정사의 표적이 되고 있다. 권리금을 많이 받기보다는 법무사에게 맡기는 등기처럼 실비 위주로 처리해서 행정사에게 도장을 받으면 신경이 덜 쓰일 것 같다. 법의 개정이 있기 전까지는 권리금은 계약서를 쌍방으로 작성하고 중개보수에서 제외한다. 또는 행정사에게 맡기고 실비만 청구한다. 상가 이외에도 중개할 수 없는 것에 신축 아파트형 공장 임대가 포함된다. 엄밀히 말하면, 지식산업센터에 건축물대장상 아파트형 공장은 실입주자가 입주 대상이다. 산업단지 내의 지식산업센터는 공장 등록이나 사업개시신고를 해야만 임대할 수 있다. 공장 등록이나 사업개시신고는 준공 전에는 할 수 없기에 신축 건물의 임대물건을 광고하게 되면 과태료 대상이다. 산업단지 내 지식산업센터는 준공 전이나 준공 후라도 공장 등록이나 사업개시 전의 물건은 요건을 갖춘 후 광고 및 중개를 한다.

또한, 개설등록을 하지 않고 중개업을 영위하는 자인 사실을 알면서 그를 통해 중개를 의뢰받거나 그에게 자기의 명의를 이용하게 하는 행위는 금지행위다. 부동산 중개업을 건전하게 육성해 중개의뢰인을 보호하기 위한 법이다. 개업공인중개사는 무등록업자와 협조행위를 금해 무등록업자를 근절하고 상거래 질서를 확립해야 한다.

중개를 의뢰받는 행위란, 무등록업자를 통해 의뢰인을 소개받는 행위다. '그를 통해 중개를 의뢰받거나'로 규정되어서 무등록업자로부터 소개만 받아도 금지행위가 구성된다. 거래계약 성사 여부는 불문이며 반드시 성사시켜야 금지행위가 되는 것이 아니다. 무등록업자가 자신의 중개사무소에 소속된 것처럼 보이게 하는 것은 자기의 명의를 이용하게 하는 행위다. 무등록업자가 작성하는 거래계약서에 개업공인중개사의 명의를 기재하도록 허용한 행위가 대상이다.

그리고 사례·증여 그 밖의 어떤 명목으로도 제32조에 다른 보수 또는 실비를 초과해 금품을 받는 행위는 금지행위다. 공인중개사법 시행규칙은 제20조(중개보수 및 실비의 한도 등) ②항에서 '중개대상물의 권리관계 등의 확인 또는 계약금 등의 반환채무이행 보장에 드는 비용으로 하되, 개업공인중개사가 영수증 등을 첨부하여 매도·임대 그 밖의 권리를 이전하고자 하는 중개의뢰인(계약금 등의 반환채무이행 보장에 소요되는 실비의 경우에는 매수·임차 그 밖의 권리를 취득하고자 하는 중개의뢰인을 말한다)에게 청구할 수 있다'라고 명시되어 있다. 금지규정 위반행위로 얻은 상당의 이득은 투기적 탈법적 거래를 조장해 부동산 거래 질서의 공정성을 해하는 것을 우려한다. 국민의 재산적 이해관계 및 국민 생활의 편의에 미치는 영향이 커 규제가 강하게 요청되고 있다. 입법목적을 달성하기 위해서는 법령에서 정한 보수에 대해 경제적 이익이 되는 것을 방지한다. 한도 초과에 대한 사법상의 효력을 제한하는 강행법규에 해당하며 한도를 초과하는 범위 내에서 무효로 판단했다. <대법원 2007. 12. 20. 선고 2005다32159 전원합의체 판결>

그리고 해당 중개대상물의 거래상의 중요사항에 관해 거짓된 언행, 그 밖의 방법으로 중개의뢰인의 판단을 그르치게 하는 행위는 금지행위다. 부동산의 소재 규모 공법상의 제한 매매가액 등 중개의뢰인이 알았더라면 거래를 하지 않았으리라고 사회 통념상 인정되는 사항이 해당한다. 확정되지 않은 개발 예정이 없는 토지에 대해 개발계획이 확정된 것으로 설명, 거래규제에서 해제가 되지 않은 것을, 해제되었다고 하는 것이 포함된다. 문서를 위조 변조하거나 거짓 정보를 제공해서 매도나 매수를 하도록 하는 것은 적극적인 거짓 행위다. 중개대상물에 대한 하자를 숨기고 알선하거나 소송에 계류 중인 사실을 숨기는 소극적인 거짓 행위도 포함된다.

관계 법령에서 양도·알선 등이 금지된 부동산의 분양·임대 등과 관련이 있는 증서 등의 매매·교환 등을 중개하거나 그 매매를 업으로 하는 행위도 금지된다. 전매 금지된 분양권의 매매와 임차권 전대차 쌍방을 대리하는 행위도 금지된다. 유치원(사립학교법상 매도하거나 담보제공이 금지된 재산)은 거래 자체가 금지된 행위임을 모르고, 매도자와 매수자의 요청으로 계약서 작성과 중개업무를 한 사건이 있다. 사립학교법상 폐업한 이후가 아니면 매매를 할 수 없음(폐교하고 설립인가-절차상 시간 소유)이 교육청 감사로 적발되었다. 위반행위의 동기· 결과 및 횟수 제반 사정에 비춰 업무 정지 6개월에서 3개월로 감경처분되었다. <국민권익위원회 행정심판 제2012-310호, 2012. 10. 16. 인용>

그 외에 부동산의 분양·임대 등과 관련 있는 증서는 부동산을 우선으로 공급받을 수 있는 지위로 입주자저축증서(청약예금, 청약저축통장, 주택상환사채), 무허가 건물 확인서, 이주대책 대상자, 건물철거 예정증명서 등이 있다. 실수요자에게 우선적 지위를 부여하는데 웃돈을 얹어 거래하는 경우가 있다. 중개사에게는 금지행위이고, 일반인이 직접거래하는 경우는 관련 법에 따른 처벌이 있다.
중개의뢰인과 직접거래하거나 거래 당사자 쌍방을 대리하는 행위도 금지행위다. 자세한 것은 다음 장에서 설명한다.

그리고 탈세 등 법령을 위반할 목적으로 소유권보전등기 또는 이전등기를 하지 아니한 부동산이나 관계 법령의 규정에 의하면, 전매 등 권리의 변동이 제한된 부동산의 매매를 중개하는 등 부동산 투기를 조장하는 행위도 금지다. 아파트 당첨권(분양권)은 우선적인 지위를 부여하는 증서가 아니고, 장래 건축 예정인 건물로 부동산 관련 증서에 해당하지 않는다. 다만 일정 기간 분양권이 매매·전매 등이 허용되지 않는 경우는 금지행위에 해당한다. 전매 등 권리의 변동이 제한된 부동산의 매매로 부동산 투기를 조장하는 행위로 본다. 또 관리처분계획의 인가로 종전의 주택이 입주권으로 선정된 권리인 입주권도 중개대상물에 해당한다. 미등기전매는 전매차익이 없을지라도 탈세를 목적으로 이전등기를 하지 아니한 매매로 부동산 투기를 조장하는 행위에 해당한다. 부동산 개인영업소 허가를 취소 처분한 사례가 있다. <판례 90누4464판결>

부당한 이득을 얻거나 제3자에게 부당한 이익을 얻게 할 목적으로 거짓으로 거래가 완료된 것처럼 꾸미는 등 중개대상물의 시세에 부당한 영향을 주거나 줄 우려가 있는 행위 역시 금지된다. 집값을 담합하는 일, 부동산 거래가격을 허위신고하는 일, 임시중개시설물을 설치해서 떴다방 영업을 하는 일은 금지행위다. 부동산 거래가격을 업이나 다운해서 신고하는 것을 금한다. 시세차익을 노리고 시세에 개입하는 세력이 자본 시장과 부동산 시장에 존재한다. 부동산에서는 실거래가 띄우기로 고가의 허위거래를 신고한 뒤 계약을 해제하는 사례다. 잔금일 30일 내 실거래가 신고를 해야 하지만, 실제 잔금은 이루어지지 않는 경우가 다수다. 특정인이 반복해 거래하고 해제한 자전거래 사례만 수백 건에 이른다. 거래 후 해제하지 않는 경우 3,000만 원 이하, 취득세 5배 이하의 과태료가 있다. 공인중개사가 자녀 이름으로 신고가 매수하고 제3자에게 매도 후 신고를 해제했다. 중개보조원이 본인 명의로 매수 신고하고 다시 제3자에게 매도 후 신고를 해제한 사례가 있다. 분양대행사는 사내이사와 대표이사가 신고하고 제3자에게 고가로 매도 후 종전거래를 신고했다. 이들은 계약서만 작성했기 때문에 계약금을 수수한 자료를 증빙하지 못했다. (출처 : 2021. 7. 22. 〈노컷뉴스〉)

1. 단체를 구성해 특정 중개대상물에 대해 중개를 제한하거나 단체구성원 이외의 자와 공동중개를 제한하는 행위도 금지다.
2. 부동산 중개사무소 친목회원이 아닌 부동산 중개사무소와는 거래하지 않는다는 안내는 안 된다.
3. 온라인 커뮤니티를 이용해 특정 개업공인중개사 등에 대한 중개의뢰를 제한하거나 비싸게 팔아주는 부동산 중개사무소를 추천하며 시세보다 높게 표시·광고하게 만들고 특정 가격 이하로 중개를 의뢰하지 않도록 유도하면 안 된다.
4. 정상매물을 광고한 중개사를 허위매물로 신고해 괴롭히는 행위를하면 안 된다.

이처럼 공인중개사를 좌지우지하는 단체들이 있고 담합행위로 집값을 왜곡해 시장을 교란하는 일들이 발견되고 있다. 한국감정원에 부동산 거래질서 교란 행위 신고센터가 있고 온라인으로 신고 접수가 가능하다.

32
공인중개사 금지행위 중
직접거래가 걱정된다면

'개업공인중개사가 부모님의 주택을 거래하면 직접거래일까?'

'고객의 아파트를 개업공인중개사의 부인 명의로 취득하려면 다른 부동산 중개사무소에서 계약서를 작성해야 하나?'

중개사는 이런 것이 궁금할 것이다.

직접거래는 제3의 중개인 없이 개업공인중개사가 계약 당사자로부터 직접 매입하거나 임차를 계약하는 것이다. 개업공인중개사가 거래상 알게 된 정보를 자신의 이익을 꾀하는 데 이용해 중개의뢰인의 이익을 해하는 경우를 방지하기 위한 법이다. 예를 들어, 정보에 어두워 시세보다 지나치게 낮게 매물을 내놓았을 때 최근의 시세를 설명하지 않고 직접 매입하는 경우 매도인에게 손해를 입힐 가능성이 있다. 쌍방대리는 동일인이 동일한 법률행위에 의거해 계약 당사자 쌍방을 대리해서 계약을 체결하는 것이다. 지방에 거주하는 의뢰인이 위임장을 주고 대리로 매도를 의뢰했다고 보자. 마침 가까운 지인이 비슷한 매물을 찾았고 사정상 대리로 계약서 작성을 의뢰하는 경우다. 중개사가 쌍방을 모두 대리해서 작성하는 계약에서 중개사가 한쪽만 유리하게 편향된 계약을 할 수 있다고 본다. 계약 당사자 중에 일방이 중개사의 개인적인

이익 추구에 피해자가 되는 것을 방지하는 법이다. 직접거래는 부동산 소유권 매매뿐만 아니라 임대 등 모든 권리의 거래가 포함된다. 또 중개의뢰인과 1회 거래를 했다고 하더라도 금지행위를 구성한다.

직접거래와 쌍방대리의 범위는 다음과 같다.
1. 개업공인중개사의 직계가족이다.
   (1) 같은 세대의 부인, 미혼 자녀는 포함이다.
   (2) 세대를 분리한 부모, 형제, 자녀는 제외한다.
2. 업무적으로 연관이 있는 자다.
   (1) 공인중개사와 소속공인중개사
   (2) 중개보조원

개업공인중개사가 부동산을 구입하거나 매각할 때, 다른 개업공인중개사의 중개를 통해 거래한 경우에는 직접거래가 아니다(대판1991. 3. 27., 90도2858). 개업공인중개사가 자신의 소유가 아닌 배우자나 친척 소유 부동산의 매각을 중개한 경우 직접거래에 해당하지 않는다. 중개의뢰인의 직접의뢰가 아닌 생활 정보지, 일간신문 등에 게재된 공개매각 정보를 우연히 알고, 1회 매입하는 것도 직접거래로 볼 수 없다.

직접거래의 판례는 다음과 같다.
개업공인중개사가 전세로 중개의뢰받은 주택을 남편 명의로 계약한 경우다.

〈대법원판례 2021. 8. 12. 2021도6910〉
전세계약서상의 명의자는 남편이지만 개업공인중개사와 부부 관계로서 경제적 공동체 관계이고, 개업공인중개사가 해당 아파트에 실제로 거주했으며, 의뢰인에게 자신이 중개하는 임차인이 남편이라는 사실을 알리지 않았을 뿐만 아니라, 자신이 직접 시세보다 저렴한 금액으로 임차하는 이익을 얻었기에 직접거래 금지규정의 취지에 정면으로 위배된다. 이에 대법원은 개업공인중개사에게 벌금 250만 원을 선고한 원심을 확정한다.

〈대법원판례 2005. 10. 14. 2005도4494〉
개업공인중개사가 토지 소유자 사이에 개업공인중개사 자신의 비용으로 토지를 택지로 조성하여 분할한 다음 토지 중 일부를 개업공인중개사가 임의로 정한 매매 대금으로 매도하되 토지의 소유자에게는 그 매매대금의 액수에 관계없이 확정적인 금원을 지급하고 그로 인한 손익은 개업공인중개사에게 귀속시키기로 하는 약정을 한 경우, 이는 단순한 중개의뢰 약정이 아니라 위임 및 도급의 복합적인 성격을 가지는 약정으로 개업공인중개사가 토지 소유자로부터 토지에 관한 중개의뢰를 받았다고 할 수 없으며, 토지에 대한 권리의 득실 ·변경에 관한 행위의 직접 상대방이 되었다고 보기도 어렵다.

중개의뢰인과 직접거래를 하거나 거래당사자 쌍방을 대리하는 행위를 금하고 있어서 공인중개사법은 제33조(금지행위)에 해당하는 규정을 살피면 다음과 같다.

공인중개사법 제36조(자격의 정지) ① 시·도지사는 공인중개사가 소속공인중개사로서 업무를 수행하는 기간 중에 어느 하나에 해당하는 경우에는 6개월의 범위 안에서 기간을 정하여 그 자격을 정지할 수 있다.
제38조(등록의 취소) ① 등록관청은 개업공인중개사가 다음 각 호[1]의 어느 하나에 해당하는 경우에는 중개사무소의 개설등록을 취소하여야 한다.
제48조(벌칙규정) 다음 각 호[2]의 어느 하나에 해당하는 자는 3년 이하의 징역 또는 3천만 원 이하의 벌금에 처한다.

정리하면, 부동산 정보의 비대칭성으로 의뢰인보다 많은 정보를 가지고 있는 공인중개사로부터 의뢰인은 보호받아야 한다. 중개의뢰인과 직접거래나 거래당사자 쌍방을 대리하는 행위를 허용하면 거래상 알게 된 정보를 이용한다. 투기나 자기의 이익만을 꾀해 의뢰인의 이익을 해할 우려가 있으므로 이를 방지한다. 의뢰인을 보호하고 부동산 거래질서를 확립하기 위한 제도다.

---

1) 공인중개사법 제38조 등록의 취소 1~8항
2) 공인중개사법 제48조 벌칙 1~4항

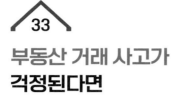

33

부동산 거래 사고가
걱정된다면

    다가구주택 경매 사고가 공인중개사의 유형별 사고 순위 중에서 유난히 높다. 최근 몇 년간 전세 사고가 오피스텔과 다세대주택에서 많이 발생했다. 다가구주택의 거래량은 월세가 많지만 사고는 전세에서 발생한다. 다가구주택의 전세계약 시 특히 주의해야 한다. 또 확인설명을 미흡하게 할 때 발생하는 사고가 많다. 확인·설명서를 잘못 기재하거나 제대로 설명하지 않고 계약을 진행하게 되면 문제가 생긴다. 기타 사고는 등기사항증명서 미확인, 사용물건에 부합하지 않는 부동산 중개, 하자 있는 물건 중개, 불법건축물 확인설명 미흡, 공부와 현황의 불일치, 토지와 건물의 소유주가 상이한 물건이 포함되었다. 진정성 미확인 사고에는 소유자 미확인과 대리권 미확인이 포함되어 있다.

(단위 : 건, 원)

공제사고 유형별 분류	건수	청구 금액	지급 금액	지급률	공제금 대비 지급률
개업공인중개사 고의 사고	23	1,350,280,269	1,044,507,274	77.4%	9.4%
중개보조원 고의 사고	7	368,424,064	216,085,736	58.7%	1.9%
다가구주택 경매 사고	130	8,771,752,994	4,562,942,962	52.0%	41.0%
확인·설명서 미흡 사고	49	3,706,017,571	2,357,211,627	63.6%	21.2%
진정성 미확인 사고	14	1,185,609,949	1,091,395,276	92.1%	9.8%
신탁 부동산 사고	41	4,874,942,638	1,865,838,368	38.3%	16.7%
합계	264	20,257,027,485	11,137,981,243	55.0%	100%

(출처 : 한국공인중개사협회)

개업공인중개사 고의 사고

임차인은 전세계약 체결 권한을 위임받았다는 개업공인중개사와 임대차계약을 체결하고 임대차보증금을 개업공인중개사에게 지급했다. 해당 개업공인중개사는 임대인으로부터 월세계약 체결 권한만을 위임받았으나 임차인을 기망해 전세계약을 체결했다. 임차인으로부터 임대차보증금 차액을 편취한 사건이다. 재판부는 공인중개사가 임대인으로부터 위임받은 권한을 남용한 것으로 판단했다. 임차인의 임대차보증금을 편취한 사실을 인정해 개업공인중개사 책임을 인정했다. 중개사고 발생 시 협회에서 공제금을 대위변제하는 경우, 전액 구상권을 행사한다. 구상권변제 의무 불이행 시 신용정보회사에서 채권 추심을 한다. 고의 사기횡령 사고자는 공제가입을 제한한다.

중개보조원 고의 사고

임차인은 임대인으로부터 전세계약 체결 권한을 위임받았다는 중개보조원과 임대차계약을 체결하고 중개보조원이 관리하는 통장으로 임대차보증금을 지급했다. 중개보조원은 전세계약 체결 권한을 위임받은 적이 없으면서 임차인을 기망해 임차인의 보증금을 편취했다. 재판부는 중개보조원의 업무상 행위는 고용한 개업공인중개사의 행위로 간주한다. 개업공인중개사는 '공인중개사법'에 따른 불법 행위자로서 책임을 인정했다.

중개사는 다음과 같은 것에 주의해야 한다. 먼저, 인장을 잘 관리해야 한다. 그리고 거래대금은 당사자 확인 후 소유자 계좌로 입금한다. 거래계약서 및 중개대상물 확인·설명서는 대표자가 직접 작성하고 교부한다. 중개보조원에게 공인중개사 자격증 대여를 금지한다. 제한된 중개보조원 인원을 지킨다.

다가구주택 경매 사고

다가구주택의 일부를 임차한 임차인이 있다. 다가구주택은 다액의 근저당권 설정 및 다수 임차인의 보증금 반환채무가 있다. 근저당권자의 경매 신청으로 임차인은 무배당 손실을 당했다. 다가구주택에서 이런 계약이 다수이고, 개업공인중개사는 임차목적물에 대한 선순위임차인 및 최우선 변제권에 대해 설명하지 않는 경우다. 재판부는 공인중개사가 임차인에게 설명했더라면 임차인이 계약하지 않았을 것으로 판단하고, 공인중개사에게 책임을 인정했다. 다음은 중개사의 유의사항이다.

1. 임대인이 다가구주택 확정일자 부여현황(보증금과 차임, 임대차 기간)이 적힌 서류를 제출하게 한다.

2. 임대인이 자료 제출을 거부하는 경우 그 내용을 확인·설명서에 기재한다.

3. 임차인은 임대인의 동의서, 신분증 사본을 교부받아 확정일자 부여 기관에 해당 주택의 임대차계약자료를 확인한다.

4. 임차인에게 관할 주민센터에서 전입세대 열람표를 열람할 수 있음을 고지하고 이를 확인·설명서에 기재한다.

5. 임대인이 선순위임대차에 대한 내용을 구두로 설명했다면 설명 내용을 기재한다.

6. 임대인이 자료 제출을 거부하면, 향후 경매 절차 진행 시 보증금 회수 위험성의 내용을 기재한다.

〈대법원 2022. 6. 30. 선고 2022다212594판결〉
공인중개사는 자기가 조사·확인하여 설명할 의무가 없는 사항이라도 중개의뢰인이 계약을 맺을지를 결정하는 데 중요한 것이라면 그에 관해 그릇된 정보를 제공해서는 안 되고, 그 정보가 진실인 것처럼 그대로 전달하여 중개의뢰인이 이를 믿고 계약을 체결하도록 했다면 선량한 관리자의 주의로 신의를 지켜 성실하게 중개해야 할 의무를 위반한 것이 된다.

확인·설명서 미흡 사고

개업공인중개사가 임차인에게 등기부상 가처분 등기를 설명하지 않았고 후에 경매가 개시되어 임차인에게 손해가 발생했다. 재판부는 개업공인중개사와 중개의뢰인의 법률관계는 민법상 위임관계로 선량한 관리자로서의 주의의무가 있다고 판단한다. 개업공인중개사는 중개대상물의 권리관계에 관한 사항(소유권 변동, 대리권 유무, 제한물권 설정 여부, 공법상 제한 및 거래상 규제 등)을 직접 확인하고, 이를 설명해야 할 의무가 있다. 이것을 소홀히 한 개업공인중개사의 주의의무 위반의 책임을 인정했다.

진정성 미확인 사고

공인중개사는 임대차계약 체결의 적법한 권한을 가진 진정한 대리인인지 검토하지 않은 채 대리인을 사칭하는 자와 임대차계약을 체결시켰다. 임차인은 임대인으로부터 건물 명도 소송을 제기당해 보증금을 반환받지 못했다. 재판부는 공인중개사가 적법한 대리권 진정성 여부를 조사·확인할 의무를 소홀히 한 것을 지적했다. 중개사는 대리인이 기작성된 위임장만 제시해 새로운 위임장이나 인감증명서를 소지하지 않은 것에 대해 의심할 만한 정황이 있었다. 이를 해태한 개업공인중개사의 책임을 인정했다.

공인중개사의 유의사항은 중개의뢰인의 입회하에 위임인과 통화해 위임장의 진정성 여부를 확인한다. 확인 사항을 거래계약서 및 중개대상물 확인·설명서에 기재한다.

신탁 부동산 사고

임대차계약한 목적물에 신탁계약이 체결되어 있는데 신탁회사의 사전 동의 없이 임대차계약을 체결했다는 이유로 명도 소송을 제기당해 임대차보증금을 회수하지 못하게 된 사건이다. 재판부는 공인중개사가 신탁원부를 제시하지 않은 사안, 신탁회사의 승낙 없이 임대차계약을 체결한 사안을 지적했다. 신탁회사에 대해 임대차계약의 효력이 미치지 않는다는 사정과 설명이 미흡하다고 봐서 개업공인중개사의 책임을 인정했다. 개업공인중개사의 유의사항은 등기사항증명서를 통해 신탁번호를 확인하고 등기소에서 신탁원부를 발급받는다. 신탁원부에 기재된 방식으로 계약이 체결되었는지 확인하고, 임대차보증금은 수탁자가 지정한 계좌로 입금되어야 한다. 이런 사실을 중개대상물 확인·설명서에 기재한다.

CHAPTER
02

현장실무,
알고
시작하기

신탁된 부동산 계약서 작성은
이렇게 한다

신탁등기된 부동산은 언제, 어디서 볼 수 있으며, 어떤 일이 발생하는 것일까? 중개업을 하는 동안 신탁등기된 부동산이 개발사업을 제외하고는 흔하지 않았는데, 최근 몇 년 동안 부쩍 증가했고, 사고도 다수 발견되고 있다.

신축해서 분양하는 부동산은 모두 신탁되어 있다고 볼 수 있다. 부동산 개발사업의 신탁은 소유권이전을 하면서 클리어하는 것이 일반적이다. 개발사업의 경우, 수분양자가 분양계약서를 쓰기 전부터 잔금일까지 신탁되었다가 소유권이전일에 해당 호실별로 정리된다. 이런 경로로 인해 수분양자의 계약금이 안전하게 지켜진다. 그런데 지금은 신탁을 대출의 수단으로 흔하게 사용했다. 일반대출보다 많은 금액을 대출받을 수 있기 때문이다. 공인중개사들은 그런 이유로 임대인의 부동산에 신탁되어 있는 것을 종종 발견할 수 있게 되었다. 신탁등기된 부동산 임대차계약 시 신탁 관계 설정 사실을 임차인에게 알려야 한다. 중개사가 신탁등기의 법적인 의미와 효과를 의뢰인에게 충분히 확인하고 설명하지 않으면 법적 책임이 발생할 수 있다.

1. 신탁등기된 부동산의 경우 신탁원부 발급은 필수사항이다. 등기사

항증명서를 통해 신탁원부 번호를 확인 후 관할 등기소에서 신탁원부를 발급받는다. 신탁원부의 내용에서 임차인보다 우선순위에 있는 선순위 채권 금액을 확인한다.

2. 신탁원부에서 임대차 관련 조항을 확인 후, 수탁자 및 우선 수익자의 사전 동의가 필요하다고 기재된 경우 임대차계약 작성 전에 임대차동의서를 받아야 하고, 신탁원부상의 금지행위를 확인한다.

3. 임대차동의서에 기재된 내용 중에 '수탁자(신탁회사)는 임차보증금 반환에 대한 책임이 없다'라는 항목이 있을 시 임차인에게 설명한다.

4. 신탁등기된 부동산의 임대차계약 체결 전에 수탁자(신탁회사)에 문의해 승낙 여부를 확인해야 한다. 임대차계약은 수탁자(신탁회사)와 체결함이 원칙이다(단, 수탁자의 동의서를 받은 경우 위탁자(소유주)와 임대차계약을 할 수 있다).

5. 임차보증금은 반드시 수탁자(신탁회사) 명의로 입금해야 하고 임대차 동의서에 위탁자(건물주)가 임차보증금·차임을 지급받는다는 내용이 있을 시 위탁자 명의로 입금한다.

6. 수탁자(신탁회사) 동의 없이 체결된 임대차계약은 우선변제권·대항력·최우선변제권 행사가 불가함을 임차인에게 반드시 설명해야 한다. '임차보증금을 지급받지 못했음을 이유로 대항할 수 없다'라는 내용을 설명과 함께 특약에 기재한다. 임대차계약서의 중개대상물 확인·설명서의 실제 권리관계 또는 공시되지 않은 물권의 권리사항에도 기재를 한다.

7. 수탁자(신탁회사)가 동의한 임대차계약임에도 불구하고 소액임차인으로서 최우선 변제권행사는 불가함을 임차인에게 설명해야 한다. 신탁등기된 부동산의 임대차계약 갱신 시 반드시 수탁자(신탁회사)의 동의 및 협의가 필요하다.

8. 임대차계약서 특약에 '임차인은 신탁등기 및 신탁원부를 확인했

음' 등의 문구와 함께 채권 금액을 작성하고, 수탁자(신탁회사)의 임대차 동의서 사본을 첨부한다.

신탁의 목적이 무엇이든 신탁된 부동산은 수탁자의 소유이고, 이해 관계인은 우선수익자가 있는 것이다. 다음 사례는 건축자인 위탁자의 말만 믿은 경우 발생한 문제다.

사례

건설회사는 오피스텔에 5,600만 원의 임대차계약을 체결(2010년 9월 20일)하고 묵시적 갱신 상태에 있었다. 건설회사는 농협을 1순위 우선수익자로, 수탁자를 한국 토지신탁으로 신탁계약을 체결하고 소유권이전등기를 했었던 상태다(2007년 6월). 신탁계약에는 '한국토지신탁의 사전승낙이 없는 경우에는 신탁 부동산에 대해 임대차 등 권리의 설정 또는 현상을 변경하는 방법으로 가치를 저감하는 행위를 해서는 안 된다. 건설회사가 임의로 체결한 임대차계약은 이로써 한국토지신탁에 그 효력을 주장하지 못한다'라는 취지의 기재가 있었다. 한국토지신탁은 오피스텔에 대한 공매 절차(2015년 5월 1일)를 진행했고, 원고는 사전승낙이 없었다는 이유로 보증금을 반환받지 못했다. 개업공인중개사에게 손해배상을 청구했다.

중개에 의한 일반 법리
등기사항증명서를 열람했을 때 신탁사항을 체크했다면 신탁원부를 발급받고 임대인 회사에 요청해 신탁의 내용대로 동의를 요청한다. 사전승낙이 없는 경우 임대차계약의 효력을 주장할 수 없다는 점을 임차인에게 설명한다. 그와 같은 설명에 관해 중개대상물에 대한 확인·설명서를 교부할 의무가 있다.

법원에 대한 판단〈대전지방법원 2016가단202357 손해배상(기)판결〉
(1) 이 사건을 중개할 무렵 중개사는 위의 설명을 했거나 확인·설명서를 교부했음을 인정할 증거가 없다.
(2) 사건 무렵 중개사는 신탁의 법률관계를 제대로 이해하지 못하고 있고 신탁계약의 내용도 모르고 있었던 사실을 인정할 수 있다.

---

(3) 임대차계약서에 신탁등기 건물이라는 기재가 있고 신탁등기된 등기사항증명서만 보여준 것만으로 설명의무를 다했다고 할 수 없다.

(4) 계약갱신이 있었다고 하더라도 최초과실이 없었다면 갱신되지 않았을 것이고 갱신되었다는 사정만으로 손해와 인과관계가 없다는 주장은 인정될 수 없다.

유사사례

울산지방법원 2020가단103800 손해배상(기)판결; 80%배상,

대법원 2023다224327 보증금반환판결; 임대차보증금의 60%

결론적으로 신탁원부는 부동산 등기법 제124조 제2항에 따라 등기부등본의 일부다. 신탁원부를 제시하지 않은 것은 등기부를 제시하지 않은 것과 같다(수원지방법원 2009가단18812 판결).

수탁자인 신탁회사의 동의가 없는 한 소액임차인으로 인정될 수 없다. 중개사는 임대인으로 신탁회사를 기재하고 그 신탁회사에 직접 가거나 신탁회사를 입회시켜 신탁회사의 인장을 날인받아야 한다. 신탁 관계 말소 특약 임대차계약으로 말소되지 않으면 임차인으로 보호받을 수 없다는 사실 자체를 설명해야 한다.

02
다가구주택 임대인의
자료 제출은 어렵다

　부동산 유형 중에서 사고가 가장 많은 다가구주택은 위반건축의 문제, 보증금 반환에 대한 문제, 시세의 불투명한 문제를 항상 가지고 있다. 임대인이 성실하게 자료를 제출해도 부담, 안 해도 부담이다. 한국공인중개사협회가 공인중개사의 안전한 거래를 위해 제시한 다가구주택 중개 시 유의사항을 소개한다.

　임대인이 자료 제출을 동의한 경우와 거부한 경우로 나뉜다.

임대인이 자료 제출을 동의한 경우

　계약 체결 전 임대인에게 선순위임차인들의 임대보증금과 임대차 기간(시기와 종기) 등에 관한 설명을 구한다. 임대차계약서, 전입세대 열람내역서를 요청해 임차인에게 자료를 제시한다. 임차인에게 자료를 확인시키고 중개대상물 확인·설명서에 필히 기재한다.

　1. 임대인에게 요청하는 자료는 해당 다가구주택의 소유권과 저당권에 관한 사항이다. 선순위임차인들의 보증금 액수, 임차인들의 전입신고일자 및 확정일자 등의 정보제공을 요청한다.

　2. 임대인이 자료 제출한 것을 보고 그 자료가 신고된 내용과 일치하는지를 필히 확인하고, 중개대상물 확인·설명서에 구체적으로 기재한다.

3. 임대인이 제출한 자료와 정보제공요청으로 확보된 해당 자료 이외의 사항은 중개대상물 확인·설명서상 기재를 금한다. 실제 현황과 제출한 자료가 의심스러운 경우 '자료 제출 거부사항' 란의 위험성 부분을 기재하고 이를 임차인에게 설명했음을 임차인의 자필서명으로 확인한다.

임대인이 자료 제출을 거부한 경우

계약 체결 전 임대인이 자료요구(임대차계약서, 전입세대 열람내역서) 등에 거부하는 경우 확인·설명서에 반드시 기재한다.

1. 자료요구 거부 및 불응이 어떤 의미인지 충분히 설명해야 한다. 자료를 확인할 수 없음으로써 발생할 수 있는 임대차보증금 회수 관련 위험성 등을 설명하고 기재한다. 단순히 '자료 제출거부 및 불응'이라고 기재한 것으로는 공인중개사 책임을 면하기 어렵다.

2. 임대인이 자료 제출을 거부해 자료를 확인할 수 없으므로 해당 건물에 경매가 개시될 시 임차인은 임대차보증금을 반환받기 어려울 위험성이 있다는 것을 구체적으로 설명한다. 임차인은 그 설명을 듣고 본 계약을 체결한다는 취지의 문구를 기재해 임차인의 자필서명으로 확인한다.

3. 임대인이 공인중개사에게 요청받은 자료를 제출함 없이 금액만을 고지할 경우, 공인중개사는 이를 부정확한 금액이 고지된 것으로 판단해야 한다. 공인중개사는 그 부정확한 정보를 중개대상물 확인·설명서상 기재 금지(그릇된 정보 전달은 책임소재가 발생하므로 자료요구에 대한 거부 사실만 기재)한다.

4. 임대인이 자료요구에 거부하는 경우 임차인 스스로 임대차보증금의 확보 여부를 파악할 수 있도록 한다. 주택임대차보호법 제3조의6 제3항 및 같은 법 시행령 제6조 제2항에 따라 확인했음을 기재하고 임차

인의 자필서명으로 확인한다. 임차인은 확정일자 부여일 등 정보제공을 요청하고 주민등록 법령상의 전입세대 열람 신청을 한다.

5. 각 호실별로 장래 우선순위 소액임차인의 발생 가능성까지 충분히 설명하고 그에 대한 기재를 한다.

임대인의 자료 제출 여부와 상관없이 반드시 설명할 사항

공인중개사법 제25조의 3에 의거 ① 주택임대차보호법 제3조의 6 제4항에 따라 확정일자 부여기관에 정보제공을 요청할 수 있다. ② 국세징수법 제109조 제1항·제2항 및 지방징수법 제6조의 제1항·제3항에 따라 임대인이 납부하지 아니한 국세 및 지방세의 열람을 신청할 수 있다. 임대인이 자료제시를 불응하는 경우 불응 사실을 기재하는 것에 그쳐서는 안 된다는 법 해석으로 공인중개사의 의무를 확대하고 있다.

사례

다가구주택 건물 301호를 보증금 1억 6,000만 원으로 임대차계약했다. '해당 건물은 총 7가구로, 301호를 제외한 보증금은 2억 3,000만 원이 있음. 임대인은 임대차계약서 제출을 불응(101호 1,600만 원, 102호 1,000만 원, 201호 2,000만 원, 202호 5,500만 원, 203호 3,000만 원, 302호 1억 원)'이라고 적었다. 해당 물건의 경매 신청으로 보증금은 5억 2,300만 원으로 확인되었으며, 대부분 불일치하고 원고는 전액 배당을 받지 못했다.

법원의 판단 1심(대구지방법원 2020가단136334판결)
중개사의 자료요구에 불응한 사실을 기재하고 임차인에게도 사실과 확인설명하고 원고의 서명 날인을 받았다. 또, 특약에 선순위권리로 보증금을 반환받지 못할 수 도 있다고 기재한 사실로 볼 때 중개사 과실로 보기 어렵다.
법원의 판단 2심(대구지방법원 2021나311867판결)
임대인이 자료요구에 거절하는 상황에서 '자료 제출을 불응한다'라는 취지를 기재

하는 것에 그칠 것이 아니다. 자료요구 불응이 어떤 의미인지, 즉 임대차보증금 회수 관련 위험성을 충분히 설명해야 한다. 확정일자 부여일 등 정보제공 요청, 전입세대 열람 신청과 같은 방법을 통해 확인하도록 조언해야 한다.

관련 법에 정한 중개인의 설명 및 자료제공의 의무를 대처할 수 있는 조치가 필요했다. 그렇다면 선순위보증금이 상당히 많은 사실을 알게 되었을 것이고, 위험한 계약을 하지 않았을 것이다.

'임차보증금의 전부 또는 일부를 반환받지 못할 수도 있음을 확인한다'라는 취지의 기재는 공인중개사로서의 역할을 포기한 것과 다름없다. 중개사는 과감하게 계약을 포기하고 무리수를 두지 말자. 임차인에게는 약간 시설이 떨어지더라도 안전한 물건을 계약하게 하고 임대인은 변화를 인식해야 한다.

결론적으로 다가구주택의 중개는 '불응' 사실을 기재하거나 '보증금을 반환받을 수 없음'을 기재하는 것만으로 책임을 회피할 수 없다. 이러니 다가구주택의 고보증금 계약은 중개사로서는 지뢰밭이라 할 수밖에 없다.

개인과 법인 거래의
차이점

　중개사는 부동산 거래에서 계약서를 작성할 때 개인의 정보는 필수적으로 기재하게 된다. 이름, 주민등록번호와 주소, 통장 계좌번호는 매우 중요한 정보로 취급된다. 계약서를 작성할 때 정보 입력은 다음과 같이 한다.

　첫째, 계약서를 작성할 때 소재지는 도로명이 아닌 법정 주소를 기재한다.

　계약서는 도로명 주소와 법정 주소가 함께 사용되고 있다. 그중 소재지는 등기사항증명서에 기재된 주소와 동일하게 작성하는 것을 기본으로 생각해야 한다. 등기사항증명서 소재지는 법정 주소로 되어 있다. 아파트의 동호수를 기재할 때 제 몇 동, 층을 기재할 때 제 지하층 이런 것까지도 지켜야 한다. 법정 주소는 매매계약 후 실거래가 신고할 때와 임대계약 후 전입신고나 확정일자를 위해 임대신고할 때 사용된다. 법정 주소는 인터넷 주소 찾기에서 정확하게 확인 후 작성하고, 등기사항증명서와 일치하는지 확인해야 한다. 계약 서류 발급을 위해 인터넷등기소 사이트에서 주소를 검색창에 클릭할 때는 도로명 주소나 법정 주소나 상관없다. 정부24 사이트에서 건축물대장을 발급할 때도 2가지 주소를 사용할 수 있다. 부동산 소재지의 주소 입력을 위한 주소의 체계가 다른 것은 여간 번거로운 것이 아니다. 고객은 도로명 주소만 알고 있거나 법정 주소만 알고 있는 경우가 많다.

둘째, 계약서 작성의 당사자 란은 도로명으로 입력한다.

전입신고 되어 있는 정확한 주소를 알려달라고 하면 고객들은 도로명 주소를 잘 모르고 법정 주소와 섞어서 말한다. 이때에도 정확한 주소를 입력하기 위해 인터넷으로 주소 확인을 한다. 특히 매매계약서를 작성할 때는 소유권이전에 필요한 서류이므로 미리 주민등록등본을 가져오게 한다. 계약서는 중개사와 의뢰인에게만 해당하는 서류지만, 사실 여러 곳에서 사용된다. 주민센터에 제출할 때 가장 중요하고 금융기관이나 사업자등록증을 위한 필수 서류이기도 하다. 하다못해 건물 입주를 위한 관리사무소에 제출하기도 한다. 계약서가 이런 중요한 역할을 하는데 쉽게 생각하고 작성해 주소가 잘못 기재되면 수정하거나 재작성해야 하므로 처음부터 정확하게 한다.

법인의 경우는 주민등록등본과 동일한 역할을 하는 것이 법인등기부등본이다. 법인이 소재하고 있는 주소를 정확하게 기재한다. 이때 사업자등록증을 보고 기재하는 경우가 더러 있다. 사업자등록증은 법인등기부등본과 계약서를 보고 세무서 창구에서 작성한 것으로, 주소의 오류가 많다. 계약할 때 원본이 아닌 과거의 사업자등록증을 제출하는 고객이 있다. 사업장 주소나 대표가 바뀐 것이 반영이 안 된 경우가 있으니 유의해야 한다.

셋째, 개인은 주민등록번호, 법인은 법인등록번호를 기재한다.

개인 거래에서 외국인의 경우 외국인등록번호로 기재하고, 미성년자는 주민등록번호로 기재하지만, 법정 대리인이 계약해야 한다. 미성년자는 청소년증이나 주민등록등본에 주민등록번호는 있어도 주민등록증이 없다. 법인은 법인등록번호가 주민등록번호처럼 중요한 역할을 한다. 사업자등록번호와는 다른 것으로 사업자등록번호는 여분의 칸이 있을 때만 기재한다.

넷째, 이름은 고객에게 정자로 자필서명을 받는다.

우리가 은행에서 자필로 서명하고 사인하는 것과 마찬가지로 당사자란에 이름과 사인 또는 이름과 도장을 찍는다. 우리는 계약서 작성을 은행처럼 하면 실수가 없다. 서류제출이나 서명을 과할 정도로 정확하게 하는 것이 습관이 되면 좋다. 법인명은 ○○주식회사까지 정확하게 입력한다. 주식회사라고 하지 않으면 개인사업명이 되므로 유의한다.

다섯째, 개인은 서명을 해도 되고 인감도장이 아니어도 된다. 법인은 반드시 법인인감이나 사용인감을 사용한다.

계약서를 작성할 때 잘못 기재된 것이 발견되면 수정 후 잔금 때 만나서 도장을 받으면 되지만, 정확하게 일하지 못하는 느낌을 줄 수 있다. 되도록 계약서를 수정하는 일이 없도록 확실하게 해야 한다. 계약서가 잘못 기재된 것은 보통 실거래가 신고 때 발견이 되거나 실거래가 신고 후 등기를 접수할 때 발견된다. 주소가 잘못 기재된 경우가 많다. 매수자가 등기를 접수하기 위해서 매도자의 주민등록초본이 필요하다. 초본은 과거의 주소 이전 사항이 모두 입력되어 있는데, 현재 주소와 계약서의 주소가 일치해야 한다. 과거의 주소 사항으로는 부동산 매입 당시 주소를 파악할 수 있다. 그 주소가 등기사항증명서의 주소와 일치해야 한다. 이처럼 주소의 변동사항이 서류에 모두 반영되기 때문에 정확한 주소 입력이 필요하다.

법인의 경우, 구분 등기된 집합건물에 본점 주소가 하나만 있기도 하지만 여러 호실을 사용하기도 한다. 이 주소가 사업자등록증에 반영되기도 하고 주소 변경 신고를 안 하기도 해서 실제 사용, 사업자등록증, 법인등기사항증명서가 모두 다를 수 있다.

만일 등기소에 접수하다가 매수자 쪽 이상이 발견되면, 매도자의 매도용 인감증명서를 다시 준비해야 한다. 매도자라면 계약서와 실거래 신고서를 수정한다. 매수자 쪽 이상은 매도자가 매도용 인감을 발급받기 전에 발견되어야 불편함이 줄어든다.

계약서를 다시 작성하는 것도 양 당사자가 서명하고 도장 찍는 것을 번거로워할 텐데, 서류까지 재발급하라고 하면 짜증을 낼 것이 분명하다. 게다가 계약 후 잔금까지의 기간이 길어 가격 상승이나 가격 하락 시점이면 신경이 예민할 것이 분명하다.

법인등기사항증명서는 법인사무실의 이전주소들이 모두 기재되어 있고 법인대표 변경이나 등록된 이사들의 내용도 들어 있다. 특히 법인대표는 주택의 이전도 신고하게 되어 있어서 개인의 주민등록 초본과 같은 역할을 한다. 법인의 대표와 사업자등록증의 대표가 동일인인지, 공동 대표는 아닌지 면밀하게 살펴서 계약서에 기재한다. 사업자등록증을 맹신하면 번거로운 일을 만들 수 있다. 통장 사본이나 계좌번호도 돌아다니지 않도록 주의한다. 사용 후 항상 분쇄기로 처분해 대포통장으로 사용되지 않도록 한다. 개인의 신분증은 말할 것도 없이 보여주고 바로 회수한다. 제출용이 필요하다면 복사할 때 뒷번호는 가리고 흑백으로만 사용한다.

정리하면, 개인에게 중요하게 다루어지는 주민등록과 같은 개인정보가 법인은 법인등기사항증명서에 기재되어 있다. 잘 생각하면 어려운 일이 아니니 정확하게 숙지하면 실수가 없다.

가계약금은 왜 못 돌려주고
중개사와 다투나?

　중개업에서 가장 많은 사고가 가계약금과 관련되어 있다. 중개사가 사고로 처리하기 전에 스스로 정리해서 그렇지, 발생 빈도는 정말 높다. 학원에서 공부할 때 '가계약금도 계약금이다, 구두 계약도 계약이다'라고 배웠다. 노래 가사처럼 외워진 가계약은 계약금이라는 것을 알면서 왜 사고가 날까? 현장에서는 계약금을 입금하지 않고 왜 가계약금을 입금한다는 것일까?

　오래전 스마트폰으로 입출금이 되기 전, CD(cash dispenser)기나 ATM이 보급되기 전에도 중개업은 경쟁이 치열했었다. 고객이 부동산을 보러 다니다가 마음에 드는 것이 있으면 계약금 전액이 없어도 적은 금액이라도 예치하곤 했다. 휴대폰이 없던 시절에는 물건의 소유자가 연락이 안 되어 바로 계약을 못 하는 경우가 있었다. 소유자가 아닌 부인이나 가족이 계약금을 받아놓을 수도 있다. 다른 부동산 중개사무소에서 가계약금을 받아놓는 일도 있었다. 그러니 정식 계약을 하기 전에 진정한 소유자와 계약이 되었는지 꼭 확인이 필요했다. 부동산을 보러 온 고객이 집을 보고 마음에 들어하면 중개사는 그냥 돌려보내지 않고 가계약금을 걸으라고 했다. 계약하고 싶은 생각이 집에 돌아가면 옅어지고, 집을 함께 보지 않은 가족이 반대하는 일도 있다. 그렇게 되면 다른 동네, 다른 주택을 결정할 수도 있으므로 그전에 마음을 정하게 하는 것이다.

　가계약금은 소액으로 하되 중개사가 보관하는 경우가 많았다. 서류 발급도 원활하지 않던 시절이니 정식 계약을 하기 전에 임대인 쪽의 변경사항이 있는지 확인하기 위한 중간 역할을 했다. 부동산 소유자는 물건을 부동산 중개사무소에 내놓았지만, 연락이 바로바로 되지 않으므로 계좌를 못 받은 경우도 있었다. 고객이 다시 왔을 때 가계약금을 주고 간 물건이 계약되어버렸거나 계약을 원하지 않으면 돌려줄 수 있었다. 중개사가 보관하고 있기 때문이다. 반대로 고객이 집에 돌아가서 변심하게 되는 때에도 환불될 수도 있고 포기도 했다. 입출금하려면 은행에 가야 하는 번거로움이 있고, 가계약금도 비교적 적게 걸기 때문이다. 또 환불을 위해 다시 오게 되면 그동안 새로 나온 집을 보여주고 계약을 할 수 있으므로 고객을 잡아두기 위한 일환이었다.

　고객이 마음에서 확정했으면 가계약금을 걸어야 심리적으로 부담을 느끼고, 계약으로 연결되기에 중개사의 확실한 영업 수단이었다. 계약서 특약에 적기 나름인 마음이 변하면 24시간 안에 취소할 수 있게 하거나 해지에 대한 위약금을 안 받고 무효로 했다. 이런 것들은 인터넷과 스마트폰 혁명으로 옛이야기가 되었다. 인터넷뱅킹, 스마트폰, ATM 등이 나온 후 언제든지 입출금이 가능하고 소유주와도 바로 연결된다. 중개사가 받을 필요가 없이 바로 임대인이나 소유주에게 입금할 수 있다.

　그런데 문제는 소유주 자신이 잘못하기 전에는 돌려줄 돈은 받지 않는다는 것이다. 소유주는 가계약금을 받으면서 계약이라고 확실하게 말하고 믿는다. 들어올 사람이 정식 계약을 원하지 않아 돌려준다면 그동안의 기회비용을 상실하게 되기 때문이다. 그래서 소유주에게 입금되는 순간, 환불 불가능한 계약금의 성질을 갖게 된다.

　요즘은 소유주와 연락이 쉽게 가능하고 인터넷으로 대장부터 등기부까지 확인할 수 있으며 입출금이 자유롭게 환경이 바뀌었다. 카카오톡이나 문자로 서류와 사진 전송도 가능하다. 그래서 마음에 든 물건을 단순하게 찍어두는 용으로 가계약금을 입금할 때는 반드시 환불이 가능하다고 코멘트를 달 때만 한다. 지금은 가계약금이 계약금으로 완전히 바뀌게 된 것이다. 즉, 가계약금은 불일치가 문제의 핵심이다. 가계약금은 돌려주는 돈이라는 일반인의 인식은 아직 바뀌지 않았는데, 입금받는 자와 중개업 현장에서는 못 돌려주는 돈으로 바뀌었다는 것을 명심해야 한다.

고객과 중개사 모두가 정식 계약금으로 알고 있다면 문제가 일어나지 않는다. 그런데 고객은 변심하고 중개사가 정확하게 일하지 않았다고 이유를 댄다. 그래서 공인중개사는 이번 가계약금은 돌려준다고 상황에 따라 문자나 서류로 전하기 전에는 사라진 용어로 생각해야 한다. 계약금 또는 계약금의 일부라고 바꿔서 사용한다. 고객은 툭하면 가계약하겠다고 말한다. 우리는 "계약금의 일부입니다. 임대인 계좌로 바로 입금되고 환불은 안 됩니다. 계약서 작성할 때는 기입금 금액을 제한 나머지 금액을 입금하면 돼요"라고 말해야 한다.

가계약금에 대한 사고가 너무 잦아서 계약금의 일부 또는 전체 금액을 입금한 날을 계약일로 정하고 있다. 계약금을 계약서 작성 전에 입금했을 때, 입금일을 계약서 작성일로 기재한다. 오래전부터 중개업을 하던 사람들은 계약서 작성일까지 변경해야 한다는 사실이 너무 생소하다. 그래서 계약금 일부를 입금할 때 카카오톡이나 문자로 내용을 잘 정리해서 당사자들에게 전송한다. 소재지와 입주 날짜, 계약금이나 중도금 잔금에 대한 날짜, 약속한 계약 금액, 그리고 계약에 영향을 미칠 만한 조건은 미리 합의해서 문자로 기록한다. 계약에 비교적 합의가 간단한 것을 제외하고 정리한다.

아예 등기사항증명서를 문자와 함께 보내서 소유자 계좌인지를 확인하게 하면 더 확실하다. 그렇지 않으면 중개사는 의뢰인이 가계약금을 입금하고 계약서를 작성할 때까지 불안해한다. 사실 계약을 취소하고자 하는 사람은 모든 트집을 동원한다. 가계약은 가짜 계약이라고 강조한다. 계약한 부동산의 금액이 많이 상승하거나 하락할 때, 또는 작은 계약이라도 가족이 반대할 때가 있다. 계약을 무효로 해달라고 공인중개사를 쫓아다니며 괴롭힌다.

가계약금은 중개사가 경쟁이 치열하다 보니 미리 계약금을 안 받으면 계약의 기회를 놓치기 때문에 불안한 것이 원인이다. 또 하나는 계약하고자 하는 의뢰인이 물건을 놓칠까 봐 불안해서 입금하겠다고 하는 것이 원인이다. 변심은 자기들이 하면서 말이다. 그래서 불안해하지 말고 정확하게 말하자.

정리한다.

첫째, 계약금은 소유자가 받으니 중개사 마음대로 하지 못한다.

둘째, 입금 후 양측의 변심으로 해지 시에는 소유주는 입금액의 배액을 지불하고 입금자는 입금액을 포기하는 조건이다(입금 문자는 필수).

셋째, 선입금하지 말고 신의를 가지고 계약서를 작성하면서 입금을 하자(계약일을 가장 빨리 잡는다).

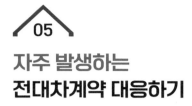

05
자주 발생하는
전대차계약 대응하기

    공인중개사 자격증을 공부할 때는 전대에 대해 민법에서 다뤘으나 실무에서 자주 사용된다는 것을 생각지도 못했다. 임대차는 소유자가 임대하는 것이고 전대차는 임차인이 제3자에게 다시 임차하는 것을 말한다. 공인중개사가 부동산 중개사무소를 개업할 때 전대차 동의서를 작성하는 사례가 종종 있다. 한 사람이 임차한 사무실에 다른 사람이 공인중개사 자격을 내걸고 사업을 하고자 하면 사무실을 공동으로 사용한다는 증빙 서류를 제출해야 한다. 이처럼 다른 업종도 자격증 게시자와 임차인이 다르다면 전대동의서가 필수다.

    식당은 운영자가 사정상 양도를 못 하고 전대하는 경우가 있다. 일반적인 계약은 시설과 권리 일체를 양도하고 임대인과 새로운 계약서를 작성해야 한다. 인수할 자금이 부족하거나 임시로 맡기는데 영업증이나 허가증을 교체해야만 하는 경우는 계약서가 필요하다. 공유오피스는 임차공간을 여러 사업자에게 재임대를 한다. 소유주가 직접 운영하는 것이 아니라면 임대인에게 전대를 동의 후 영업하는 사업 형태다. 오피스텔을 빌린 후 다시 임대할 수 있다. 단독주택에서 사업하는 에어비앤비 운영자도 전입신고하고 다시 공간을 대여한다.

    주택에서 셰어하우스처럼 임차한 공간을 다른 사람에게 일부를 대여하는 것도 전대다. 주택소유자인 임대인으로부터 전세계약을 맺은 후 다시 제3자인 셰어하우스 입주자들에게 월세를 맺는다. 이때 전세가 아닌 월세계약도 상관없다. 주택 소유자는 그대로 임대인, 임대인과 계약한 세입자는 전대인, 셰어하우스 입주자는 전차인이 된다.

건물 소유주가 한 사람에게만 임대하고 싶은 경우가 있다. 임차인이 나머지 공간은 알아서 임대를 놓아야 한다. 임대인은 한 사람에게만 임대료를 받고 세금계산서를 발행하기를 원한다. 여러 상인을 상대하는 것이 훨씬 피곤하다고 여기므로 임차인에게 부담이 따라온다. 임차인은 공간이 마음에 들어 계약을 하나 나머지 공간에 대한 비용이 부담스러울 것이다. 이때 전차인을 구하는데, 대부분 전차인은 임대인과 직접 계약하기를 원한다.

앞에서와 같은 여러 사례의 전대차 계약은 전대인이 허락했는지와 전대계약에 문제가 발생했는지가 관건이다.

임대차계약서 양식에는 임대인의 동의 없이 전대, 임차권 또는 담보 제공을 할 수 없다고 민법 제629조의 항목이 기재되어 있다. 이는 강행규정이 아니므로 당사자 간의 특약으로 다르게 규정할 수 있다(민법 제652조). 임대목적물의 전대를 미리 동의하고, '임차인은 별도의 임대인 동의 없이 전대할 수 있다'라고 임대차계약에 특약을 추가한다.

다른 점은 건물의 소부분은 무단전대 금지 등에 관한 민법규정이 적용되지 않아 임대인의 동의 없이도 전대할 수 있다. 제632조(임차건물의 소부분을 타인에게 사용케 하는 경우) 전 3조의 규정은 건물의 임차인이 그 건물의 소부분을 타인에게 사용하게 하는 경우에 적용하지 아니한다. 하지만 이 또한 '임대인의 동의 없이는 무단으로 전대할 수 없다'라고 특약으로 정할 수 있다.

그래서 다양한 형태의 전대가 있다. 가족이나 친구와 동거하거나 동업하는 경우, 무단전대를 이유로 계약을 해지할 수 없다는 판례가 있다.

〈판례92다45608 판결〉
임차인이 임대인으로부터 별도의 승낙을 얻는 바 없이 제3자에게 임차물을 사용·수익하도록 한 경우에 있어서도 임차인의 당해 행위가 임대인에 대한 배신적 행위라고 인정할 수 없는 특별한 사정이 있는 경우에는 위 법 조항에 의한 해지권은 발생하지 않는다.

그러다 보니 중개사는 임차인의 요청에 따라 임대인에게 동의를 받게 되고 전대를 이해하지 못하는 임대인을 설득해야 한다. 실제로 임차인이 전차인에게 더 많은 차임을 받는 경우도 있고, 전차인에게 차임 일부를 받아서 자신의 차임에 추가해 임대인에게 납부하기도 한다. 무상 임차도 빈번하다.

사무실의 경우는 임차인이 사업자를 여러 개 가지고 있는 경우가 많다. 중소기업 중 법인사업자로 개업하고 별도의 개인사업자가 있을 수 있다. 개인사업자에 별도의 법인사업자를 전대로 두는 일도 있다. 이 경우는 세무서에서 체크하기도 한다. 개인사업자로 계약을 하고 그 자리의 일부에 법인을 만들 때에도 전대동의서가 필요하다.

전대계약은 임차인과 전차인이 모르는 사이에서 만들어지기도 하고 본인이거나 가족일 수도 있다. 이런 전대계약은 흔히 있는 일이지만 중개사가 임대인에게 계약 전에 이야기하지 않으면, 임대인이 계약을 거부하는 일이 발생한다. 또는 임차인이 차임을 미납해 퇴실 요구를 할 때 전차인이 버티면 중개사에게 떠미는 경우가 있다.

그런 일이 발생하는 데도 불구하고 전대계약은 효율적으로 사용되므로 중개사는 전대동의서나 확인서를 당연하게 준비해야 한다.

전대차동의서에는 다음의 내용이 들어가도록 작성한다.

1. 제목 : 전대차동의서 또는 전대 확인서

2. 부동산의 소재지 : 목적물 소재지

3. 전대차 계약의 표시 : 임대인이 동의한 임대차계약의 목적물이자 전대차 계약의 목적물

4. 전대차 계약의 주요 내용

   (1) 임대차계약의 금액과 계약 기간

   (2) 전대차계약의 금액과 계약 기간

5. 기명날인 : 임대인, 전대인, 전차인의 인적사항과 날짜 기재

임대인은 임차인과 전차인 중에 선택적으로 임대료를 청구할 수 있다. 어느 쪽이든 월 임대료를 지급하면 나머지 한쪽은 면책된다. 무단 전대의 경우, 불법점유를 이유로 부당이득반환 청구를 하려면 먼저 임대차계약을 해지해야 한다. 임대차계약에 기인한 전대이기 때문이다.

전차인은 무단으로 계약하지 않으려면 등기사항 증명서를 반드시 보고 계약해야 한다. 무상임대는 중개사가 없이 쌍방계약을 하고 중개사에게 동의서를 작성해달라고 하는 것이 일반적이다. 그래서 본인들이 유상으로 계약한 건에 대해 중개사가 차후에 관여할 일은 거의 없다. 유상계약은 전대인이 차임을 연체하면 전차인에게라도 받을 수 있으나 전차인은 임대인에게 직접 보증금 반환을 청구할 수 없다. 임대목적물의 수리비나 유익비의 상환청구도 전대인이 청구하거나 월 임대료와 상계처리해야 한다.

실무에서 중개사에게 흔하게 요청되는 것은 전대동의서 작성이다. 간단한 것은 임대차 특약에 '임대인이 임차인의 전대에 동의하기로 한다'라고 기재한다. 나머지는 임차인이 알아서 하는 것으로 종결된다.

'임대인이 임차인의 전대에 동의하며 전대확인서를 작성하기로 한다'라고 특약에 기재했다면 확인서를 작성한다. 임대인은 중개사에게 전대해도 되느냐고 수없이 물어볼 것이기 때문에 전차인의 인적 상항을 확

실하게 받아서 기록하고 첨부한다. 대부분 전대계약은 임차인의 필요로
이루어진다. 잘 모르는 임대인을 설득하는 것은 중개사의 몫이다.

전대차동의서

◆ 부동산의 표시 :
  사용면적 :
  사용기간 :　년　월　일-　년　월　일

◆ 임대인
성　명 :
법인등록번호 :
주　소 :
연락처 :

◆ 전대인
법인명 :
법인등록번호 :
주　소 :
연락처 :

◆ 전차인
회사명 :
주민등록번호 :
주　소 :
연락처 :

위 부동산에 관하여 임대인은　　년　　월　　일자로 전대인과 전차인의 전대차계약에 동
의한다. 단, 전차인은 임대인에게 어떠한 권리도 주장할 수 없으며 이 계약으로 인한 문제
발생 시 모든 책임은 전대인과 전차인이 지는 것으로 한다. 본 전대차 계약의 효력 및 동의
는 임대인과 전대인의 계약종료와 함께 소멸한다.

　　　　　　　　　　　　　　　　　　　　　　　　　　　년　　월　　일

　　　　　　　　　　　임대인 :　　　　　　　　　(인)
　　　　　　　　　　　전대인 :　　　　　　　　　(인)
　　　　　　　　　　　전차인 :　　　　　　　　　(인)

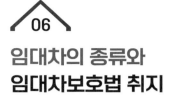

06
임대차의 종류와
임대차보호법 취지

    동산의 임대에는 보증금이 없거나 소액이지만 비교적 고가품인 부동산 임대는 법적인 문제가 발생하고 이를 해결하는 데 큰 비용과 노력이 필요하다. 그래서 부동산 공인중개사라는 전문적인 호칭이 정해진 것이고, 합법적인 중개보수를 받는다는 것이 일반 임대차와 다른 점이다. 중개사가 관여하는 임대차의 종류는 다음과 같다.

    첫째, 보증부 월세 방식이다. 이는 일정보증금을 선납하고 월세와 월정 관리비를 매월 지급하는 임대차 방식이다. 대부분은 보증금이 월세의 10~24개월 정도 금액이다. 상가의 경우, 대부분 보증부 월세 방식이다. 24개월 정도의 보증금을 예치하고 차임을 월세로 지불한다. 시설에 대한 투자를 임차인이 해야 하고 업종에 따라 큰 비용이 지출되는 점은 다르다. 보증금이 소액이기 때문에 소유주의 대출이 거의 문제가 되지 않는다.

    둘째, 무보증부 월세 방식이다. 무보증부 월세 방식은 보증금 선납 없이 전액 월세와 월정 관리비를 매월 후불로 지급하는 임대차 방식이다. 보증금이 없다고 하면 월세의 미납이나 관리비가 걱정되어서 소유주들은 선호하지 않는다. 미국이나 일본은 3개월 정도 월세를 선납하는 것이 일반적이다. 얼마 전에 무방이라는 업체를 중개했는데, 소유주가 보증금을 아예 안 받도록 하는 중개만 전문적으로 하고 있었다. 이 방식은 임차인의 신용이 중요해 회원으로 가입할 때 체크하거나 보증서를 발급한다. 임대인의 대출은 무관해서 수익형 부동산으로 여긴다.

셋째, 전세 방식이다. 전세 방식은 계약 기간의 임대료 전액을 전세보증금으로 예치하고 월세는 지급하지 않으며 퇴실 시 반환받는 임대차 방식이다. 반대급부로 임차인에게 집을 내주고 무이자로 돈을 빌리는 제도인데 전세가격 비율이 높아질 때마다 갭 투자가 성행하게 된다. 임대인은 선순위 대출이 없어야 임대가 자유롭다.

넷째, 반전세 방식이다. 반전세 방식은 전세보증금 환불에 대한 리스크 대안이다. 역전세가 되어 전세금을 낮출 때 임대인과 임차인이 협의해서 일부를 월세로 전환시킨 사례가 많다. 그 후 처음부터 전세와 월세의 혼합 방식으로 전세보증금을 낮추고 일부 금액을 월세로 전환한다. 임차 방식은 월세와 다르지 않고 정해진 보증 금액은 없으나 보증금이 월세의 240배(20년 치) 정도를 말한다. 전세자금 대출의 영향이 커서 금리가 낮으면 전세를, 금리가 높으면 월세로 전환하기 쉽다.

다섯째, 도지세 방식이다. 도지세 방식은 1년 치 임대료 전액을 임대인에게 지급하고 월 임대료를 매월 차감하는 임대차 방식이다. '깔세'라고 부르기도 하고, 월세보다 많이 이용되는 지역도 있다. 외국인들이 우리나라에서 주택을 구하는 방식은 거의 깔세가 많다.

중개사는 임차인의 사정에 맞는 집을 보여주고 임차인이 마음에 들어 하는 집이 있으면 임대인과 계약을 협의하게 된다. 매매나 전세, 월세의 금액을 할인하기는 쉽지 않다. 하지만 보증부 월세와 반전세는 보증금과 월 차임 비율을 조정해가며 계약의 확률을 높일 수 있다. 중개사는 임대인·임차인의 상황과 입장을 주변과 고려해서 중개하고자 하는

데, 부동산에 대한 애착과 관심이 성격에 따라 다르게 표현된다. 그래서 중개사는 법적인 문제가 발생하지 않도록 계약부터 입주까지, 임대인과 임차인 사이에서 긴장할 수밖에 없다.

임대차보호법의 취지에서 살펴보면, 임대인은 임대차계약이 종료되었을 때 법원이나 집행관의 도움 없이 자력으로 자신 소유물의 점유권을 찾아올 수 있다. 그러나 자력구제 등의 소유권 절대의 원칙은 임차인에게 지나치게 가혹한 결과를 가져온다. 임차인이 임대차 목적물에 거주하거나, 사업을 영위하면서 이루어놓은 부산물들을 일거에 잃어버리게 하는 위험성이 있다고 판단한다. 임대차보호법은 임차인이 주거 또는 상업의 근거지를 마련하거나 부동산에 자금을 투자해서 어떠한 사업을 했을 때 발생하는 손해를 줄이고자 한다. 인간관계를 포함한 모든 무형·유형의 자산을 그대로 둔 채 임대차계약의 종료와 함께 다른 곳으로 근거지를 옮겨야 하는 것을 손실로 본다.

상가도 임대차 관계가 종료되었을 때 임차인은 새로운 곳으로 자리를 옮겨 인간관계를 비롯한 모든 관계를 새로이 구축해야 한다. 기존에 투자해서 마련해두었던 것들을 회수해갈 수는 없고, 새로이 구입하게 되어 투하자본 회수를 위한 법적 조치가 필요하게 된다.

법에서는 기존에 필요비나 유익비 상환청구권을 부여해 임차인에게 그 투하자본을 회수할 수 있는 기회를 부여한다. 기존에 형성된 인간관계나 상거래관계라 할 수 있는 무형의 이익까지 보호하려는 경향으로 나아가고 있다. 그 제도가 권리금을 해하지 못하도록 지키는 제도다.

주택의 기준은 다음 판결문을 기준으로 생각한다.

1. 주택은 주거용 건물의 전부 또는 일부에 대해 임대차하는 경우에 적용되고, 임차 주택의 일부를 주거 외의 목적으로 사용하는 경우에도 적용된다(주택임대차보호법 제2조). 주거용 건물에 해당되는지 여부는 임대차 목적물의 공부상 표시만을 기준으로 하는 것은 아니고 그 실제 용도에 따라서 판단한다(대법원 1996. 3. 12.선고 95다51953판결).

예) 임차인의 점유 부분 중 영업용 휴게실 설비로 예정된 홀 1칸이 있었지만, 그 절반가량이 주거용으로 쓰이는 방 2칸, 부엌 1칸, 화장실 1칸, 살림용 1칸, 복도로 되어 있고, 그 홀마저도 각 방의 생활공간으로 쓰이는 경우에는 주거용 건물로 적용된다(대법원1987. 8. 25. 선고 87다카 793판결).

예외) 여관 여인숙의 형태로 건축되고 경영하는 목적 중 방 하나를 내실로 사용한 것으로 비주거용 건물에 주거의 목적으로 소부분을 사용하는 경우에는 제외한다(대법원 1987. 4. 28. 선고 86다카 2407판결).

2. 주거용 건물 여부를 판단하는 시기는 임대차계약을 체결하는 때를 기준으로 한다. 임대차계약을 체결 당시에는 주거용 건물이 존재하지 않았는데 임차인이 그 후 임의로 주거용으로 개조한 경우에는 적용이 안 된다(대법원 1986. 1. 21. 선고 85다카1367판결).

무허가 건물이나 미등기 건물을 주거를 목적으로 임대차하는 경우에는 적용된다. (대법원 1987.3.24. 선고86다카 164 판결). 무허가 건물의 철거 시 반환을 우려해 보증금은 소액으로 하거나 보증금이 없는 월세로 한다. 무허가 미등기의 경우 양수인이 임대인의 지위를 승계하여 사실상 소유주의 권리를 행사하고 있으므로 임대차보호법을 적용했다. 일시 사용을 위한 임대차임이 명백한 경우에는 적용이 불가하다. 숙박업을 경영하는 자가 투숙객과 체결하는 숙박계약은 일시 사용을 위한 목적이므로 임대차보호를 받지 못한다(대법원 1994. 1. 28. 선고 93다43590 판결).

임대인과 임차인의 분쟁은 주택·상가건물임대차분쟁조정위원회 (https://www.hldcc.or.kr)로 질의한다.

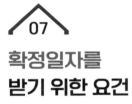

07
확정일자를
받기 위한 요건

  중개사는 공인중개사협회에서 제공하는 한방계약 시스템을 가장 많이 이용한다. 주택임대차계약의 형식은 없으나 계약서에 확정일자를 받기 위해서는 요건을 갖춰야 한다. 지역에서 개별적으로 사용되는 계약서도 주택임대차계약 증서상의 확정일자 부여 및 임대차 정보제공에 관한 규칙 제3조에 의거한 서식이어야 한다. 확정일자부의 필수적 기재사항은 확정일자 번호, 확정일자 부여일, 임대인·임차인 인적사항(성명, 주소, 주민등록번호) 주택소재지, 임대차 목적물, 임대차 기간, 차임·보증금, 신청인의 성명과 주민등록번호 앞 6자리다. 법인이거나 법인 아닌 단체의 경우 법인명·단체명, 외국인의 경우 외국인 등록번호가 필요하다. 확정일자 부여기관은 주택소재지의 읍·면사무소, 동 주민센터 또는 시(특별시·광역시·특별자치시는 제외하고, 특별자치도는 포함한다)·군·구(자치구)의 출장소다. 확정일자를 받으려는 임차인은 계약서 원본과 본인을 확인할 수 있는 신분증을 제시한다.

  이때 공인중개사는 임대인의 주소가 변경되었거나 이름을 개명한 경우에 반영되지 않은 계약서를 쓰는 실수를 하게 된다. 잘 알고 지내는 임대인일수록 서류를 다시 열어보지 않게 되고 개인의 사정상 전입을 다른 곳에 해놓은 경우가 발생한다. 공인중개사는 통상 시간 절약상 임대차계약서를 미리 작성해놓는 경우가 많은데, 등기사항증명서를 열람해서 해당 서류에 있는 주소로 계약서를 작성하게 된다. 임대인은 주소 이전에 대해 물어보지 않으면 이야기를 하지 않으므로 그대로 진행하는 경우가 많다. 이때는 확정일자를 받으러 갔다가 접수를 시키지 못하게 되고 공인중개사가 원망을 듣게 된다. 소유자가 이름을 개명한 경우는 증빙자료를 함께 제출한다.

주택임대차계약증서상의 확정일자 부여 및 임대차 정보제공에 관한 규칙 제3조(확정일자 부여 시 확인사항)에 따른 계약서는 다음 사항을 지켜야 한다.

1. 임대인·임차인의 인적사항, 임대차 목적물, 임대차 기간, 차임·보증금 등이 적혀 있는 완성된 문서일 것

2. 계약 당사자(대리인에 의하여 계약이 체결된 경우에는 그 대리인을 말한다. 이하 같다)의 서명 또는 기명날인이 있을 것

3. 글자가 연결되어야 할 부분에 빈 공간이 있는 경우에는 계약 당사자가 빈 공간에 직선 또는 사선을 그어 그 부분에 다른 글자가 없음이 표시되어 있을 것

4. 정정한 부분이 있는 경우에는 그 난의 밖이나 끝부분 여백에 정정한 글자 수가 기재되어 있고, 그 부분에 계약 당사자의 서명이나 날인이 되어 있을 것

5. 계약증서(전자계약증서는 제외한다)가 두 장 이상인 경우에는 간인(間印)이 있을 것

6. 확정일자가 부여되어 있지 아니할 것. 다만, 이미 확정일자를 부여받은 계약증서에 새로운 내용을 추가 기재하여 재계약을 한 경우에는 그러하지 아니하다.

계약서에는 서명 또는 기명날인이 되어야 한다. 서명은 자기의 이름을 본인이 직접 쓰는 것이다. 기명은 자기의 이름을 적되 인쇄, 고무인, 또는 타인이 대신 이름을 기재해도 상관없다. 날인은 도장을 찍는 것이다. 도장은 어떤 형태도 상관없으며 관청에 등록한 인감도장일 필요는 없다. 참고로 무인은 손가락 도장이라고 하며, 통상 손가락의 지문을 찍는 것이고, 오른손이든 왼손이든 상관은 없다. 증서를 작성하는 것은 상대방에 대한 책임과 의무를 지겠다는 내용을 문서로 약속하는 것이다. 의무가 있는 쪽에서만 작성하는 유언장과 달리 계약서는 서로에게 의무가 있는 증서다. 서명이나 서명과 날인은 본인이 직접 자서한 것이므로 번복할 수 없다. 무인도 본인이 아니면 할 수 없기에 번복이 안 된다. 기명이나 기명 및 날인을 한 경우에는 본인이 한 것이 아니라고 주장할 수 있다. 기명하고 유효한 인감증명서가 첨부된 등록된 인감도장으로 날인한 경우는 번복하기 어렵다. 하지만 기명을 하고 막도장을 찍은 것이라면 본인이 한 행위가 아니라고 번복할 수 있다.

공인중개사는 계약서와 확인·설명서에 서명 및 날인을 하게 되어 있다. 서명 자체는 번복할 수 없다는 것을 의미하며, 서명을 안 하면 공인중개사법 제25조 제4항 위반에 해당하므로 영업정지 처분을 받는다. 의뢰인은 서명하거나 또는 날인하게 되어 있다. 그래서 도장만 찍어도 된다. 되도록 의뢰인에게 자필서명을 받는 것은 증서를 작성하면서 책임과 의무의 비중을 높이는 것이다. 더구나 중개사는 공인중개사법에 저촉이 되지 않도록 계약서 작성을 해야 한다.

08
공인중개사가 더 괴로운
원상회복의 문제

원상회복은 임대차계약 종료 시 계약이 개시될 때의 임대차 목적물의 상태 그대로를 반환한다는 것이 원칙이다. 임대차 기간 중에 임차인이 시설물을 부착하거나 영업에 맞게 개조한 것이 있다면, 임대차가 종료될 때 원상회복해서 임차물을 인도할 의무가 있다. 칸막이 설치물 제거, 장판이나 추가 설치한 창틀, 출입문 간판의 부착물 제거 등이다. 원상회복에 관한 내용은 계약서에 기재되며 구속력이 있다. 내용과 범위는 임대차계약의 체결 경위와 내용, 임대 당시 목적물의 상태, 임차인이 수리하거나 변경한 내용 등을 고려해 구체적·개별적으로 정한다.

임대인의 귀책 사유로 종료되더라도 원상회복 의무는 존재한다. 이런 경우, 임차인은 손해배상을 청구해 피해를 배상받는다. 의뢰인은 이런 일들을 중개사에게 물어보고 또는 책임을 지게 하므로 주의해야 한다. 가장 많이 발생하는 상가, 사무실, 주택의 순으로 알아보자.

상가는 인수하기 직전의 상태로 원상회복 시켜야 하는지, 이전 임차인이 시설한 부분도 원상회복시켜야 하는지가 항상 문제가 된다. 판례에서도 2가지의 상반된 사례가 나오고 있어서 살펴볼 필요가 있다.

1. 무도유흥음식점으로 경영하던 점포를 소유자로부터 임차해 내부

시설을 개조했다.

임차인은 임차인이 개조한 범위 내에서 그가 임차로 받았을 때의 상태로 반환하면 되는 것이지, 그 이전의 사람이 시설한 것까지 원상회복할 의무가 있다고 할 수는 없다고 판결했다(대법원 1990. 10. 30. 선고90다카 12035판결). 이것은 무도유흥음식점이지만 현 임차인이 임대인으로부터 임차했다는 점과 임차 후 상당 부분 개조해서 사용했다는 점을 주시했다. 또 전 임차인과 현 임차인 사이에 사업권 양도 등 관계가 전혀 없는 별도의 임대차계약이었다.

2. 전 임차인으로부터 커피전문점 영업을 양수하고 임대차해 사용하다 임대차가 종료되었다.

전 임차인이 설치한 것이라도 현 임차인이 원상으로 회복시킬 의무가 있다고 판단했다(대법원 2019.8.30.선고 2017다268142판결). 커피전문점은 전 임차인과 영업양도가 이루어졌고 인테리어가 거의 전 임차인의 시설물이었다. 동일한 상호로 커피전문점을 운영했고 임대차조건도 동일해 임차권이 양도된 것으로 판단했다. 임차인의 지위를 물려받았으므로 기존 임차인의 원상회복 의무도 부담한다는 논리다.

결과만 보면 두 판례가 상반되어 편리한 대로 적용하고자 하는 사람도 있겠다. 하지만 임대차계약의 체결 경위와 내용, 임대 당시의 목적물 상태, 임차인이 수리하거나 변경한 내용이 고려되어야 한다. 판결은 이러한 내용을 구체적·개별적으로 따지고 사실관계에 따른 결론을 내린 것이다.

사안이 다른 판결을 중개사가 임의로 원용해서 고객에게 설명하는 것은 무리가 있다. 가장 중요한 것은 임대차계약서다. 계약 당시 건물의 상태를 확인하고 원상복구의 범위를 구체적으로 기재해야 한다. 계약서를 쓸 때의 상태까지 할 것인지, 그전의 아무것도 없었던 상태까지 원상복구를 할 것인지를 정해서 기재한다. 어떤 상태, 어떤 업종의 양도·양수이냐에 따라 권리금도 있을 것이다. 무권리라 하더라도 시설까지 인수될 수 있고 안될 수도 있다. 그 과정에서 원상복구의 규모에 따라 월 차임 등 계약 조건이 달라질 수 있다. 임차인에게 양수한 상황과 공실 상태에서 임대인으로부터 받은 상황과 다를 수 있다. 구체적 약정이 없이 된 계약은 혼선을 가져올 수 있으니 중개사가 내용에 대한 이해를 잘하고 기재해야 한다.

상가는 시설에 대한 권리금이 있으나 일반적인 사무실은 시설에 대한 권리금은 대부분 없다. 임차인이 시설을 하고 원상회복을 시켜야 한다. 임차인이 많은 비용을 들여 시설을 하고 양도하고자 하면 비슷한 조건의 임차인을 만나야 시설까지 양도가 가능하다. 사무실은 대개 비슷비슷한 형태로 사용하므로 전체면적과 대표사무실, 임원사무실, 회의실, 탕비실로 대략 파악한다. 시설비가 절약되므로 전 임차인의 시설을 그대로 인수하고자 하는 임차인이 있을 수 있다. 전 임차인의 시설이 마음에 들어서 계약한 후속 임차인이라면 전 임차인의 원상복구 의무를 승계한다. 하지만 오래 사용하지 못하고 중도 퇴실하는 경우에는 원상회복이 안 된 채 시설만 남게 된다. 이때 소유자는 임차인의 입맛에 맞는 인테리어가 항상 문제가 되기 때문에 무조건 처음 상태로 원상복구가 원칙이라는 기준을 고수한다. 공인중개사는 임대인의 설치물과 임차인의 시설물을 분류해 계약서에 기재해야 한다. 현실적으로 임대인이 다른 중개사에게 계약을 의뢰했을 때 계약 당시 실정을 모르기 때문에 계약에서 중요한 원상회복 문제를 간과하게 된다. 문제는 계약할 때가 아니라 퇴실할 때 발생되므로 중개사의 계약서가 중요한 역할을 한다.

주택의 경우는 임차인이 시설하는 경우가 많지 않다. 임대인의 시설물을 그대로 사용하다가 퇴실하게 된다. 하지만 빌트인 형태의 가구나 전자제품의 관리 문제는 항상 대두되고 있다. 임대인의 시설물을 훼손한 책임은 임차인, 생활기스는 임대인의 책임이다. 자연적으로 마모되거나 손상되는 부분으로 수도 고무 패킹, 햇빛에 바랜 벽지 등은 원상복구 의무가 없다. 하지만 흡연으로 인한 변색과 낙서 페인트칠 못질과 홈집은 임차인이 부담해야 한다. 임차인이 설치해서 가치를 증진시킨 경우, 임대인에게 유익비를 청구하거나 매수(지상물이나 부속물) 청구를 할 수 있다. 원상회복의 의무는 임의규정으로 특약으로 책임을 면제할 수 있다. 예를 들어, 샤워부스는 임차인의 비용으로 설치하되 원상복구 없이 임대인에게 귀속한다고 작성한다. 시간이 흐르면 계약 시 조건들이 기억이 나지 않으므로 중개사의 임대차계약서 내용이 중요하다. 사진이나 동영상을 임대인과 임차인에게 전송하는 것도 좋은 방법이다.

09
헷갈리는 묵시적 갱신과
계약갱신청구권

임대차는 갱신이란 단어가 많아 사용할 때마다 중개사를 헷갈리게 한다. 기본은 딱 2가지로 정리되고 나머지 말은 부수적으로 따라온다고 생각해야 한다. 2가지는 바로, 묵시적 갱신과 계약갱신청구권이다. 일반인들이 몰라서 혼용해 사용하지만, 중개사는 '척' 하고 알아들어야 한다.

계약의 갱신을 하지 않으면 묵시적 갱신이 된다. 이게 바로 자동연장이다. 묵시적 갱신과 자동연장은 동일어다. 갱신청구권이랑 갱신요구권은 동일어이고 계약갱신청구권을 말한다.

갱신이라는 말은, '이미 있던 것을 고쳐서 새롭게 한다'라는 뜻인데, 임대차에서는 연장이란 말로 사용된다. 자동연장이라고 하면 명시적으로 계약서를 작성하지 않아서 묵시적 갱신이 된 것이다. 그래서 "묵시적 연장했나요? 명시적 연장했나요?"로 물어보면 의뢰인도 알아듣는다. 임대차계약서 특약에 '계약 만기 2개월 전에 통보하지 않을 시 동 기간으로 자동연장된다', 이렇게 '자동연장'이라는 말을 사용하니 정확한 기간 확정으로 알아듣는다. 그렇다고 하더라도 자동연장은 계약서를 별도로 작성하지 않은 것이다. 금액을 인상하거나 조건의 변경을 다른 방법으로라도 표시했다면 그것을 이유로 명시적으로 통보했다고 할 것이다. 한편, 자동연장청구권이나 자동계약청구권이라는 말은 처음부터 없는 말로 계약갱신청구권은 자동이 아니다. 단어 그대로 반드시 청구해야만 된다.

묵시적 갱신

주택임대차보호법 제6조(계약의 갱신) 임대인이 임대차 기간이 끝나기 6개월 전부터 2개월 전까지의 기간에 임차인에게 갱신 거절의 통지를 하지 아니하거나 계약 조건을 변경하지 아니하면 갱신하지 아니한다는 뜻의 통지를 아니한 경우에는 그 기간이 끝난 때에 전 임대차와 동일한 조건으로 다시 임대차한 것으로 본다. 임차인이 임대차 기간이 끝나기 2개월 전에 통지하지 아니한 경우에도 또한 같다.

상가임대차보호법 제10조(계약갱신 요구 등) 임대인은 임차인이 임대차 기간이 만료되기 6개월부터 1개월 전까지 계약갱신을 요구할 경우 정당한 사유 없이 거절하지 못한다.

위 사항에서 명시적인 계약이 없으면 묵시적 갱신으로 적용된다. 임대인이 갱신계약서를 요구하면 작성해야 하며 임차인이 묵시적 갱신을 선택할 수는 없다. 임차인에게 유리한 법이라서 간혹 임차인이 "저 묵시적 갱신할래요"라고 말하는 경우가 있다. 그러나 임대인이 계약서를 작성하기를 원하면 명시적으로 작성해야 한다. 임대인 편에서 묵시적 갱신을 원하는 경우는 임대가 잘 안 나가는 부동산이다. 임대인은 계약이 되기 어려운 부동산은 임차인이 퇴실을 원할 때까지 방치하기도 한다. 명시적으로 계약을 연장하려고 하다가 임차인이 퇴실한다고 할까봐 방치한다. 그게 아니면 임대인이 만기 때마다 계약서를 재작성하는 것을 번거롭게 여기거나 깜박 잊고 날짜를 넘기는 경우다.

주택임대차보호법 제6조의2(묵시적 갱신의 경우 계약의 해지)

자동연장이 될 경우, 종전과 같은 조건으로 2년 계약이 된 것이다. 1년 계약했으면 1년을 추가해서 살 수 있다. 주택임대차보호법은 묵시적 갱신과 무관하게 임차인이 주장하면 2년은 살 수 있다. 임대인이 계약종료 기간을 놓쳐서 몇 번을 자동연장으로 살게 했어도 횟수에 제한이 없다. 자동연장이 되면 기한 2년을 채우지 않아도 된다. 임차인이 해지하겠다고 통보하면 3개월 지나서 효력이 발생한다. 임대인이 해지할 수도 없다. 일반적인 중개보수는 만기 전에는 임차인이 지불하지만 묵시적 갱신의 상태에서는 임대인 부담이다.

구분	갱신요건	조건	기간
주택임대차	임대인이 종료 전 6개월에서 2개월 전까지 임차인이 종료 전 2월까지 통지하지 않은 때	전 임대차와 동일	2년(단, 임차인은 언제든지 해지 통고 가능, 임대인이 통지받고 3개월 지나면 효력 발생)
상가임대차	임대인이 종료 전 6개월에서 1개월 전까지 통지하지 않은 때	전 임대차와 동일	1년(단, 임차인은 언제든지 해지 통고 가능, 임대인이 통지받고 3개월 지나면 효력 발생)

계약갱신청구권

주택임대차보호법 제6조의3(계약갱신 요구 등) 임대인은 임차인이 계약갱신을 요구할 경우 정당한 사유 없이 거절하지 못한다. 부칙 제2조 ① 이 법 시행 당시 존속 중인 임대차에 대하여도 적용한다. 임차인이 희망하는 경우 1회에 한해 2년 계약갱신을 청구할 수 있는 권리다.

전세 월세 보증금과 월세는 협의해서 5% 이내에서 조정 가능하다. 공인중개사는 임차인이 청구권을 사용할 경우, 계약서에 청구권 사용을 명시하게 되어 있다. 임차인은 임대차 기간이 종료하기 전 6개월 ~1개월 전까지 요구해야 한다. 2020년 12월 10일 이후 체결한 전세계약이나 이후 갱신된 건부터는 6개월에서 2개월 전까지 요구한다. 계약갱신권을 사용했다고 하더라도 꼭 2년을 살아야 하는 것이 아니고 언제든지 임대인에게 계약해지를 통보할 수 있다. 통지받은 날로부터 3개월이 지나면 해지 효력이 발생한다. 해지를 통보하면 임대인은 보증금을 반환하고 임차인은 계약 만료 전이라면 3개월간 월세와 관리비를 납부해야 한다. 임대인이 해지할 수 없으며 해지에 따른 중개보수는 임대인 부담이다. 이런 내용은 묵시적 갱신과 동일하다.

계약갱신요구는 다음의 경우에 임차인이 거절당할 수 있다.

소유주가 직접 거주한다고 하면 갱신을 거절당할 수 있다. 소유주가 갱신을 거절하고 다른 임차인에게 임대하면 소유주에게 손해배상을 청구할 수 있다.

1. 임대인과 임차인 간 합의한 손해배상 금액
2. 법정 손해배상 예정 금액 중 큰 금액(1번이 없을경우)으로 할 수 있다.
   (1) 거절 당시 월 단위 임대료(전세금은 전액 월세로 전환, 법정전환율 4%)의 3개월분에 해당하는 금액
   (2) 새로운 임차인에게 임대해 얻은 월 단위 임대료; 거절 당시 월 단위 임대료의 2년분에 해당하는 금액

(3) 거절로 인해 임차인이 입은 손해액이다.

계약갱신요구는 다음의 경우에 임대인이 거절할 수 있다.

1. 임차인이 2개월의 월 차임에 이르는 차임을 연체한 사실이 있을 때

2. 임차인이 거짓이나 그 밖의 부정한 방법으로 임차한 경우

3. 집주인의 동의 없이 주택의 일부 또는 전부를 고의나 중대한 과실로 파손한 경우

4. 임차주택의 전부 또는 일부를 임대인 동의 없이 무단 증·개축 또는 개조 등 파손하는 경우

5. 임차인과 임대인이 서로 협의해 갱신거절에 대한 보상을 제공하는 경우

6. 주택의 전부 또는 일부가 멸실되어 임대차 목적을 달성하지 못하는 경우

7. 재건축이나 철거 등으로 주택의 점유가 불가한 경우

8. 임대인(직계존속, 직계비속 포함)이 실제 거주할 때이다.

묵시적 갱신과 계약갱신청구의 차이점

묵시적 갱신은 명시적으로 계약서 작성을 안 한 것이고, 계약갱신청구는 임차인이 정확하게 의사표시를 하고 2년을 연장계약 한 것이다. 묵시적 갱신은 횟수와 상관없이 사용이 연장되나 계약갱신청구권은 1회에 한해 사용된다. 묵시적 갱신 상태로 임차인이 4년을 거주했든, 6년을 거주했든 상관없이 해당 주택에 1회는 계약갱신을 청구할 수 있다. 공인중개사는 묵시적 갱신에는 관여할 필요가 없으나 계약갱신청구권은 계약할 때 반드시 확인해서 기재해야 한다. 확인·설명서 양식에도 체크 란이 있으며 첨부 양식이 별도로 있다.

묵시적 갱신과 계약갱신청구의 같은 점

임차인은 동기간으로 연장되든, 계약갱신청구로 기간을 연장하든 만기까지 살아야 하는 것이 아니고 언제든지 임대인에게 계약해지를 통보할 수 있다. 임대인이 통지받은 날로부터 3개월이 지나면 해지 효력이 발생한다. 임차인이 해지를 통보하면 임대인은 보증금을 반환하고 임차인은 계약 만료 전이라면 3개월간 월세와 관리비를 지불해야 한다. 후속 임차인이 3개월 전에 정해져 입주가 되면 월세와 관리비는 면책된다. 임대인은 임차인을 상대로 해지할 수 없으며, 임차인이 해지하더라도 중개보수는 임대인 부담이다.

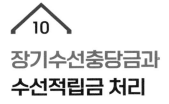

10
장기수선충당금과
수선적립금 처리

　장기수선충당금은 300세대 이상의 아파트, 승강기가 설치된 아파트 또는 중앙집중식 난방 방식의 아파트 등의 관리자가 장기수선계획에 따라 주요 시설의 교체 및 보수에 필요한 금액을 해당 주택의 소유자로부터 징수해 적립하는 것이다(공동주택관리법 제29조 제1항 및 제30조 제1항).

　장기수선충당금의 부담 주체는 주요 시설의 보수 등을 위해서는 소유자가 부담해야 한다. 임차인이 사용 중일 경우 공동주택의 관리규약에 따라 임차인이 관리비와 함께 납부하는 것이 일반적이다. 따라서 임차인이 아파트 등 공동주택을 사용·수익하는 동안에 납부한 장기수선충당금은 임대차가 종료하는 때에 그 공동주택의 소유자에게 반환을 청구해 돌려받을 수 있다(공주택관리법 시행령 제31조 제8항).

　주택이 아닌 집합건물법에서는 관리단집회의 결의에 따라 대지 또는 부속시설의 교체 및 보수에 관한 수선계획을 수립할 수 있다(집합건물법 수선적립금 제17조의2).

　이와 같이 일정 기준 이상의 공동주택은 장기수선충당금을 관리비에 추가해서 청구하는 것이 법으로 정해져 있다. 그 외 오피스텔, 근린생활시설, 오피스건물, 그리고 지식산업센터와 같은 집합건물은 수선적립금이 의무화된 것은 아니다. 하지만 요즘 오피스텔은 규모도 크고 지식산업센터도 대형건물로 관리단이 있어서 수선적립금을 관리비에 추가해 청구한다.

장기수선충당금과 수선적립금을 중개사가 어떻게 처리하는지 살펴보자. 장기수선충당금과 수선적립금은 별도의 계좌로 분리하게 되어 있다. 이는 주요 시설의 교체 및 보수와 자연재해 등 예상하지 못한 사유로 인한 수선공사가 목적이기 때문이다. 일반적인 관리비와 사용 목적이 다르다. 따라서 임차인이 내는 것과 임대인이 내는 것은 엄밀히 다르다. 건물에서 전체적으로 발생되는 비용을 임차인이 다달이 지불하고 예치시킨다는 것은 말이 안 된다. 장기수선충당금이나 수선적립금을 관리비에 추가해서 받는 이유는 이 금액만 다달이 소유자에게 구분해서 청구하는 것이 번거롭기 때문이다. 직접 거주하는 임대인도 있고 임차인도 있으므로 관리비에 항목을 추가해 받는다. 임대인은 임차인이 퇴실할 때 내어주는 형태가 된 것이다.

임차인이 공동주택에서 퇴실할 때 공인중개사는 관리사무소에 관리비 중간정산 산출을 요구한다. 이때 관리실에 장기수선충당금 산출을 함께 요청한다. 임차인이 입주한 달부터 퇴실 때까지 관리비에 추가로 부과되었던 비용이 얼마인지 확인된다. 임대인이 환불하도록 비용에 대한 내역을 제시하고 임차인으로부터 입금계좌를 받아서 전달한다. 그리고 입금이 확인되면 영수증을 작성해주면 된다.

공동주택의 장기수선충당금은 법에서 정한 의무사항으로 관리사무소에서 무조건 산출해준다. 관리사무소에서 자료를 보내주는데, 안 내어주는 임대인도 없고 이 절차를 생략하는 공인중개사도 없을 것이다.

문제는 수선적립금이다. 수선적립금은 건물마다 다르다.

1. 관리단이 없어서 수선적립금을 받지 못하는 집합건물이 있다. 관

리단과 관리사무소는 다르다. 관리단은 소유자의 단체이고 관리사무소는 관리업무만 하는 것이다. 이 경우는 임차인도 관리비에 추가 지불하지 않았으므로 환불이 없다.

2. 관리단은 있어도 수선적립금은 1년이 지나거나 관리단에서 적립금 항목을 정해야 부과시킬 수 있다. 1년이 지나지 않아 임차인은 지불하지 않았으니 환불이 없다.

3. 관리단이 있고 수선적립금이 있는데, 적립금 항목을 별도로 노출하지 않고 받는 건물이 있다. 건물의 관리단이 관리사무소를 이용해서 임차인을 속이는 행위다. 임차인이 수선적립금을 내고 있는데도 얼마를 환불할지 정하지 않고 모른척한다. 임대인은 자신의 돈이 지출되지 않기에 묵인한다.

4. 공동주택의 장기수선충당금처럼 정확하게 처리하는 건물이다.

공인중개사는 관리사무소에 수선적립금을 산출해달라고 요청하고 임차인에게 받은 계좌를 임대인에게 보낸다. 중개사는 이 부분을 건너뛰면 안 된다. 임차인이 작은 공간을 1년 사용할 수도 있고 10년 사용할 수도 있다. 어떤 임차인은 넓은 공간을 10년 이상 사용한 경우도 있다. 임차인이 납부한 수선적립금이 몇만 원에 불과할 수도 있고 몇백만 원 이상일 수도 있다. 평당 200~500원이지만, 임대면적이나 임대 기간에 따라 금액이 다르다.

임차인은 퇴실할 때는 모르고 있다가 후에 공인중개사에게 환불을 요청하는 경우가 있다. 뒤늦게 임대인에게 말하면 제때 이야기 안 했다고 거절하다가 억지로 내주기도 한다. 이런 일도 스트레스가 되니 퇴실정산할 때 정확하게 해야 한다. 특히 임차인을 승계하는 부동산 매매를 잘해야 한다. 임차인이 거주하고 있는 동안의 장기수선충당금이나 수선적립금을 산출해서 매도자가 매수자 계좌로 입금하는 승계로 처리한다. 임차인이 퇴실할 때 소유자가 변경된 기간을 합산해서 매수자가 임차인에게 환불하면 된다. 매도자가 나름 깔끔하게 정리한다고 임차인에게 미리 환불하는 경우가 있다. 또는 중개사가 그런 방식으로 처리하기도 한다. 하지만 나중에 임차인이 퇴실할 때 미리 받았다는 사실을 말하지 않는다면 매수자는 이중으로 지불하게 된다. 경험상 부동산 잔금 시점에는 매도자, 매수자 모두 경황이 없다. 전체적인 부동산 매매 잔금에 신경을 쓰느라 비교적 적은 금액에 대해 둔감하게 행동한다. 이 모든 것은 시간이 지나면 공인중개사에게 물어보거나 책임을 묻는다. 중개사는 한 건, 한 건을 소중히 하지만 여러 건의 매매 사례 중 하나이므로 기억하기 힘들다.

정리하면 중개사의 수입이 되는 것은 하나도 없다. 계약자 누구도 문제가 되지 않도록 정확하게 처리하는 것이 중요하다. 잔금일에 후속 처리를 잘해서 임차인이나 매수자가 장기수선충당금이나 수선적립금 때문에 찾아오지 않도록 해야 한다.

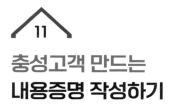

11
충성고객 만드는
내용증명 작성하기

　임차인이 잔금하고 입주한 지 얼마되지 않았는데 임대료를 안 낸다고 임대인에게 전화가 온다. 중개사가 임차인에게 전화를 걸어서 차임을 내라고 말하라고 한다. 중개사는 임차인 임대료 안 내는 것까지 나서야 할까?

　공인중개사가 임차인에게 임대료 연체에 관해 이야기를 하기 싫은 것은 당연하다. 임대인, 임차인과 친하게 지내면 어떤 것은 좋은데, 어떤 것은 나쁘다. 임대인과 친하면 무슨 부탁이라도 들어줘야 할 것 같다. 임차인과 친하면 사업이 잘되어 이전할 때는 넓힐 곳을 찾으러 오지만, 사업이 안 될 때는 창피하다고 느끼는지 다른 부동산 중개사무소로 갈 가능성이 있다. 임대인과 임차인이 둘 다 잘되지 않으면 불편한 일들이다.

　임대인이 공인중개사에게 부탁하는 것은 임차인에게 임대료를 내라고 전화하는 것, 속 썩이는 임차인을 내보내고 다른 임차인을 소개해달라는 것이다. 중개사가 임차인에게 임대료 때문에 전화하면 처음에는 받다가 나중에는 전화도 안 받는다. 그러면 임대인은 미안하지만 한번 쫓아가 달라고 한다. 임차인이 있는지 보고 없으면, '임대인에게 전화 요망' 같은 메모를 붙이고 온다. 저녁에는 들어오는지 언제 들어오고 언제 나가는지 가끔이라도 살펴보고 알려줘야 한다. 너무 피곤하지만, 임대인의 부탁을 거절하긴 좀 힘들다.

임차인이 계속해서 임대료를 안 내면 임대인은 보증금에서 공제한다. 차임을 연체하는 임차인은 관리비도 안 내고 있을 가능성이 크다. 관리비를 연체하고 있으면 관리사무소에서는 동시에 임차인과 소유주에게 관리비를 내라고 연락한다. 임대인이 임차인보증금을 믿고 관리비를 납부할 때쯤이면 임차인은 회수할 금액이 거의 없을 정도로 악화되는 경우가 많다. 임차인이 모든 것을 잃게 되면 자포자기하게 되고 집기까지 놔두고 연락이 두절된다면 임대인이 처리해야 할 수도 있다. 그래서 차임 연체가 길어지지 않았을 때 임차인을 내보낼 준비를 하는 것이 좋다. 보증금이 많은 임차인은 오래 버틸 수 있으나 보증금이 소액이면서 연체가 되면 최대한 빨리 준비해야 한다.

여러 달 차임이 연체되면 내용증명을 보내게 한다. 그 내용증명을 보내기 이전에 문자로 내용증명을 보낸다고 예고를 하는 것이 좋다. 바로 내용증명을 보내면 감정이 상하게 되는 경우가 더러 있다. 임차인이 힘든 상황이라도 빨리 준비해서 지급하려고 했는데 내용증명을 받아 충격이고 기분이 언짢다고 말한다. 그래서 문자로 지연된 차임을 독촉하고 나서야 그 후에 내용증명을 보내라고 당부한다. 그래도 약속된 날짜에 차임이 안 들어오면 내용증명을 보내게 한다. 정해진 기일까지 입금을 독촉하는 형태로 작성한다. 임차인의 차임 연체로 계약을 해지한다는 것과 더 날짜가 지체되거나 불이행 시 법적으로 처리될 수 있음을 고지한다. 내용증명은 반드시 이행해야 하는 구속력과 집행 권한은 없다. 하지만 공적 문서로 증거가 되는 효력이 있다. 만약 연락 두절로 반송이 되면 법원의 의사표시 공시송달을 신청한다면 해지 의사를 전달한 것으로 간주한다.

임대인은 내용증명을 보내고도 입금이 안 되면 법적 조치를 할 수 있다. 내용증명은 임대인이 보내나 중개사가 대리로 작성하거나 샘플을 보내주면 진심으로 고마워한다.

가끔은 중개사가 발송까지 다 하기도 한다. 보통은 임차인에게 내용증명을 보내는 단계에서 퇴실하거나 연체된 차임을 지불한다. 임대인이 번거로워하는 내용증명을 대신 작성해서 임차인이 나갔다면 공인중개사를 원망했던 마음이 누그러진다. 차임도 못 내는 사람을 계약했다고 중개사를 원망하다가 내용증명을 제출해서 똑똑하게 임차인을 퇴실하게 했다고 고마워한다. 이 단계에서도 나가지 않는 임차인이 있다면 명도 소송 절차대로 한다. 명도 소송을 하게 되면 소송 비용까지 보증금에서 공제하게 되므로 임차인은 아무것도 건질 것이 없을 수도 있다.

명도 소송의 시작은 점유이전금지 가처분부터 진행하기 때문에 시간이 많이 소요된다. 점유이전금지 가처분은 임차인이 전대를 놓는 방식으로 다른 사람이 점유하게 되면 의미를 잃기 때문에 하는 절차다. 임차인은 차임을 연체해 패소가 분명하니 버틸 필요가 없고 빠른 퇴실이 상책이나 자금이 없는 경우가 대부분이다. 패소하면 임대료 외 법정 비용을 추가 부담하게 된다. 내용증명을 준비해준 것처럼 중개사가 잘 아는 법무사를 소개해주고 명도를 진행하게 한다. 임차인은 법원으로부터 명도 관련 서류를 받으면 그제야 현실을 깨닫고 퇴실을 준비하는 사람도 있다.

임대인이 차임을 연체했을 때 스스로 처리하는 임대인을 제외하고 중개사에게 의존하는 고객은 다음과 같은 절차를 밟는다.

1. 임대인은 중개사가 임차인에게 전화하기를 부탁한다.
2. 임대인이 지연임대료 독촉 문자를 넣는다. 반응이 없으면 내용증명을 보내겠다는 내용이 포함되도록 문자를 더 넣는다.
3. 공인중개사는 계약해지를 통보하는 내용증명 샘플을 임대인에게

보내거나 중개사가 대리로 작성한다.

4. 공인중개사는 법무사를 소개하거나 임대인이 직접 법원에 임대차 계약해지사유를 기재해 명도 소송을 제기하게 한다.

5. 법원에서 집행관이 나온다(출입문이 잠긴 상태라면 공인중개사는 증인으로 참석한다).

6. 집행관은 임차인의 유체동산에 딱지를 붙이고 간다.

7. 법원 판결 후 임차인의 유체동산을 국가창고에 보관한다.

여기까지 시간이 흐르는 동안 차임과 관리비는 계속 발생되므로 보증금은 훼손되고 법정 비용까지 추가된다. 임대인의 보증금이 부족할 수도 있다. 새로 임차인이 들어올 때까지 공실을 생각하면 더욱 손해가 크다. 그래서 임대인은 임차인이 차임을 연체하면 소송으로 진행될 기간을 고려해 내용증명을 보내는 액션을 해야 한다. 내용증명 단계에서 임차인이 스스로 나갈 가능성이 매우 크다. 그렇지 않으면 그다음 단계로 법원에서 문서가 날라오면 퇴실하게 된다. 혹은, 집행관이 다녀가면 퇴실할 수 있다. 이렇게 명도 소송해서 집기를 모두 끌어내기 전에 퇴실하는 경우가 더 많으니 공인중개사에게 고마워한다. 중개사가 내용증명으로 도와주는 것은 임대인에게 흡족한 결과를 주고 고객 관리의 최상서비스로 인정된다. 내용증명은 특별한 형식 없이 작성해도 된다. 임차인이 차임을 연체하는 현재 상황을 기재하고 여러 번 전화나 문자로 독촉했다는 사실과 그래서 임대차를 해지한다는 내용을 통지하면 된다. 내용증명 샘플을 만들어놓고 있다면 도움이 될 것이다.

내용증명

수신인 :
주 소 :
전화번호 :   법인(주민)등록번호 :

발신인 :
주 소 :
전화번호 :   법인(주민)등록번호 :

제목 : 임대료 연체에 관한 건
소재지 :

경위 :
- 귀사가 사용 중인(년   월   일 임대계약 만기) 해당 호실의 임대료와 관리비가 오늘   년   월   일 현재 연체되고 있습니다.
- 차임은   년   월부터 입금이 안 되고 세금계산서는 발행되었습니다.
- 관리비도   년   월부터 입금이 안 되고 세금계산서는 발행되었습니다.
- 여러 번 ○○○께 납입을 독촉했던바 상호작성된 임대차계약 제4조 [계약의 해지] 연체액이 3기에 달하면 해지할 수 있는 사항에 해당됩니다
- 보증금은 훼손되어 잔액이   원인 관계로 귀하가   년   월   일까지 납부하지 못 할 경우 계약을 해지하며 즉시 퇴실을 요구하는 바입니다.
-      월   일부터는 지연이자가 발생할 수 있으며 임대인이 입은 손실에 대해 별도의 배상이 따를 수 있음과 법적인 절차도 이행한다는 사실을 최고하는 바입니다.

                   년   월   일

                              임대인   (인)

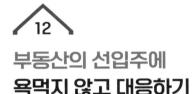

부동산의 선입주에
욕먹지 않고 대응하기

　경험이 많은 공인중개사는 보증금이 소액인 임차인 소개를 꺼린다. 일반적인 보증금과 임대료일 경우에 임대인을 설득해서 할인하는 경우는 상당히 많다. 누구든지 시세보다 낮은 가격에 입주하길 원하기 때문이다. 임차인이 보증금을 높이고 월세를 낮추길 원하면 임차인의 자본력을 의심하지 않는다. 오히려 임대인은 수익을 위해서 월 차임을 더 받는 것이 이익이기 때문에 임대인을 설득해야 계약이 된다. 그런데 보증금을 낮추고 월세를 높이길 원하면 문제가 더러 발생한다. 운영이 잘되어 월세 지불이 부담이 되지 않아야 하는데 월세가 부담되면 연체 확률이 높아진다. 그래서 보증금이 낮은 임차인을 소개하는 경우는 특별히 주의를 요한다. 첫 달부터 차임을 연체해서 임대인을 기분 나쁘게 만들고 보증금만큼만 살다가 떠나는 사람이 종종 있다.

　선입주의 사례를 보면 주거와 비주거, 둘 다 공통적이다. 처음에 정상적인 보증금과 임대료로 계약을 한다. 그러고는 잔금 시점이 되면 "전에 살던 부동산이 계약이 안 되어 보증금을 낼 수가 없다. 보증금이 반환되는 대로 줄 테니 먼저 입주를 시켜달라"고 한다. 또는 "가지고 있는 얼마를 더 주고 보증금 반환이 되는 대로 추가 입금하겠다"라고 한다. "대신 월세를 조금 더 내겠다"라고 한다.

공인중개사는 이 단계에서 무조건 "안 된다. 보증금을 입금하지 않으면 입주할 수 없다"라고 말해 임대인에게 사실을 전달하고 정확하게 정리해야 한다. 임대인은 임차인의 사정을 고려해서 그러라고 말하는 경우가 있는데, 공인중개사가 거절하면 중개사를 원망하고 임대인에게 사정사정해서 몰래 입주해 있는 경우도 보았다.

이런 임차인이 임대료를 제대로 낼까? 계속 차임이 연체되면 그제야 임차인의 말이 거짓말이라는 사실을 알게 되고 공인중개사를 원망한다. 전에 있던 곳에서 이미 보증금이 모두 훼손된 상태이기 때문에 더 이상의 자금은 애당초 없던 것이다. 잔금 시점에서 보면 임대인은 천사이고 중개사는 악마였지만 임대인은 이런 임차인을 소개했다고 공인중개사를 원망한다.

이런 임차인을 내보내기는 너무 힘들다. 보증금도 없는데 소송을 하자니 임대인 지출만 커진다. 그래서 들이기는 쉬우나 내보내기는 힘들다는 말이 나온 것이다. 임대인에게 사실을 전달하지 않고 처리하다가 공인중개사가 책임을 져야 하는 경우도 있다. 계약한 임차인이 입주 전에 청소한다고 해서 문을 열어줬는데 짐을 1~2개씩 옮겨두는 경우가 있다. 어차피 입주할 거 아니냐며, 인테리어에 손을 댄 경우도 있다. 새 가구나 집기가 배송된다고 문을 열어달라고 한다. 해당 주소로 미리 주문한 물건이 택배로 온다. 다른 날은 시간이 없어서 인터넷 설치만 먼저 한다고 한다. 공인중개사에게 이런저런 요구를 해서 그때마다 문 열어주러 쫓아다니다가 비밀번호를 가르쳐주면 기어코 사고가 난다. 임대인은 왜 비밀번호를 가르쳐줬느냐고 항의할 것이고 공인중개사에게 해결하라고 한다. 그래서 잔금 전에 입주시키는 것은 무조건 주의를 요한다. 임차인이 잔금 전에 선입주한다면 중개사는 잔금을 입금하고 입주하게끔 유도해야 한다.

계약할 당시 상황이라면 월세계약인 경우, '잔금을 입금 후 집기 등의 반입이 가능하며 관리비는 집기반입일부터 지불한다. 월 차임은 정한 잔금일로부터 기산한다'라고 특약에 기재해서 임대인이 동의하게 한다. 계약할 당시에 말하지 않아 중개사를 당혹하게 만든다면 '보증금을 완납하지 않고 반입은 임대인이 거절한다. 잔금을 먼저 입금해야 한다'라는 것을 꼭 알려주고 관리비도 지불하게 한다.

이때 계약에서 정한 입주일보다 많이 빠른 경우는 월 차임 문제도 거론하게 된다. 임대인의 성향에 따라 빠른 입주는 자신이 임대료를 받지 못해 손해라고 생각할 수 있다. 임대인은 며칠을 봐준다는 기준이 없다. 당연한 것도 아니다. 이런 것을 렌트프리로 생각하는 임차인이 있으므로 임대인과 협의해서 진행해야 한다.

전세의 경우 임차인이 거주한다면 선입주가 안 된다. 임차인이 퇴실 후 공실이라면 임대인에게 요구할 가능성이 있다. 청소나 인테리어를 이유로 선입주를 요구한다. 입주하기 바로 전에 청소만 한다면 문을 열어줄 수 있다. 그런데 입주하기 훨씬 전부터 인테리어를 한다면 곤란하다. 계약할 때 어느 정도 선에서 수리할지, 견적을 받았느냐고 물어보고 일부라도 중도금을 받게 한다. 중도금을 입금하면 단순하게 해지할 수도 없고 설사 계약이 해지되고 일부 인테리어가 변경되었더라도 철거할 비용으로 쓸 수 있다. 이때도 관리비는 내게 한다. 인테리어를 하다 보면 사고가 생길 수 있다. 규모가 있는 집합건물에서는 인테리어를 할 때 관리사무소에 신고하게 되어 있다. 관리사무소는 인테리어 회사로부터 안전사고에 대한 체크와 공사비 일부를 예치하게 한다. 간혹 소음이 발생하는 건 안내방송을 하거나 주변 세대에 알림장을 붙인다.

인테리어업을 하는 이들은 귀찮은 일에 돈까지 예치하니 신고를 간과할 가능성이 크다. 만일 임차인의 인테리어로 사고가 발생하면 임차인이 해결해야 한다. 사고는 종종 일어난다. 수돗물을 틀어놓고 가버려 밤새 물이 흘러서 넘친다든가, 창문을 열어놔서 비바람이 들어오게 하는 일이 있다. 목재나 유리 등을 옮기다가 사람이 다치는 일도 발생한다. 사고의 정도에 따라 소유자에게 책임이 올 수도 있다. 공인중개사는 사고를 미연에 방지하기 위해 관리사무소에 반드시 신고하고 인테리어를 하라고 말해야 한다.

정리하면, 계약서 작성 후 잔금 사이에 많은 일이 벌어진다. 공인중개사가 해결하지 못하는 일도 있다. 하지만 추측이 되는 사고는 예방해야 한다. 보증금이 훼손되어 없는 임차인으로 예상되면 임대인에게 미리 말해서 입주를 못 하게 한다. 월세도 납부하지 못할 것이기 때문이다. 입주일보다 빠르게 가구나 집기를 반입할 월세의 경우는 잔금을 입금 후 관리비를 납부하는 선에서 해결한다. 전세의 경우, 선입주는 불가능한 것으로 판단한다. 잔금 전에 인테리어 등을 할 경우, 상응할 만한 정도의 중도금을 받아두게 하는 것이 좋다. 공인중개사가 의뢰인들의 대화에서 이미 알고 있는 사실이라면 계약서에 내용을 잘 기록한다.

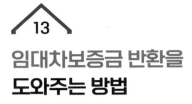

임대차보증금 반환을
도와주는 방법

    임대차가 종료되면 임대인은 보증금을, 임차인은 주택을 동시에 반환해야 한다. 임대차가 종료되어도 보증금 반환 때까지 임대차 관계는 존속된다(주택임대차보호법 제4조). 중개사가 계약을 해줬어도 제때 임대인이 보증금 반환을 해줄 수 있을지는 알 수 없다. 임대인은 월세 보증금처럼 낮은 금액이라면 보증금 반환이 쉬울 텐데, 전세는 후속계약이 되어야만 가능하다. 임차인은 중개사무소에 찾아와서 직접 집을 내놓기도 하고 반환조치를 해달라 사정할 것이다. 임대가 잘되던 때에는 전세금을 높이고도 걱정 안 해도 계약이 되지만, 전세금을 많이 낮춰도 계약이 안 되면 임대인과 임차인, 중개사는 모두 걱정을 하게 된다.

    중개사가 반환문제를 책임질 수는 없지만 의뢰인을 도와주기 위한 내용을 알아보자.

임대인은 전세자금 대출이 아니면 현금을 구할 길이 없다

    임차인에게 임대보증금을 반환하기 위한 자금만 지원하는 대출상품이 있다. 임대차 기간 만료(임대차계약 기간 만료 후 동일한 주택에서 동일한 임차인과 임대보증금을 인하해 계약갱신하는 경우 포함) 등으로 임차인에게 임대보증금을 반환하기 위해 대출을 받고자 하는 임대인으로 '주택금융신용보증서'

가 발급되는 개인이어야 한다. 임대인이 이미 임차인에게 임대보증금을 반환한 경우는 해당이 안 된다. 대상 주택 또는 대출 신청인 및 배우자가 소유한 거주지의 부동산에 소유권의 권리 침해(압류, 가압류, 경매 등)가 있는 경우는 대출 심사에서 제외된다. 대출신청일 현재 임차인이 대상 주택에 대항력(확정일자 및 전입)을 유지하고 있어야 한다. 임차인이 임차권 등기 또는 전세권을 설정한 후 전출했다면 전입 유지한 것으로 간주한다.

대출금액은 임차인 명의 계좌로 지급된다. 신청을 위해서는 임대차계약서, 소득증빙서류, 주택 관련 서류가 필요하다. 전세금 대출을 받으면 후속 계약자와는 전세금 반환보증을 특약으로 기재해야 한다. 대출 이용 기간 동안 신규주택 구입이 금지된다. 이를 위반하면 자금이 회수되고 주택담보대출도 취급이 불가하다.

국민은행을 예로 대출 기간은 2년 이내이고 기한은 4년까지 연장된다. 대출 대상은 12억 원 이하 주택이며, 등기사항증명서에 주택으로 표시된 건물이어야 한다. 복합용도의 건물은 임차면적 중 주거전용면적이 1/2 이상이어야 한다.

대출 신청 시기는 임대차 기간이 만료한 경우 계약 만료일 전후 3개월 이내, 임대차계약이 중도해지되는 경우 중도해지 효력발생일로부터 기산한다.

1. 임대인과 임차인의 합의에 의한 해지는 계약해지일 전후 3개월 이내로 최초 임대차계약 체결 후 2년이 경과해야 한다.

2. 주택임대차보호법 제6조의2에 따른 해지는 임대인이 해지 통지를 받은 날로부터 3개월 경과 전후 3개월 이내이어야 한다.

3. 임차인의 귀책 사유에 따른 해지는 임대인이 해지 통지한 날로부터 6개월 경과일 이후 3개월 이내이어야 한다.

대출금액은 국민은행 홈페이지에서 확인이 가능하다.

임차인은 법적 조치를 취할 수 있다

법원은 임대차계약서상의 임대차 기간이 종료되었고, 임차인이 임대인에게 임대차계약 종료를 통보한 내용증명 등이 있으면 기계적으로 임차권등기명령을 내준다. 임차인은 만기 전에 내용증명을 보내서 계약을 연장하지 않고 퇴실한다고 정확하게 의사표시를 하는 것이 좋다. 그다음 주택소재지 관할 법원에 임차권 등기를 실행한다. 포털에서 '나홀로소송'을 조회하고 전자 소송으로 할 수 있다. 비용이 저렴하고 보증금 1억 5,000만 원 이하의 임차인은 면제된다. 주택임대차 분쟁조정 위원회(02-2133-2133)에 조정신청을 한다(주택임대차보호법 제14조).

대한민국법원 나홀로소송 사이트

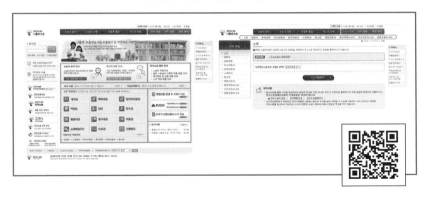

1. 임차권등기명령으로 순위보전
2. 임대차보증금 반환 소송으로 승소 확정
3. 승소판결문으로 경매 신청
4. 입찰 진행 후 낙찰자 결정
5. 낙찰자 잔금
6. 배당

앞의 순서대로 진행하되 시간이 관건이다. 임차인이 경매로 보증금 반환을 요구해서 배당까지는 한두 해는 훅 가버리게 된다. 낙찰자는 1차에서 바로 결정되는 것이 아니라 낙찰받을 만한 금액으로 유찰을 시킨 후 낙찰받는다. 임차인을 대상으로 명도 소송을 하는 단계에서 임차인이 자진해서 퇴실하듯, 보증금 반환도 내용증명을 보내고 임차권 등기를 하는 단계에서 반환되는 경우가 많다. 그러기 위해서 임대인에게 보증금 반환에 대한 내용증명을 보낸다.

가격이 올라갈 때까지 기다린다

임차인이 임대인을 상대로 소송해서 받는 것은 시간이 너무 지체된다. 선순위가 있는 물건은 낙찰자에게 가격 부담이 되므로 유찰이 거듭된다. 시간이 흐르면서 가격이 자연스럽게 회복되길 기다리는 것이 나을 수도 있다. 부동산 시장이 불경기 때에는 임차인들이 임대주택을 경매할 수가 없고, 부동산 시장이 회복되면 임차인들이 가만히 있어도 임대인들이 자금을 구해서 임대보증금을 반환한다. 부동산 시장이 회복되어서 임대인들이 임대보증금을 반환할 수 있다는 것은 주택의 전세금이 올랐다는 이야기다. 임차인들은 당시에 거주하는 주택과 동급의 주택을 임대하는 데 비용이 더 들어가게 된다. 그렇게 되면 임차인들이 이사 갈 이유가 사라진다. 역전세 상황에서는 보증금 반환 소송이 비합리적이다. 임차인에게 역으로 전세 시세 차액에 대한 이자를 내주면서 기다리는 방법이 오히려 현실적이다. 임대인과 임차인이 함께 부동산의 회복을 기다릴 수밖에 없다. 그래서 임대인들의 커뮤니티에서는 가격이 올라갈 때까지 기다리는 것이 상책이라는 그들만의 대화가 오고 간다.

14
교통유발부담금 대상과
납입 대상

　중개를 하다 보면 다양한 일이 생기는데, 그중 하나가 교통유발부담금이다. 중개할 때는 말을 하지 않았는데 뒤늦게 고지서를 받다 보니 임대인이 이것을 내는 것이 맞느냐고 쫓아온다. 또는 임대계약서를 작성할 때 임차인에게 부과하면 왜 임차인이 내야 하느냐고 따지게 된다.

　교통유발부담금은 교통의 혼잡을 위해 원인자부담의 원칙에 따라 일정규모의 시설에 부과한다(도시교통촉진법 제36조). 차량이나 시설물로 교통유발의 원인이 되는 자에게 사용하는 비용을 부담하게 해서 이웃과 함께 더 나은 환경을 만드는 데 기초가 되는 세금이다. 시설물 각 층 바닥면적의 합계가 1,000㎡ 이상의 시설물, 집합건물 중 개인소유 지분 면적 160㎡ 이상 소유자에게 부담되는 세금이다. 도시 중에서 인구 10만 명을 초과하는 시·군·구가 해당한다. 농촌은 제외가 되며 읍·면 단위는 부과되지 않는다. 단, 국토교통부장관이 판단해서 지자체장 요청이 있다면 행정안전부와 심의를 통해서 추가로 지정이 되는 경우가 있다고 한다. 교통유발부담금은 직전년도 8월부터 해당연도 7월까지의 기간이다. 해당 대상자에게 고지서를 발급한다. 매년 10월 중순부터 10월 말 후불제로, 1회 납이다. 기간 내 납부하지 않으면 가산세가 있으며 500만 원 이상은 분납상환이 가능하다.

교통유발부담금은 감면이 가능한 경우가 있다. 휴업, 폐업 등 30일 이상 운영하지 않았다면 그 기간만큼은 감면이 가능하다. 이 경우 시설물 미사용신고서와 함께 감면받기 위한 서류를 제출한다. 감면서류는 국세청에 신고된 부동산 임대공급가액 명세서, 공과금(전기 및 수도)고지서, 관리비 내역서다. 납부 대상 중 제외 가능한 조건은 주한 국제 기구, 외국 원조 단체, 주한 외국 정보기관 소유의 건물인 경우, 주거용 건물, 비영리 공장 단체의 업무용 시설인 경우, 정당소유권이 있는 건물, 기타 교회, 도서관, 주차장 등이다. 교통유발계수는 공장 0.47, 백화점 10.92 정도로 연구소나 도서관은 낮고 종합병원이나 실외골프장 백화점은 높다. 건축물대장을 따르되 사용 용도가 다르다면 실제 사용되는 용도를 적용한다. 지자체 교통 행정과에 전화하면 팩스나 이메일을 발행해준다.

　　교통유발금은 소유자에게 고지서가 온다. 하지만 임차인이 납부하는 것으로 특약에 넣는 것을 임대인이 요청하는 경우가 있다. 임대인은 공실인 경우는 나오지 않는데, 임차인이 입주했으므로 임차인이 내야 한다고 주장한다. 어떤 임차인이냐에 따라 교통유발계수가 다르니 그 말도 틀린 말은 아닌 것 같다. 그래서 지자체에 전화해서 임차인이 납부하는 것으로 조정을 원하면 임차인에게 부과한다. 하지만 임차인은 임대료에 포함되어 있다고 말한다. 임대인에게는 임대료를, 관리소에는 관리비만 납부하는 것이 임차인의 의무사항이고, 그 외 부동산의 세금은 무관하다고 말한다. 어떤 임차인은 내고 어떤 임차인은 안 내는 식으로 임대인이 누구냐에 따라 다르다는 것은 형평성에 맞지 않는다. 이 또한 임대인에게 제3의 임대료를 주는 것이다.

　　공인중개사는 처음에 계약서를 쓸 때 특약에 넣어달라고 하면 어쩔 수 없이 임차인과 협의를 하는데, 이 과정에서 계약이 결렬되는 경우가 종종 있다. 임차인은 금액이 얼마 정도 나오는지 모르기 때문에 수긍하다가 나중에 항의한다. 교통유발부담금은 공인중개사를 곤란하게 만든다. 임차인이 부담한다고 하더라도 직전년도 8월부터 당해연도 7월까지 금액으로 전 임차인과 금액이 안분되어야 한다. 하지만 10월에 고지서가 발부되어 전 임차인은 퇴실 후가 될 테니 이를 트집 잡는 임대인이 있다. 전 임차인의 퇴실 협의를 공인중개사가 했을 경우 퇴실 임차인에게 받아놓도록 해야 하는 것까지 공인중개사에게 미룬다.

공인중개사는 고지서가 임대인에게 부과되고, 차임에 포함되어 임대인이 내는 것으로 하면 속이 편한데 눈치를 보게 된다. 임대인의 요구에 무조건 수긍하지 말고 임대인이 알 만한 주변 건물들의 사례를 여러 건 수집해둔다. 어쩔 수 없는 경우에 합의에 의해 임차인이 내기로 작성하는 것이 좋겠다. 임차인도 마찬가지다. 임차인이 내는 사례를 수집해두었다가 어쩔 수 없는 경우, 예를 들어 설명하고 설득한다.

계산 방법
바닥면적의 합 × 단위부담금(해마다 인상) × 교통유발계수(지자체마다 다름)
3,000㎡ 이하 700원, 3,000㎡ 초과~30,000㎡ 1,400원,
30,000㎡ 초과 2,000원

예) 식당을 하는 경우 교통유발 부담금
50평 일반음식점(165㎡ × 700원(1㎡당) × 2.56 = 295,680)

대분류	구분	세분류	유발계수
근린생활시설	가	식품, 잡화, 의류, 완구, 서적, 건축자재, 의약품, 의료기기 등 일용품을 판매하는 소매점	1.68
	나	일반음식점	2.56
	다	실외골프장	5.00
	라	탁구장, 체육도장, 테니스장, 체력단련장, 에어로빅장, 볼링장, 당구장, 실내낚시터, 실내골프 연습장, 놀이형시설 등 주민의 체육활동을 위한 시설	1.8
	마	그 밖의 근린생활 시설	1.44
의료시설	가	종합병원	2.56
	나	병원, 치과병원, 한방병원, 정신병원, 요양병원 및 격리 병원	1.34
교육연구시설	가	교육원, 연구원, 직업훈련소, 학원(자동차학원은 제외)	1.42
	나	연구소(연구소에 준하는 시험소, 계량 계측소 포함), 도서관	0.90
운동시설	가	체육관, 운동장, 골프장(골프연습장은 제외)	1.68
업무시설	가	공공업무시설 및 일반 업무시설	1.80

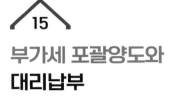

부가세 포괄양도와
대리납부

　일반 매매 거래에서 매도자가 세금계산서를 발행하면 매수자는 부가세를 지불하고, 부가세 신고 달에 또는 조기 환급 신청했을 때 국세청으로부터 환급된다. 부동산 임대사업자는 세금계산서를 발행하지 않고 부동산 임대업을 포괄 양도·양수하게 되어 있다. 부가세 포괄양도·양수는 주택처럼 부가세 없이 공급가액만 주고받는다. 주택과 다른 점은 건물분 부가세는 얼마인지 토지 금액과 안분해야 하는 것이다.

　공인중개사는 건물분 부가세 금액을 표기하고 포괄 양도·양수한다는 내용을 특약에 기재한다. 공인중개사는 부동산 임대업을 포괄해서 승계하기 때문에 "해당 부동산의 임대보증금 ○○○원/차임 ○○○원의 임대업을 승계하는 포괄 양도·양수계약이다"와 같이 현재 임대계약된 내용을 기재한다.

　일반사업자의 포괄 양도·양수라고 하면 그 사업체의 모든 것이 포괄되어 불상사가 있을 수 있으므로 부동산에서는 허용되지 않는 거래가 된다. 임대업에 대한 포괄 양도·양수임을 반드시 기억하되 계약 당사자 중에서 한쪽만 임대사업자여도 안 된다. 임대사업용 부동산을 매수자가 직접 사용하는 경우에는 세금계산서를 발행하고 부가세를 납부 후 환급하는 정상 절차를 거쳐야 한다. 매도자가 직접 사용하고 있는 부동산을 매수자가 임대사업 하고자 할 때도 정상적으로 세금계산서를 발행한다. 해당 부동산에서 일부만 직접 사용하고 대부분을 임대로 한다고 해도 세금계산서 발행 대상이다.

부가세 포괄양도·양수 매수자에게 초기자금이 덜 들어가고 매도자가 세금계산서 발행을 하지 않기 때문에 공인중개사에게도 편리하다. 그래서 포괄 양도·양수를 남발하는 경우가 있는데, 세무서에서 문제 삼을 소지가 있다. 반면에 세금계산서를 발행했는데 매도자가 부가세를 납부할 수 없을 정도의 경제적 불안 사안이 발생할 수 있다. 이때는 매도자의 계좌로 입금하지 않고 매수자가 부가세만 대리 납부할 수 있다. 공인중개사가 거래를 하다 보면 가격을 조율하면서 매도자의 상태를 자연스럽게 알게 된다. 만일, 매도자에게 부가세를 지불한 후 세금을 안 내거나 못 낼 가능성이 느껴진다면 대리납부를 하게 유도한다. 국세청에서 이와 상관없이 환급해주는 것이지만 매수자에게 전화가 오거나 불편한 상황이 초래될 수도 있다. 그런 경우에 매도자에게 매수자가 부가세 대리납부를 원한다고 말하고 허락을 구한다.

또 정상적인 거래로 세금계산서를 발급하고 매수자가 부가세 환급을 받은 후 간이사업자로 변경하면 안 된다. 앞서 다룬 것과 같이 간이사업자는 부가세까지 지불하고 지출을 증빙하기 때문이다. 면세사업자는 다른 부분에서 세금이 절감된다. 환급한 부가세를 추징할 수 있으니 일반사업자는 10년 이상을 유지해야 한다. 공인중개사 책임은 아니나 후에 계약 당시 상황을 물어보거나 번거로운 일이 발생할 수 있으니 알고 있으면 도움이 된다.

부동산 임대 포괄 양도·양수계약서

사업장(부동산 소재지)					
거래금액		건물		토지	
"갑"	주　　　　소				
	주민등록번호			성　　명	
"을"	주　　　　소				
	주민등록번호			성　　명	

"갑"이 소유·운영하고 있는 위 사업에 관한 일체의 권리와 의무를 "을"에게 양도하기로 하고 다음과 같이 계약을 체결한다.

제1조【목적】 본 계약은 "갑"이 운영하고 있는 위 사업장의 부동산 임대업에 관한 일체의 권리와 의무를 "을"에게 양도, 양수하는 데 그 목적이 있다.

제2조【양도, 양수방법】 "갑"과 "을"은 부동산을 매매하며 "을"은 임대사업양수에 따른 공급가 외 부가가치세를 별도 지불하지 않으며 매도자는 부가세에 해당하는 세금계산서를 발행하지 않는다.

제3조【양도, 양수의 효력】 본 계약은　　년　　월　　일에 그 효력을 발생하며, 양수인은 반드시 과세사업자로 사업자등록을 하기로 한다.

제4조【양도, 양수 금액】 본 계약에 의한 양도, 양수 금액은 일금　　　　원으로 하며, 대금지급 절차 등의 제반사항은 매매계약서에 의한다.

제5조【기타】 본 계약에 정하지 아니한 사항은 상호협의에 의하며, 협의가 되지 아니하는 경우에는 신의, 성실에 입각한 건전한 관습에 의한다.

제6조 본 계약을 증명하기 위하여 계약서 2통을 작성해 양도, 양수인이 각각 1통씩 보관하기로 한다.

년　　월　　일

"갑"　　　　　　(인)

"을"　　　　　　(인)

16
부가세 면세사업자와의
거래 방식

　부동산 거래는 주택과 토지를 제외하고 모든 거래에 부가세 의무가 있다. 상가나 사무실 공장을 거래하면서 임대료에 부가세 별도를 체크하는 것과 같은 원리다. 주택만 거래하던 중개사는 부가세가 없는 계약을 위주로 일을 하니 상가를 계약할 때 부가세를 잊기가 쉽다. 중개사가 흔히 만나는 일반사업자와 법인사업자는 반드시 세금계산서를 발행해야 한다. 부가세 면세사업자는 부가세를 납부해도 환급을 받지 못한다. 그렇더라도 면세사업자는 전액을 지출에 대한 증빙으로 처리하니 불이익은 아니다.

　임대인이 면세사업자이면 임차인은 부가세를 내지 않아도 되고 임차인은 임대료 지급에 대한 증빙을 현금영수증으로 가능하다. 임차인이 면세사업자이면 임대인에게 세금계산서를 받고 부가세를 지불해 증빙은 되나 환급을 받지 못한다. 둘 다 면세사업자인 경우라면 공급가액만 주고받으면 된다. 부가세 면세사업자는 특정한 재화 또는 용역의 공급에 대해 부가가치세 납세의무를 면제하는 사업자를 말한다. 부가세 면세사업은 병·의원이나 학원, 농·축 수산물 판매업, 주택임대업, 연탄 판매업 등이 대표적이다. 국민의 기초적인 삶과 밀접한 관련이 있는 사업이 포함된다.

1. 기초생활 필수품 : 미가공 식료품, 연탄과 무연탄, 주택임대용역
2. 국민 후생 용역 : 의료보건용역(병의원)과 혈액, 교육용역(교육 허가받은 학원-학교·학원·강습소·훈련소, 무도학원과 자동차학원은 과세), 여객운송용역(고속버스·항공기·고속전철 등은 제외), 국민주택 공급과 당해 주택의 건설용역
3. 문화 관련 재화 : 도서, 시문, 잡지, 방송(광고 제외)
4. 부가가치 구성용역 : 토지 공급, 인적용역, 금융 및 보험용역
5. 기타 : 공중전화, 복권 등

주택 외 부동산은 매매에도 부가세가 별도라서 세무사를 통하거나 중개사 스스로 부가세를 계산해야 한다. 면세사업자라도 부동산의 매매는 부가세가 큰 비용으로 작용한다. 환급이 아니다 보니 부가세를 적게 지급하고자 하는 것은 당연하다. 부가세 산출 금액에서 30% 정도 조정이 가능하다. 공인중개사가 계약할 때 부동산 매매가 빈번하지 않은 부동산은 세무사에게 물어보고, 지식산업센터처럼 오피스나 상가 매매가 빈번하다면 직접 국세청 홈택스에서 산출한다. 거래당사자 둘 다 면세사업자라도 건물분과 토지분의 금액은 안분해야 한다. 부가세 금액을 산출하기 위해서는 건물분 가격을 알아야 한다. 국세청 홈택스 사이트를 이용한다. '국세청 홈택스 > 상담·불복·고충·제보·기타 > 기타 > 기준시가조회 > 건물 기준시가(양도)'의 순서로 찾아 들어간다.

먼저 3가지의 서류를 준비한다. 신축 당시와 구입연도의 공시지가와 매도 시점의 공시지가가 필요하다. 건축물대장에서 확인한 분양면적과 전용면적을 알아둔다. 등기사항증명서에서 건물의 구조(콘크리트, 목조 등)와 대지지분을 확인한다. 대지지분에 공시지가의 토지 금액을 곱해 확인한 토지 가액에 다음 양식에서 산출된 건물 기준시가를 더해 건물과 토지의 비율을 알아내야 한다. 그 비율에 따라서 매도하는 건물의 부가세가 정해진다.

> (매도 시점 건물기준시가/ 토지 금액 + 매도 시점 건물기준시가) × 100 = 비율

　매매가격이 10억 원이라면 산출된 비율을 곱한다. 그것이 건물가격이고, 건물가격의 10%는 부가세다. 따라서 매매 시 부가세만큼 매수자가 추가로 준비하고 세금계산서를 받으면 된다.

(출처 : 국세청 홈택스)

　결론적으로 다음과 같다.

　1. 거래당사자 둘 다 일반사업자나 법인사업자인 경우 이 금액으로 세금계산서와 함께 부가세를 주고받는다.

　2. 둘 다 면세사업자라면 세금계산서 없이 공급가액만 주고받는다.

　3. 매도인이 면세사업자이고, 매수자는 일반사업자라면 공급가액만 주고 면세용 계산서를 받는다.

　4. 매수자가 면세사업자이고 매도자가 일반사업자라면 세금계산서를

받고 부가세까지 지불한다.

　좀 더 자세한 사항은 세무사와 처리해야 하나 공인중개사가 계약서
를 쓸 때부터 알고 있어야 의뢰인이 불안해하지 않는다. 또 공인중개사
의 중개보수도 의뢰인의 사업자에 따라 처리가 달라진다.

17
계약 만기 전 중개보수
똘똘하게 청구하기

임대차계약 만기 전에 임차인이 퇴실하게 되면 임차인이 중개보수를 부담한다. 임차인이 계약 만기를 채우지 못한 책임으로 중개보수를 내는 것이지, 법으로 정해져 있는 것은 아니다. 임대인은 만기가 돌아올 때마다 임대료를 더 받는 것이 아니라면, 계약서를 자주 쓰는 것이 번거롭고 그때마다 중개보수는 민감한 사항이다. 임차인이 만기 전에 퇴실하는 것은 불편한 일이지만, 새로운 임차 계약을 해주더라도 중개보수는 내지 않는 것을 임대인은 다행으로 생각한다. 보통은 계약서에 '임차인이 계약 기간을 채우지 못하고 퇴실할 경우는 퇴실하기 전까지 임대료와 관리비를 지불하고 중개보수도 부담한다'라고 특약에 기재한다.

이때 공인중개사가 만기를 채우지 못하고 가는 임차인에게 직접 중개보수를 받을 수 있다. 또는 임대인이 받아놓았다가 전달하기도 한다. 공인중개사는 물건을 접수할 때부터 만기 전 퇴실인지, 만기 후 퇴실인지 분류해놓는다. 만기 전 퇴실 부동산을 임차인에게 접수할 때는 임차인에게 중개보수를 부담해야 한다고 알린다. 그리고 계약서를 작성하기 전에 다시 한번 임대인과 임차인 중 중개보수를 내는 주체를 확인해야 한다. 퇴실하는 임차인이 잔금일에 직접 지불할 것인지, 임대인에게 지불하고 임대인이 중개사에게 전달할 것인지를 정해야 한다.

전세계약과 월세는 약간 다르게 처리된다. 전세는 새 임차인과 입주 날짜만 서로 맞으면 되는데 월세는 만기 전의 기간에 따라 민감하게 작용한다. 만기 1개월 전을 말하는지, 만기 2개월까지는 괜찮은지, 만기 3개월 전은 누구에게 중개보수를 받아야 할지 계산을 잘 해봐야 한다. 만기 한 달 전 정도는 날짜를 맞추는 기간에 해당한다고 해서 임대인이 중개보수를 부담할 수 있다. 그것도 따지는 임대인이 있긴 하나, 만기 2개월 전이면 임차인이 중개보수와 임대료를 계산해서 유리한 날짜를 정한다. 이를테면 보증금을 제외하고 임대료가 100만 원이라고 할 때, 중개보수가 100만 원과 비슷한 수준이라면 차라리 1개월 더 살고 나간다고 말할 것이다. 중개보수를 내느니 1개월 더 살고 나간다고 할 수 있다. 새 임차인의 입주 날짜를 맞추기가 어려워진다. 만기 3개월 전도 마찬가지다. 중개사가 기껏 새 임차인을 매칭했는데 중개보수 때문에 전 임차인이 명도를 안 한다고 버티는 경우다. 기간이 많이 남았을 때는 임차인이 확실하게 지불하겠지만 애매하게 2~3개월 남은 경우는 날짜 협상에 어려움을 예상하고 부동산을 보여줘야 한다. 그러므로 새로운 임차인이 정해졌을 때는 임대인과 임차인이 잘 절충하도록 유도해야 한다.

중개보수를 절반씩 지불하게 할 것인지를 임대인과 협의한다. 안 그러면 임차인이 만기까지 있게 될 것이고 임대인 입장에서 월 차임은 기존 임차인, 새 임차인 누구에게라도 받을 수 있다. 하지만 향후 중개보수는 온전하게 임대인이 지불해야 한다는 사실을 말해서 절충하게 한다. 그래서 계약서 작성에 참여하지 않는 전 임차인에게도 중개보수의 액수를 정한다. 만기 전 퇴실로 중개보수 부담이 있다는 사실을 전화로 말하고 계약서를 쓰는 것이 좋다. 임차인이 만기 전이라서 중개보수를 전액 부담해야 한다면 직접 공인중개사에게 지불하고 세금계산서나 현금영수증을 받을 것인지를 확인한다. 계약서 작성의 주체가 임대인이라서 임대인이 서명하고 전 임차인이 서명하지 않으므로 중개보수 지불을 거부하면 임대인에게 청구해야 한다.

　만일 계약하고 잔금일까지 일이 순조롭게 진행되지 않아 감정이 상하면 전 임차인이 중개보수를 지불한다는 보장이 없다. 차임을 연체하고 있는 임차인이라면 중개보수를 지불할 능력이 없을 가능성도 있다. 혹시 차임과 관리비를 연체하고 있다면 남은 보증금에서 중개보수를 받을 수 있는지 확인하는 것이 좋다. 전 임차인의 상황이 나쁘다면 임대인에게 "임대인이 계약서를 작성하고 확인·설명서의 중개보수까지 확인하고 서명했으니 임대인이 임차인에게 받아서 중개사한테 지불하는 것이다"라고 미리 말한다. 임대인은 임차인의 보증금에서 밀린 차임과 관리비를 제외하고 중개보수도 공제 후 잔액만 환급할 것이다. 전 임차인이 직접 공인중개사에게 지불한다고 하면, 임대인에게 미리 "임차인으로부터 중개보수를 받으면 연락해드릴 테니 그 후에 잔여 보증금을 환불하세요"라고 말한다. 임차인이 중개보수를 입금하지 않고 퇴실하면 그 임차인에게는 받을 길이 없다. 임대인은 이런 과정을 모르고 전 임차인한테 알아서 받았어야지, 왜 못 받았느냐고 할 수도 있다. 그래서 계약서 작성 전, 작성 중, 작성 후 잔금 납부 시까지 여러 번 확인하고 고지해서 받아야 한다.

　주택의 경우는 잔금일에 열쇠를 가져오거나 공과금 정산 후 환급하기 위해서 전 임차인을 잔금 후에 입회시킨다. 그때 중개보수를 받으면 된다. 하지만 요즘은 온라인 입금이 간편해져서 미리 이사하는 경우도 종종 있다. 공과금은 중간정산으로 온라인 입금처리, 열쇠는 현관 신발장에 있고 비밀번호만 알려주고 보증금을 환불받는 경우다. 주택의 전세가 아닌 경우는 보증금이 작아서 먼저 이주하고 보증금을 후에 환급하는 경우가 더 많다. 이럴 때는 전 임차인을 다시 만날 수 없을 경우가 발생하니 중개보수에 관한 확인이 필요하다.

18
해지된 계약의
중개보수 받을 수 있나?

　중개사는 의뢰인의 계약서를 작성하기까지 우여곡절이 많지만, 계약서 작성 후에도 의뢰인이 잔금을 지불하지 못하는 어처구니없는 일들이 있다. 중개보수는 계약서를 작성하면 받을 권리가 있다. 그래서 계약서를 작성할 때 중개보수 지급일을 계약일로 정하기도 하고, 계약일에 50%, 잔금일에 50%를 기재하기도 한다. 물론 잔금일에 100%를 받는 경우가 가장 많다.

　계약서 양식에는 '개업공인중개사는 임대인과 임차인이 본 계약을 불이행함으로 인한 책임을 지지 않는다. 또한, 중개보수는 본 계약 체결과 동시에 계약 당사자 쌍방이 각각 지불하며, 개업공인중개사의 고의나 과실 없이 본 계약이 무효·취소 또는 해제되어도 중개보수는 지급한다. 공동중개인 경우에 임대인과 임차인은 자신이 중개의뢰한 개업공인중개사에게 각각 중개보수를 지급한다'라고 인쇄되어 있다.

　의뢰인이 여기저기 둘러보다가 마음에 드는 부동산이 있어 계약서를 쓰지 않은 채 계약금만 입금한 상태에서 해지가 되면 중개사가 중개보수를 청구하기 힘들다(예외 있음). 중개보수는커녕 계약해지에 대한 해지금 또는 위약금으로 중개사를 신경 쓰이게 한다. 계약서는 작성했는데 당사자 간의 변심으로 계약이 해지되었다면 중개보수를 청구할 수 있다. 예상하지 못한 재정적 문제나 서로 합의한 조건을 이행하지 않거나 법적 문제가 발생되어 계약 진행이 어려운 경우다. 계약 당사자는 계약을 해지하는 것이 유지하는 것보다 낫다고 판단한 것이므로 더 나은 계약 자체를 인정해서 중개보수를 지급하는 것이다. 이러한 계약해지에서 계약금을 포기한 의뢰인은 포기하는 것이 계약을 유지하는 것보다 이익이기 때문에 포기한 것이다. 포기한 계약금을 받은 계약 당사자는 다시 계약을 할 수 있으므로 이익이다. 그래서 중개보수를 각자가 의뢰한 중개사에게 각각 지급해야 한다.

하지만 현실적으로 계약금을 지불했다가 포기한 의뢰인은 금전의 손실이 있었다고 생각한다. '다른 부동산으로 다시 구해주세요'라는 의미로 보수를 잘 주려고 하지 않는다. 중개사들은 이때 손님이 살아 있다고 표현을 한다. 손님이 살아 있으니까 다른 것으로 해주면 되고, 손님은 고생만 한 공인중개사한테 미안해서 다른 곳으로는 절대 안 간다는 것이다. 과연 그럴까?

중개업 현실에서는 이게 잘 안 된다. 당장 계약금 손실이 있었으므로 해지했을 때 중개보수 청구가 잘 안 된다. 돈 받은 쪽이 이익이니 거기서 받으라고 한다. 미안해서 다시 올 것 같은 의뢰인도 부동산 계약을 아예 포기하거나 다른 부동산 중개사무소에서 해주는 물건을 계약할 가능성이 있다. 계약금을 받은 소유주는 제때 계약이 안 되어 손해인 듯 말하며 다른 손님을 붙이라고 쉽게 말한다. 하지만 그에 대한 전속권을 요구해서 받기 전에는 인정을 안 하려고 한다. 마침 시세가 떨어지면 제때 계약이 안 이루어져서 그렇다고 원망한다. 시세가 올라가면 다른 부동산 공인중개사가 내미는 제안에 훅 넘어가 계약을 해버린다. 대부분 고객은 인간적인 면도 없지는 않으나 경제적 논리가 항상 그보다 앞선다.

중개사는 해지된 계약에서 법적으로 중개보수를 청구할 권리가 있음에도 불구하고 못 받고 넘어가는 경우가 다반사이며, 전속권리를 주장하면서 위로해야 한다. 계약서 조항에 적혀 있는 것처럼 '위와 같이 중개보수를 청구합니다. 그렇지 않으면 제게 전속 중개 권리를 주십시오', 중개보수 청구가 당연한 법적 권리이긴 한데 동네에서 일어나는 일이다 보니 불편하고 다툼이 생기기 때문이다. 그래서 어쩔 수 없이 고객관리 차원에서 고객에게 빚진 마음을 만들고 다음 기회를 노리게 된다.

어쩔 수 없는 해지에 중개사가 많이 참고 가지만 그래도 받아야겠다는 의지가 있다면 다음 판례를 이용해서 끝까지 청구하면 된다. 부동산 중개업자가 계약의 성립에 결정적인 역할을 했음에도 중개행위가 중개의뢰인의 책임 없는 사유로 중단되었다. 중개사가 최종적인 계약서 작성 등에 관여하지 못한 경우, 중개의뢰인에 대해 중개수수료를 청구할수 있는지를 판단한 판례다.

> **부산지방법원 2007. 1. 25. 선고 2005나10743 판결/ 춘천지법2016가소5341**
> 부동산의 중개행위는 중개업자가 중개대상물에 대하여 거래당사자 간의 매매·교환·임대차 기타 권리의 득실과· 변경에 관한 행위를 알선하는 것으로서 원칙적으로 중개업자는 중개대상물에 대한 계약서의 작성 업무 등 계약 체결까지 완료되어야 비로소 중개의뢰인에게 중개수수료를 청구할 수 있는 것이나, 다만 중개업자가 계약의 성립에 결정적인 역할을 했음에도 중개행위가 그의 책임없는 사유로 중단되어 최종적인 계약서 작성 등에 관여하지 못했다는 특별한 사정이 있는 경우에는 민법 제686조 제3항, 상법 제61조의 규정 취지나 신의 성실의 원칙 등에 비추어 볼 때 그 중개업자는 중개의뢰인에 대하여 이미 이루어진 중개행위의 정도에 상응하는 중개수수료를 청구할 권한이 있다.

중도금까지 들어간 상태에서는 계약해지가 안 되기 때문에 중개사가 더 피곤해진다. 어떤 경우는 계약해지가 안 되면 잔금까지 가니 중개사에게 더 이익이라고 생각할 것이다. 어쩔 수 없이 잔금 이행을 하기도 하지만 법으로 다투게 되면 중개보수도 받지 못하고 많은 시간이 소요

된다. 그래서 계약해지가 쉽지 않도록 계약금을 10%가 아닌 20%를 정하기도 한다. 아니면 중도금을 지불한 후라도 계약금의 배액 배상만으로 해지할 수 있다는 특약을 넣기도 한다. 어떤 경우는 일부러 계약금만 하고 중도금을 없애기도 한다.

계약이 해지되면 계약 당사자가 수수한 계약금은 불로소득으로 세금을 내야 한다. 기타소득세로 공제 대상이 되며 300만 원 초과분은 종합소득세 합산과세이고 300만 원 이하는 분리과세다. 과세의 의무는 소유자다. 매수자나 임차인이 계약을 해지했을 경우는 소유자는 받은 계약금에서 22%(소득세 20% + 지방세 2%)의 세금을 원천징수한다. 소유자 또는 임대인이 계약을 파기했을 때는 배액으로 돌려줄 때 22%를 공제 후 반환한다.

많은 시간 동안 중개사에게 중개보수에 대한 문제가 따라다녔다. 계약서 작성 자체만으로 중개보수 청구권이 있으므로 계약 시점에 50% 정도 청구하고 잔금 시 받는 것이 지혜롭다는 생각이다.

해지된 계약과 계약금의 귀속은 누구에게

임대인이 임차인의 퇴실을 원하는 상황에 맞춰 신규계약을 했는데 신규계약이 해지되었다. 이런 경우, 임차인은 예정대로 퇴실해도 되는지, 그대로 있어야 하는지에 대한 분쟁이 가끔 발생한다.

임대인이 날짜를 제대로 통보해서 계약했는데 임차인이 번복하는 일이 있고, 중개사가 전 임차인과 통화해서 날짜를 맞춘 경우가 있다. 임대인이 날짜를 번복하는 경우, 임대인에게 해결을 미루고 임대인이 신규 임차인에게 사정해서 미루거나 해지를 하게 된다. 해지되면 신규계약자에게 지불한 계약금을 반환하고 해지에 대한 해약금 및 위약금을 반환하게 된다. 중개사가 임차인과 날짜를 정한 경우에 번복하면 임대인은 중개사에게 책임을 물을 것이다. 이것이 난감한 사항이 된다.

대체로 주거용에서 임대인은 임차인이 퇴실한다고 하면 퇴실할 임차인의 보증금의 10% 정도를 반환해준다. 계약금의 일부 반환은 주택임대차보호법에 명시된 것은 아니지만, 임차인의 명도가 수월해야 한다는 의식에서 확실하게 명도의 표시가 된다. 오래전부터 내려온 관습인데 임차인에게는 퇴실 준비를 하는 준비자금이 된다. 요즘은 새로운 계약이 되면 그때 내어주려고 하고 미리 내주는 일은 드물다.

반환금은 임차인이 계좌번호를 알려줬기 때문에 이사할 의사표시로 알고 반환할 수 있다. 의뢰인과 공인중개사는 계약금을 반환하는 순간에 중개에 관련된 모든 사항이 잘 정리되어 있어야 한다. 기존 임차인이 계약금을 받기로 했거나 받았으면 퇴실 날짜의 기록이 중요하다. 어느 쪽에서든 억지 주장이 없도록 퇴실하기로 한 날짜를 문자로 남기며 계약금을 반환할 필요가 있다. 비주거용에서는 임대인이 임차인에게 보증금을 내주는 일이 거의 없다. 신규 임차인에게 계약금을 받아도 반환을 원하는 임차인에게만 계약할 금액을 내어준다. 그러다 신규 임차인이 입주할 상황이 못 되어 계약이 해지되는 일이 간혹 생기면 난처한 일이 발생한다. 그래서 국토교통부는 중개확인·설명서의 '⑩ 공시되지 않은 물건의 권리사항에 임차 중에 계약인지 공실 중에 계약인지'를 기재하라고 한다.

신규 임차인은 계약금을 임대인에게 지불한 상태라 지불한 계약금으로 계약을 포기할 수 있다. 이때 기존 임차인은 그대로 계약을 존속해야 하는지, 애초 약속한 날짜에 퇴실하는지가 관건이다. 기존 임차인이 계약의 종료를 주장하는 경우는 임대인은 임대차계약의 종료에 따른 임대보증금을 반환해야 한다. 새로운 계약이 형성됨으로써 이전 계약은 합의 해제로 볼 수 있다. 기존 임차인이 그대로 있기를 원하면 계약을 부활시키려는 의사에 따라 받은 계약금을 임대인에게 반환하거나 그대로 유지하는 것을 협의해서 정할 수 있다. 기존 임차인의 경우 예고된 명도 날짜가 임박하면 다른 곳을 계약했을 가능성이 크다.

다음 판례는 합의 해제에 관한 내용이며, 신규계약은 새로운 법률행위를 말한다.

〈대법원 2006. 4. 13. 선고 2003다45700 판결〉
계약자유의 원칙상 당사자들의 약정으로 종전의 해제된 계약을 부활시키는 것은 적어도 그 계약 당사자 사이에서는 가능하다 할 것(대법원 1980. 7. 8. 선고 80다1077 판결, 1992. 10. 27. 선고 91다483 판결 등 참조)이나, (중략) 그 자체로서는 종전의 해제된 계약과 별개의 새로운 법률행위인 이상, 계약 당사자가 아닌 제3자로서 종전 계약의 해제 여부에 관하여 이해관계를 갖는 자에 대한 관계에서도 종전의 계약이 해제로 실효된 바 없이 계속 효력을 유지하고 있었던 것이라고 주장할 수는 없다 할 것이다.

주택과 달리 비주거용은 계약금을 기존 임차인에게 미리 내주는 경우가 드물다. 비주거용은 전세가 아닌 월세계약이 주가 되므로 공실 문제가 따라다닌다. 신규계약이 해지되면 임대인이 해지된 계약금을 귀속하게 되고 후속 일을 처리해야 한다. 기존 임차인과 협의해 퇴실을 시키든지 존속을 시키든지 임대인이 해줘야 한다.

중개업 실무에서는 신규계약이 해지되면 임대인은 공실을 맞게 되므로 중개사에게 책임을 미루거나 이전 임차인을 다시 복귀하게 하는 경우가 있다. 물론 만기를 채운 임차인은 해당 사항이 없다. 임대인은 만기 전에 퇴실을 원하는 임차인을 내보내고 새로운 계약에 따라야 하지만, 계약이 해지되면 임차인을 내보내지 못한다. 부실한 임차인을 물색한 공실에 대한 책임으로 중개사만 원망하니 중개사도 난처하고 중개보수 청구도 어렵다.

새로운 계약으로 기존 임대차가 종료되기 때문에 임차인을 악용한 사례가 간혹 있다. 계약 만기가 많이 남은 임차인이 임차인을 물색해서 임대인에게 새로운 계약을 맺게 한다. 그리고 기존 임차인은 신규 임차인이 입주하기 전에 만기 전 퇴실을 한다. 하지만 신규 임차인이 입주일을 어기고 잔금을 지불하지 않은 채 계약을 해지시킨다. 처음부터 신규 임차인은 가장한 임차인이다. 이런 일은 중개사도 모른 상태에서 계약서를 쓸 수 있고 이때부터 임대인의 부동산은 공실이 된다. 한번 당한 임대인은 중개사에게 다음과 같은 특약을 요구할 것이다.

'새로운 계약으로 임차인이 입주할 때까지 임대료와 관리비를 지불한다', '새로운 계약이 될 때까지 임대료와 관리비를 지불한다'와는 다른 내용이다. 공인중개사가 어떤 편에서 일할 수 있을지 알 수 없으나 계약해지와 공실에 대한 두려움이 있다면 참고할 특약 문구다.

20
재산세 납부기준일을
모른 척할 수 있나?

6월 1일에 부동산을 소유한 이는 재산세를 납부해야 한다. 5월에 매매계약을 하다 보면 5월 말이나 6월 초에 잔금과 소유권 이전이 정해질 수 있다. 공인중개사는 평상시처럼 잔금일을 잡았다고 하지만 재산세를 납부하는 쪽에서는 황당할 것이다. 재산세는 7월과 9월에 납부하게 되니 6월은 생각지도 않고 있다가 하루 차이로 재산세를 내야 하는 일이 발생한다. 계약 당사자는 중개사가 재산세 기준일을 모른다고 생각지 않기에 재산세가 부과되면 중개사에게 항의할 가능성이 매우 크다. 그래서 계약서를 작성하면서 잔금일을 6월 1일보다 많이 앞서거나 많이 뒤로 잡는 것이 좋다. 만일 3월이나 4월에 계약하면 4월 말이나 5월 초도 잔금일이 가능하다지만 5월 초에 계약하면 6월은 걸릴 수밖에 없다. 매도자에게는 6월 초나 6월 중순도 원망스러운 날짜다.

매도자는 5월 말에 잔금을 하게 되어 6월 1일이 속한 매수자를 위해서 금액을 할인해달라고 하면 듣지 않는다. 매수자에게 6월 초에 잔금을 하게 되면 6월 1일이 속한 매도자를 위해 금액을 더 낼 수는 없으니 심한 할인은 하지 말라고 미리 말해줘야 한다. 그래도 공인중개사는 5월에 계약하는 이들을 위해 재산세 기준일을 말하고 계약하는 것이 도덕적으로 맞다.

어떤 공인중개사는 법으로는 맞지 않으나 재산세 금액을 대략 계산해서 잔금일을 기준으로 재산세를 분할해주기도 한다. 보유한 개월 수만큼 재산세 금액을 정해 미리 넘겨주고 영수증을 받는 것이다. 이것은 보기에는 합리적인 것으로 보이지만 보유 기간과 상관없이 6월 1일이 속하는 이가 납부하는 것이 원칙이라서 억지로는 주장할 수 없다. 특히, 재산세는 잔금 지급일과 소유권 등기 접수일 중 빠른 날이 기준이 된다. 급한 매물의 경우, 등기만 먼저 하고 잔금을 미루는 경우가 있다. 또는 잔금 후 등기는 60일 이내에 하면 되므로 대출이 없는 경우는 소유권이전을 미루기도 한다.

재산세 의무자가 상황에 따라서 달라지므로 설명하지 않은 책임을 공인중개사에게 물을 수도 있다. 중개사는 6월을 전후로 해서 잔금일을 잡을 때 정신을 차리고 있어야 한다. 고지 안 한 책임을 물으면 처리하는 데 시간을 뺏기고 스트레스가 된다.

CHAPTER

03

부동산 유형별
중개사무소 운영 팁과
애먹이는 등록임대사업자

경쟁이 치열한 아파트 중개,
이 정도는 알고 하자

아파트는 초보 공인중개사가 부동산 중개를 시작하기에 좋은 유형이긴 하지만, 진입이 쉬우면 경쟁이 치열한 법이다. 아파트는 계약 자체는 까다롭지 않으면서 거래금액이 적지 않으니 초보 공인중개사들이 많이 관심을 둔다. 거래금액은 중개보수와 연관이 있다.

그래서 치열하지 않은 아파트 중개를 본 적이 없다. 아파트 주변에는 늘 중개사무소가 많으니 이들 속에서 어떻게 살아남는지가 관건이다.

아파트는 광고가 중요하다

아파트의 주 출입구에 있는 중개사무소는 아무래도 워킹고객이 많고 단지 내 게시판이나 엘리베이터, 관리비부과 고지서 등에 광고할 수 있다. 운영위원회나 상인회 등에 유료로 광고비를 내거나 광고업체에 광고 의뢰를 한다. 네이버와 다음 같은 포털사이트의 광고는 어떤 광고보다도 효과가 크다. 네이버 부동산이나 다음 부동산으로 바로 접속하거나 아파트 이름을 검색창에 쳤을 때 노출될 수 있도록 광고하는 것이 기본이다.

고객이 아파트에 입주하고 싶다면 '○○동 아파트', 이렇게 포털 검색 창에 치거나 네이버에서 지도로 부근의 아파트를 검색할 것이다. 아파트에 거주하는 사람이 좀 더 큰 평수로 이주하고자 할 때도 동일한 방법으로 검색해서 부동산을 찾아낸다. 그리고 물건을 내놓거나 찾는다. 그러니 포털사이트에 거래 대상의 부동산 광고를 올리는 것이 중요하다고 말할 수 있다.

단지 내 상가에서 고객을 만날 가능성이 가장 크다

대부분 입주민이 집에만 있지는 않을 터이고 상가를 이용할 것이다. 거주민은 오가다가 중개사 사무실에 들를 수 있다. 식당이든 학원이든 나온 김에 상담하고자 할 수도 있고 부동산 상호만 외워놨다가 시간이 날 때 전화를 할 수도 있다. 같은 상가를 이용하는 거주민으로서 식당에서 부딪칠 수도 있고 소개를 받을 수도 있다. 그래서 단지 내에서 활동을 많이 할 필요가 있다. 아파트단지 내에 피트니스 센터나 취미 동아리가 있을 수 있다. 거기에 합류한다면 고객 확보에 도움이 된다. 물론 인심을 잃지 않고 공정하게 일을 잘해야겠지만, 학부모들 사이에서 소문이 나거나 상인회에서 좋은 부동산 중개사무소로 소문이 나면 많은 도움이 될 것이다.

아파트에서 중개업을 하려면 아파트단지의 배치도나 도면이 필요하다. 이는 지도업체에 주문해서 제작한다. 메인으로 취급할 배치도와 평면도는 구비하는 것이 필수적이다.

회원제로 묶여 있는지 확인하고 들어간다

처음 입주하는 단지는 회원제로 묶이기 전이니 상관없다. 회원제로 강하게 운영되고 있어서 비집고 들어가기가 어렵다면 생각해볼 문제다. 회원도 많고 비회원도 많다면 상관없는데, 비회원이 거의 없다면 처음 진입을 할 때 고민해봐야 한다. 회원제인지 모르고 들어갔다면, 어쩔 수 없이 더 열심히 하는 수밖에 없다. 회원제 중개사무소들은 자신들이 정해놓은 규칙이 있을 것이다. '집마다 돌아다니며 명함 작업을 하지 말자', 'DM을 보내지 말자', '비회원 중개사무소와 거래를 하지 말자', 이런 것들이다.

비회원은 회원제 중개사무소에서 공동중개만 안 할 뿐, 일하는 것을 제재할 수가 없다. 의뢰인이 내놓은 상가가 있다면 다른 부동산 중개사무소를 입점시켜 동지를 만든다. 회원제 중개사무소는 그들의 권리금과 규율을 지키기 위해서 기존 부동산 중개사무소 자리에만 부동산 중개사무소를 입점시킬 것이다. 상인의 편에서는 부동산으로 계약할 수 있는데, 안 하는 것을 더 이상하게 생각할 수 있어서 협조하게 되어 있다. 다른 비회원 중개사무소를 입점시켜서 함께 힘을 도모한다.

메인으로 일하는 아파트 특성을 면밀히 공부한다

학군이나 주차장, 피트니스 센터 이용, 맛집, 잘 가르치는 학원, 주변에 있는 새로운 이슈 등을 입주할 사람들에게 자세하게 브리핑할 수 있도록 익힌다. 성수기는 손님이 있어도 거래할 물건이 없고, 비수기는 물건이 쌓이는데 거래를 위해 오는 손님이 없다. 물건이 쌓이는 동안 소유자의 전화를 많이 받게 된다. 이때 친분을 쌓아서 고객 관계를 잘 유지해야 한다. 회원이 아니라서 성장 속도가 느려서 그렇지, 제재하는 곳이 없으니 영업이나 광고만큼은 실력껏 할 수 있다.

아파트는 특히 공동명의가 많다

일반적인 아파트계약이라면 계약서 특약에 기재할 것이 많지 않다. 전세든, 매매든 큰 금액이 오가기 때문에 권리관계가 가장 중요해서 단독명의인지, 공동명의인지 확인해서 명의자를 모두 입회시킨다. 위임장을 가지고 오더라도 반드시 통화해서 위임 여부를 확인해야 한다. 처음에는 부부로 입주했는데 물건을 의뢰할 때는 남남인 경우가 더러 있다. 거래금액이 높다 보니 서로 이혼 소송을 하면서 거래대금을 위자료로 쓰는 경우가 있다. 돈의 경로가 지분대로 안 가고 일방으로 요구할 때 주의해야 한다. 아파트는 권리와 지분이 매우 중요하다.

원상복구 문제가 자주 거론된다

처음 평면도나 사진을 가지고 있다면 유리하다. 벽체의 이동이나 간이 세면대의 철거와 같은 변형된 아파트를 거래하게 되는지 알고 있어야 한다. 사람이 입주하지 않고 짐을 빼놓은 상태에서의 사진이 있다면 오래오래 보관해놓으면 유용하게 사용된다. 원상복구 문제는 박힌 못을 빼내는 것, 싱크대나 수납장을 망가뜨린 것, 도배지를 뜯어놓은 것 등 훼손과 생활기스를 잘 구분해야 한다. 곰팡이나 결로가 있는지 관리의 잘못인지 해마다 반복되는 일인지 확인해야 한다.

아파트의 시세를 잘 알고 있어야 한다

아파트 가격이 주변이나 정책의 변화에 따라 올라가고 있는지 내려가고 있는지 민감하게 대응한다. 그래야 의뢰인을 설득할 수 있다. 매매가격을 내려야 거래가 될지, 전세가격이 너무 비싼 것은 아닌지 판단해야 한다. 시세가 내려가면 기존 대출에 과하게 반응하고 가격을 내려야 한다. 시세가 올라가면 임차인을 설득해야 한다.

아파트의 상태에 대한 기준이 있어야 한다

풀옵션인지, 최상급 인테리어인지, 올수리 정도인지 집을 많이 보고 구분해야 한다. 상태는 보는 사람마다 다른 시선이지만 공통적인 것은 중개사가 객관적으로 최상급의 기준을 파악하는 것이다. 최상급 인테리어에 가격이 저렴하면 무조건 1순위로 거래되기 때문이다. 그것은 다른 부동산 중개사무소에 뺏기기도 1순위다. 거래 1순위 물건을 뺏기지 않는 것이 아파트 거래에서 가장 중요하다. 그 물건이 거래되면 나와 있는 물건 중에서 다음에 거래될 물건을 찾아놓아야 한다. 즉, 거래 순서가 정해져 있다.

02
공인중개사의 역량에 성과가 좌우되는
다세대주택·연립주택 중개

　다세대주택은 아파트처럼 구조와 규모가 정형화되어 있지 않아서 일하는 묘미가 있다. 다세대주택은 비슷한 사이즈여도 주택의 위치, 준공 연도, 엘리베이터 유무, 주차 가능 여부, 발코니 확장에 따라 가격 차이가 크다. 아파트처럼 튼튼하고 견고하지 못하다 보니 사용하는 사람이 어떻게 사용했는지에 따라서 가격 차이를 크게 만든다. 구조가 일반적이지 않아도 거주하는 사람에 따라서 넓게도 보이고 예쁘게도 보이니 의뢰인의 성격이나 취향이 많이 반영된 주택이라 할 수 있다.

　여러 가지 여건에 따라서 가격이 천차만별이기 때문에 중개사의 역량이 많이 좌우된다. 비슷한 평형대라서 비슷한 가격을 요구하는 의뢰인이라고 할지라도 현재 부동산의 여건이 다 다른 것이 이유가 되어서 설득하기가 좋다. 간간이 단독주택을 헐고 신축 다세대주택이 많이 지어지는 곳은 신혼부부나 1인 거주자들이 자주 찾는다. 그러다 보니 공인중개사는 평일 늦은 시간까지 일하거나 일요일에도 일하는 것이 흠이다. 다세대주택에서 중개업을 하기 위해서는 다음과 같은 것들에 주의해야 한다.

최근 지도가 필요하다
　오래된 지도는 과감하게 교체해라. 지도에서 행정구역을 중심으로 지역을 잘 정해서 공략하면 성과를 볼 수 있다. 신축과 구축을 따로 구분해서 지도 위에 체크해놓으면 방문객이 한 번에 알아볼 수 있다.

신혼부부는 구축에는 절대로 입주하지 않는다. 신축에 해당하는 건물 건축물대장의 표제부를 보고 전체 건물 사진 몇 컷과 건물 개요를 정리해놓는다. 대지면적, 건물면적, 층수, 주택 갯수, 엘리베이터, 주차 여부, 준공연도 등을 한 페이지로 만들어놓는다. "지도에 표시된 건물입니다"라고 말하며 화면에 띄워주든지 출력해서 주면 준비된 중개사라고 생각할 것이다.

각 호실의 건축물대장을 미리 발급받아놓는다

물건을 접수할 때부터 습관적으로 건축물대장을 봐야 한다. 의뢰인들은 거주하고 있는 평수를 제대로 모른다. 대부분 확장했기 때문에 감각적으로 말하는 사람들이 많은데, 막상 계약하려고 건축물대장을 열면 공인중개사가 거짓말쟁이가 된다. 건축물대장은 확장하기 전의 면적이 기재되어 있으므로 그 면적을 제대로 브리핑하고 "확장을 잘해서 서비스면적이 증가되었다"라고 설명해야 한다.

일하고 있는 중개사무소 주변의 다세대주택 건물은 건축물대장을 수시로 열어보고 불법 건축물이 있는지 구분해서 알고 있으면 좋다. 불법 건축물은 월세로만 계약한다고 기준을 잡고 있어야 고생을 안 한다. 전세로 계약할 것과 월세로 계약할 것으로 구분해서 알고 있으면 혹시라도 매매할 때 가격 절충에 유용하게 사용된다.

해당 주택의 사진을 미리미리 확보한다

신축주택일 때 사진을 많이 가지고 있으면 광고할 때도 도움이 되고 집을 보러 왔을 때도 좋다. 또 집을 보기 위한 예약이 안 되었을 때 미리 보기로 좋은 것이 사진이다. 모든 주택은 신축일 때 호텔처럼 공간이 넓어 보이므로 이때 사진이 필요하다. 신혼부부가 이사를 오면 집을 예쁘게 꾸미는데, 이때도 사진을 찍어놓는다. 시간이 지나 아기가 생기면 장난감 때문에 예전의 모습을 찾을 수가 없고 다른 고객에게는 어수선한 집밖에 보여줄 수가 없게 된다. 보관하고 있는 사진은 이때 요긴하게 사용한다. 구축주택일 때도 사진은 여러모로 필요하다. 되도록 많이 확보한다.

신축주택일 때 도면이 있으면 다운받거나 사진을 찍어둔다

건축업자가 지은 집을 임대 놓기 시작하면 도면 확보가 가능하다. 세탁실이나 방의 크기, 냉장고 들어갈 자리 등을 보기 위해서 도면이 필요하다. 치수 도면이나 캐드 도면이 없어도 손으로 그려서 색칠해놓으면 나름대로 고객에게 브리핑할 때 꽤 요긴하게 사용된다. 고객은 정성이 가득한 중개사로 생각할 것이다.

광고를 잘할 수 있다

아파트는 거주자가 아니면 현관 진입이 어려운 데 반해 다세대주택은 명함 작업이 쉽다. 우편함이든 전기계량기이든 명함을 붙이거나 꽂아둘 곳도 있고 메인 출입문이 열린 곳은 방화문에 명함을 붙이기도 좋다. 온라인에서도 아파트처럼 천편일률적인 광고가 아닌, 특징을 살린 광고를 할 수 있다. 중개사들의 광고가 덜 치열해서 물건이 많고 광고를 잘하면 전화나 방문자가 많아진다. 네이버나 다음과 같은 포털사이트도 중요하지만, 블로그 광고처럼 콘텐츠 광고도 아파트보다는 효과적이다. 다세대주택은 중개사가 노력한 만큼 효과가 나타난다.

다세대주택은 광고할 때 그 특징을 잘 작성하면 좋은데, 이런 것도 경쟁 부동산 중개사무소에서 카피해서 사용한다고 한다. 굳이 자신만이 알고 있는 부동산 강점은 노출하지 않고 히든 포인트로 사용하면 좋을 것 같다. 만일 임차의 경우라면 '전 임차인이 설치한 괜찮은 물건을 놓고 가게 하겠다'라고 한다. 블라인드나 괜찮은 소품을 임차인끼리 유상이나 무상으로 인수하게 해준다. 이사 오는 사람들의 비용이나 시간을 아끼기 위해 원하는 것을 채워주는 놀이터나 쉼터 같은 부동산 중개사무소가 되면 좋겠다.

시세를 잘 알고 판단해줘야 한다

다세대주택의 특징은 다양하지만, 담보가치는 아파트보다 현저히 낮다. 새 집이고 예쁘게 꾸몄다고 해서 담보가치를 더 높게 평가받는 것은 위험하다. 어떤 임차인이 거주하느냐에 따라 집값이 들쑥날쑥한 것은 부동산의 일관성을 저해하기 때문이다. 중개사가 전세가격을 스스로 판단하는 것은 매우 위험했다는 것이 전세 사기 문제에서도 드러났다. 전체적인 매매나 전세 시세가 상승인지 하락인지는 공인중개사가 판단할 수 있지만 안전한 거래가 공인중개사를 지키는 것이다.

다세대주택은 상가와 오피스, 그리고 오피스텔이 적절하게 섞여 있는 지역에 많다. 의뢰인들이 주변에서 일하고 있을 가능성도 높으므로 안테나를 잘 세우면 한 고객으로 여러 개를 한꺼번에 계약할 수 있는 일도 만들 수 있는 장점이 있다.

03
말도 많고 탈도 많은
다가구주택 중개하기

다가구주택은 임대계약서를 작성하기 어려운 부동산 유형 중 하나다. 계약서 작성 시 개정법률에도 의무사항 지침이 있듯이 임대인의 협조와 중개사의 보수적인 안전 감각, 그리고 명철한 판단이 요구된다.

소유주가 여러 세대에게 임대하니 그중에 하나를 계약하다 보면 임대인을 알게 되어 전체 물건을 접수하는 일이 어렵지 않다. 상가주택의 경우도 건물 내 주인 세대가 있을 수도 있고 임대했을 수도 있으나 임대인이 동일인이라는 점은 중개사에게 매우 유리하다.

다가구주택이나 상가주택을 잘하기 위해서는 다음과 같은 것이 필요하다.

등기사항증명서 발급 시 꼭 토지, 건물을 함께 열람

대부분 토지와 건물 소유주가 동일해서 의심하지 않고 계약한다. 하지만 준공 전에 계약하고 준공 후 입주하는 경우, 건물 등기사항증명서와 건축물대장이 없는 상태여서 잔금일에 반드시 확인해야 한다. 건축물대장이 먼저 나오고 등기사항증명서가 확인되므로 계약할 때의 소유자와 잔금 입금할 때의 소유자가 변동사항이 없는지 확인한다.

잔금 후 대출 상환 예정도 안전하지 않다

다가구주택은 임대보증금으로 건축비를 충당하기 때문에 임대인은 이자가 없는 채무자다. 대출이 없어도 임대인이 제때 보증금을 반환하지 못하면 위험한 계약이 된다. 신축 후 첫 입주자라고 하더라도 다가구주택 건물의 모든 공실이 채워지고 임차인이 퇴실할 때 전세가 많으면 후속 임차인을 구하기 힘들다. 만기를 채우거나 채우지 못하거나 새로운 임차인은 마지막 임차인으로 들어와야 하므로 가장 후순위임차인이 되어서 꺼릴 가능성이 크다. 다가구주택은 전세보증금 정도는 언제든지 내줄 준비를 하고 있거나 월세를 받는 소유주를 만나면 좋다. 따라서 일반적인 다가구주택 전세가 아닌 월세계약이 안전하다. 하지만 실무에서 일을 안 할 수 없으니 철저하게 전세보증보험 가입 여부에 따라 계약하는 수밖에 없다. 다가구주택이 전체 보증사고의 절반에 해당한다.

불법 건축물이 많다

다가구주택은 월세를 받아서 생활하고자 하는 사람들이 매수하다 보니 수익률이 높아야 거래가 된다. 건축 자체를 소유주가 직접 하는 경우는 드물고 건축업자가 건축해서 건축주 명의변경을 통해서 집을 매매하는 것이다. 그러다 보니 소유주들이 집의 건축 상태를 자세히 모를 수 있다. 건축업자들이 수익률을 높이기 위해 3룸 형태의 가구를 2룸+1룸 형태로 만들어서 불법 임대를 하게 건축한 경우다. 이런 구조는 준공 검사 후에 변형시키고 준공 시점이 아닌 준공 후에 불법건축물이 되므로 임차인들이 모르고 입주하는 경우다. 가구 수가 증가하면 1세대 1주차가 안 되는 상황부터 발생하고 대출도 불가하다.

신축 건물을 입주시킬 때 도면을 입수한다

건축주는 도면을 가지고 있을 가능성이 크다. 도면을 입수해서 스캔

해서 가지고 있거나 호실별로 사진을 찍어서 보관하고 있으면 임차인을 연결할 때 요긴하다. 의뢰인은 집을 볼 때 남의 집을 꼼꼼하게 보긴 힘들다. 비슷한 가격대라면 눈으로 보고 구조나 분위기가 마음에 들면 선택한다. 냉장고 들어가는 자리가 넉넉한지, 건조기가 들어가는지, 치수를 알아야 한다며 중개사에게 물어본다. 또는 거주하고 있는 집의 가구 세팅이 비슷하다는 것을 힌트로 계약을 하기도 한다. 고객 중에 꼼꼼한 사람들은 집을 여러 번 보고도 결정하지 못한다. 도면이 있다면 다가구주택 건물의 치수를 재러 일일이 다니지 않아도 된다. 소유주가 변경되면 도면을 챙기기가 쉽지 않다. 어떤 경우는 소유주는 도면이 없는데, 공인중개사가 도면을 가진 경우가 있다.

입주자 기록부를 만든다

노트 한 권을 만들어서 그 안에 해당 다가구주택 건물의 도면을 붙이고 옆 페이지에 임차인이 바뀔 때마다 입주 일자와 연락처를 기록해둔다. 10가구라면 10가구를 다른 페이지로 분리해 기록한다. 임차인이 바뀔 때마다 변경된 인테리어나 특이사항을 기록해두면 좋다. 냉난방기 교체일이나 보일러 교체 등의 날짜를 기록하면 임대인을 관리하면서 전체 세대를 임대하기 좋아진다. 임대인이 다른 부동산 중개사무소와 계약했을 경우도 발생한다. 임차인이 공동중개를 통해서 입주하게 되는 일도 있다. 이렇게 기록으로 관리를 잘해놓으면 임대인과 임차인 모두를 관리하는 물건지 부동산 중개사무소로 인정받게 된다.

하자 많은 건물과 임대차 리스트 준비 잘해주는 건물 구분

계약이 깔끔한 건물 등을 구분해놓는다. 하자가 많은 건물이 있다. 건물 자체에 곰팡이나 결로가 계속 발생하는 집은 수리를 해도 마찬가지 현상이 계속 일어난다. 잠시 보았을 때 문제가 없었더라도 공사를 해서 괜찮은지, 새 도배로 덮어놓은 것인지 계약할 때마다 체크한다. 전에 계약한 임차인은 인정하더라도 새 임차인은 절대 인정하지 않는 문제가 발생할 수 있다.

약간의 문제가 의심되는 임대인은 임차인이 계약을 위해 도착하기 전에 임대인을 먼저 오게 해서 임차인을 이해해야 한다는 팁을 줘야 한다. 임대인이 청소 등의 관리비를 과하게 받는다거나 임차인을 간섭하지 못하게 한다. 요즘 젊은 사람이 싫어하는 행동을 하지 않도록 미리 주의를 시키면 좋다.

중개사가 임대인의 성향을 잘 파악해서 임차인이 계약서를 작성하다 말고 일어서는 일이 없도록 한다. 앞서 말한 것처럼 다가구주택은 한 사람을 알면 여러 개의 계약이 나오는 구조이므로 임대인과의 관계를 잘 유지한다. 임대인이 거주자들의 보증금과 임차인의 전입 여부를 확인할 수 있는 서류를 지참해야만 계약이 이루어질 수 있다는 사실을 미리 알려줘야 한다.

위반건축물 예시
1. 무단으로 내부에 복층
2. 무단으로 새시를 설치해서 베란다 확장
3. 무단으로 마당이나 옥상에 컨테이너 설치
4. 무단으로 경계벽 설치 가구 수 증가
5. 무단으로 내력벽이나 기둥 철거
6. 무단으로 건축물대장상 용도와 상이하게 사용
7. 무단으로 판넬 설치해 주거로 사용

04
오피스텔, 원룸, 기숙사,
열 번 굴러도 놀지는 않는다

"콩이 열 번 구르는 것보다 호박이 한 번 구르는 것이 낫다"라는 말이 있다. 원룸을 10개 하는 것보다 아파트를 1개 계약하는 것이 수입 대비 일이 적으니 비슷하게 적용할 수 있는 말이다. 10배 더 광고하고 10배 더 많은 의뢰인을 만나고 설명하며 계약하고 입주시킬 때까지 할 일이 많다. 그럼 원룸처럼 작은 것은 하지 말아야 할까?

하지만 나한테 호박이 없다면 아무 소용이 없다. 일단은 콩을 이용해 호박을 만드는 단계를 거쳐야 한다. 호박이 하나 생기면 호박은 호박대로 굴리고, 콩은 콩대로 계속 돌려 또 다른 호박을 만들어야 한다. 이 또한 원룸 같은 깨알 중개에 적절한 말이다.

이제 시작인 중개사에게는 원룸이나 오피스텔이 콩알같이 작아 많은 일을 하게 하지만 그 또한 도움 된다.

오피스텔이나 원룸은 즉시 입주, 빠른 입주가 많아서 지루할 틈이 없다. 성과가 바로바로 나오니 재미있고 고객을 놓쳐도 금액이 작아 속상한 마음이 덜하다. 물건 확보를 위해서, 광고를 위해서, 고객 안내를 위해서 바쁘기만 하지만 얻는 것이 많다. 공인중개사는 원룸이나 오피스텔 의뢰인을 많이 접해서 나만의 고객 확보가 용이하다. 원룸이나 오피스텔 소유주는 거의 수익형 부동산 형태로 가지고 있으므로 반복 임대를 하게 된다. 대부분은 집을 소유하고 여유로 오피스텔을 임대하기 때문에 다른 투자 물건을 추천하거나 권유하기에 좋다.

오피스텔, 원룸, 기숙사 중개를 위해서 할 수 있는 일을 정리해보자.

오피스텔, 원룸 건축물대장 열람해서 소유주 명부 만들기

위치가 좋으면 임대가 잘되기 때문에 공실이 없어서 DM이 효과적이지 않을 것이다. 그러나 계약할 때마다 주민등록초본처럼 임차내용을 기재해놓으면 점차 소유주들 파악이 쉬워진다. 오피스텔 소유주는 2~3개 가지고 있는 사람이 꽤 된다. 분양할 때 1억 원에 2~3채씩 받았거나 지인이랑 함께 모델하우스를 방문하는 경우가 많아 여러 개의 물건을 소유하고 있다. 한 사람과 계약하면 여러 개의 물건을 확보할 수 있다.

임대인을 잘 관리한다

처음부터 좋은 투자자는 없다. 고객 관리를 잘하고 있어야 좋은 물건이 있을 때 빛을 낼 수 있다. 임대인과 친분이 쌓이면 상가나 재개발·재건축 등 괜찮은 물건을 소개한다. 오피스텔 투자가 효과적이었다면 다른 오피스텔을 추천했을 때도 거부하지 않을 것이다. 만일 오피스텔 투자가 실패라고 생각된다면, 오피스텔 투자를 거부하고 다른 유형의 부동산을 원할 것이다. 중개사가 임대인을 잘 알면 좋은데, 반복된 거래로 친분이 쌓이는 법이고 처음 만난 고객과 일하기는 쉽지 않다.

원룸의 소유주라면 임대료가 여러 세대에서 발생하므로 여유가 있는 분들이 꽤 있다. 대출이 없거나 전세를 월세로 거의 전환한 임대인을 유심히 체크할 필요가 있다.

임차인을 잘 관리한다

임차인과 잘 지내면 중개사의 말을 잘 듣는다. 주변에 신축하는 원룸이나 오피스텔이 있을 때 추천할 수 있도록 만기일 등을 잘 체크해놓는다. 한꺼번에 물건이 쏟아져 나오면 저렴한 가격으로 입주시킬 수 있다. 기존 계약한 임차인의 만기일과 임대료를 잘 비교해서 물건을 추천한다. 오피스텔에 거주하는 사람들은 약간의 금액으로도 민감하게 움직이는 경우가 많다. 임차인은 관리가 잘되면 수입 증가, 결혼 등으로 다세대주택이나 아파트 계약으로 연결도 가능해진다.

잔잔한 소모품을 준비한다

아파트나 다세대주택은 전세로 계약하니 전세의 특성상 계약이 되어야 퇴실을 하므로 공실이 많지 않다. 원룸이나 오피스텔은 월세가 많아서 보증금 반환이 쉽다. 그러다 보니 임대인이 방을 보여줄 때마다 오는 것도 아니고 공실 상태에서 출입문 배터리가 수명을 다하는 경우가 많다. 또는 냉난방기 리모컨의 수명도 마찬가지다. 배터리를 미리 준비해서 가방에 넣고 다니면 요긴하다. 임대인에게 생색내기도 좋고 배터리가 없어서 오피스텔을 못 보여주는 일은 없게 된다. LED등도 바꾸지 않아 형광등이라면 형광등도 여분으로 가지고 있으면 제때 사용할 수 있다. 임차인이 즉시 입주한다고 했을 때, 임대인이 없어도 공인중개사가 바로바로 서비스해주는 느낌을 받을 수 있다.

공인중개사가 줄자를 가지고 다니면 도움이 많이 된다. 방의 치수를 알고 있다고 하더라도 침대가 들어가는지 궁금해하고 창문의 크기에 맞는 블라인드를 하려고 할 때 즉석에서 보여주면 좋아한다.

주변 경쟁 상품 및 추천 부동산 물건 조사하기

부동산 중개사무소에 와서 물건을 보면 바로 계약할 것처럼 하지만,

주변 물건에 대해서 아직 보지 않았으므로 판단을 미루는 경우가 많이 있다. 주변 물건을 더 볼 의향이 있는지 확인해서 보여주겠다고 말하는 것이 좋다. 직접 가서 보고 거기서 결정해버리면 고객만 놓치고 헛고생이 된다. 주변 물건은 어떤 것이 있고, 지금 계약 가능한 물건은 무엇이며, 장단점은 무엇인지 알고 있다면, 공동중개로 계약이 가능할 수 있다.

기숙사 제대로 알아두기

요즘의 기숙사는 대부분 지식산업센터 건물 내에 있다. 아래층 대부분은 사무실이나 공장으로 사용한다. 기숙사는 고시원처럼 공동취사시설과 세탁실을 일부 갖추고 있다. 물론 방 안에는 세탁기나 인덕션 등이 준비되어 있다. 오피스텔과 비슷한 인테리어로 복층 기숙사도 복층 오피스텔과 비슷하다. 기숙사는 오피스텔보다 사이즈가 좀 더 큰 것이 많고 약간 작은 것도 간혹 있다.

기숙사는 주택임대사업자등록이 안 되기 때문에 사업자등록증이 있는 회사에서 임대료를 내주는 것을 원한다. 그렇지 않고 전입신고를 하면 주택 수에 포함되어 임대인들이 기피한다. 기숙사는 오피스텔이나 원룸처럼 0.4%의 중개보수를 청구해야 한다.

05
고객은 다 아는데 중개사만 모르는
지식산업센터

　지식산업센터는 업종 제한이 있다는 이유로 중개사들이 다루기 어려워한다. 취득세 감면이나 재산세 감면 등 세제 혜택이 있다는 점과 정책자금 운운하면 어렵게 느껴질 것이다. 어느 지역이든 처음에 부동산 중개사무소를 개업하면 손님이 찾아와서 물건을 내놓고, 거기에 매달리면서 일을 배우듯이 지식산업센터도 그런 경향이 있다.

　손님은 물건을 내놓고 거래를 원하지만 실제로 가르쳐주는 곳이 없어서 영업사원이나 인터넷으로 동냥하듯 배운 지식으로 거래하는 것은 역부족일 것이다. 공인중개사협회에서 지식산업센터에 대해 여러 번 긴 시간을 강의했다. 여기에서는 인기 상품의 투자 차원이 아니라 거래하는 차원에서라도 알아야 할 내용을 간략하게 설명하고자 한다.

지식산업센터
지식산업센터의 정의
　이전 명칭은 아파트형 공장이며, 집합건물에 복수의 생산 기능을 집단화시킨 것이다. 토지 이용의 고도화와 관리 운용의 효율화를 위해서 노동생산성과 부지생산성이 높고 용수, 전력 및 연료를 적게 소모하며, 공해 발생이 낮은 도시형 공장이 입주할 수 있는 공장을 말한다. 산업집적활성화 및 공장설립에 관한 법률에서는 동일 건축물에 제조업, 지식산업 및 정보통신산업을 영위하는 시설이 복합적으로 입주할 수 있는 다층형 집합건축물로서(지상 3층 이상, 6개 이상의 공장) 대통령령으로 정한다고 정의한다. 실제로 오래된 아파트형 공장은 10층 전후 건물에 50~60개 이상의 공장이 입주해 있다. 지식산업센터는 최초 아파트형 공장이라는 제도에서 출발해 1979년에 시범적 실시를 해서 40년 이상의 발전을 가져온 부동산의 한 유형이다. 1988년 공업 배치 및 공장 설립에 관한 법률개정에 따라 설치 근거가 마련되었다. 2010년 정보통신산업과 첨단산업의 입주가 증가하는 현실을 반영해 지식산업센터로 명칭을 변경하게 되었다.

지식산업센터의 구조

지식산업센터의 구조는 아파트형 공장(제조, 비제조)과 지원시설로 구성된다. 건축물대장상 아파트형 공장은 산업시설, 지식산업센터, 공장이라는 이름으로 기재되어 있다. 지원시설은 업무시설, 오피스, 지원사무실이라고 기재되어 있다.

지식산업센터는 서울 경기 중심으로 해당 건물의 70% 이상이 건축물대장상 공장이어야 한다. 산업단지는 80% 지자체에서 조례로 정한 경우 50%까지 허용된다. 건축물대장상 아파트형 공장에 해당하는 부분은 업종 제한이 있다. 그 외 지원시설은 아파트형 공장을 지원하는 시설로 업종의 제한은 없으며 상가와 사무실로 구분된다.

건축물대장이 중요한 이유는 아파트형 공장이라는 이름과 걸맞게 용도가 중요하다는 점이다. 지식산업센터라는 건물은 제조로 시작한 건물이다 보니 공장 등록이 가능해야 한다. 건축물대장상 아파트형 공장 용도에 입주한 제조기업은 공장 등록이 가능하다. 제조기업이라고 할지라도 건축물대장상 지원시설에 입주했다면 공장 등록이 안 되기 때문이다. 사실 공장이 아닌 지원시설에 해당한다면 네거티브 적용으로 유흥 시설을 제외한 웬만한 업종은 거의 입주가 가능하다.

중소기업에 대한 정부의 지원

지식산업센터에 처음 분양받아 입주하는 기업은 취득세의 35% 감면이 있다. 임대로 놓는 경우를 제외하고 실입주자이어야 하며, 재산세도 35% 감면된다. 공장으로 사용하다가 과밀억제권에서 벗어나는 기업은 법인세도 5년간 면제한다. 지식산업센터를 분양받거나 매수하는 경우, 서울신용보증재단과 중소기업진흥공단에서 제공하는 중소기업육성정책자금을 사용할 수 있다.

부동산을 담보로 대출 용이

일반적인 부동산은 대출 비율이 감소한 것에 반해 지식산업센터 입주자들은 사업자로 70~90%의 대출이 가능하다. 기업이 지식산업센터를 사옥으로 이용하면 자주 이주하지 않고 사업을 안정적으로 할 수 있는 장점이 있다. 비교적 초기 투자금이 적은 금액으로 매입할 수 있다. 임차 중인 기업은 보증금이 비교적 저렴해 기업들이 부담 없이 입점한다. 중개사는 기업의 특성상 계약을 많이 하는 사업주들과 파트너가 되기 때문에 업무가 수월하다.

주차장과 편의시설이 다양

일반적인 꼬마빌딩에 입주한 기업들보다 대형 건물이기에 편하게 업무를 할 수 있다. 스크린골프, 편의점, 커피숍, 피트니스 센터, 구내식당 등 웬만한 편의시설은 입점해 있다. 주차는 법정 의무 주차대수와 상관없이 넉넉하게 제공되는 건물이 많다.

지식산업센터의 중개

그럼 이러한 장점이 많은 지식산업센터는 어떻게 중개할까?

첫째, 집합건물이라서 관리사무소가 있으며 아파트단지처럼 편하게 중개할 수 있다. 중개사가 일하기는 대형건물이라면 좋겠지만, 꼭 밀집된 지역으로 갈 필요는 없다. 창업하는 회사부터 건물의 전 층을 사용하는 기업까지 다양하니 기업이 이동할 때마다 부동산을 이용한다고 보면 된다.

둘째, 인터넷 광고만 잘해도 매물을 받기도 좋고 고객을 만나기도 좋다. 물론 건물 내 입점한 부동산 중개사무소가 가장 좋다. 고객이 오다가다 들리거나 해당 건물에서 이동하는 경우가 많이 있기 때문이다. 지식산업센터는 광고만으로도 고객 유치가 가능하니 건물에 자주 올라가 보고 건물의 특성을 하나씩 익히면 도움이 된다.

셋째, 건물의 개요를 정리하고 시세를 알아둔다. 주변에 지식산업센터가 있다면 건물에 관심을 가지고 시세를 파악해놓고 있어야 한다. 인터넷에는 정보가 넘치니 건축물대장을 참고해서 건물의 개요와 특성을 요약해 브리핑자료를 만들어놓는다. 고객이 기업이기 때문에 기업에 보고할 보고서나 리스트를 자주 활용한다고 생각하면 된다. 주차장, 화물 엘리베이터, 관리비 등의 정보를 입수해서 알고 있으면 도움이 된다.

넷째, 물건을 접수할 때는 무조건 건축물대장을 발급받는다. 건축물대장은 등기사항증명서보다 더 중요하다. 물건을 접수할 때는 공장과 지원의 용도를 구분하는 것이 1순위다. 그다음 전용면적과 계약면적을 알고 임대료와 관리비를 생각한다. 의뢰인이 찾을 때도 어떤 용도인지 먼저 물어봐서 공장인지 지원인지 구분한 다음, 평수와 금액을 생각한다. 의뢰인이 물건을 찾을 때 구분이 잘 안 된다면 사업자등록증을 보내라고 해서 참고한다. 도소매, 헤드헌터, 법무사(세무사, 중개사 등), 의료기, 조합 등은 공장으로 입주가 안 되니 지원시설로 체크한다.

지식산업센터의 구조(건축물대장 기준)

용도		건축물대장에 기재된 이름	특징과 제한
아파트형 공장		공장, 아파트형 공장, 산업시설, 지식산업센터	업종 제한 있음. 공장 등록 가능. 공장·사무실 둘 다 가능함. 산업단지 내에서는 신고 의무. 최초 분양 시 취득세 35% 감면, 재산세 35% 감면. 정책자금 등 대출 많아 최소 비용으로 구입 편함.
지원	지원사무실	지원 사무실, 지원 오피스, 오피스, 업무시설	거의 용도 제한 없음. 신고 의무 없음. 공장 등록 불가. 다른 지역 오피스와 동일
	근생	지원상가, 상가 근린생활시설,	다른 지역 상가와 동일, 일부 업종 독점 가능성 있으니 사전조사 필수
창고	창고	창고	산업단지 내는 공장과 같이 실사 필요 창고 용도
	공장 창고	공장 창고	공장과 창고 사용 가능 산업단지 내는 공장이랑 같이 실사 필요

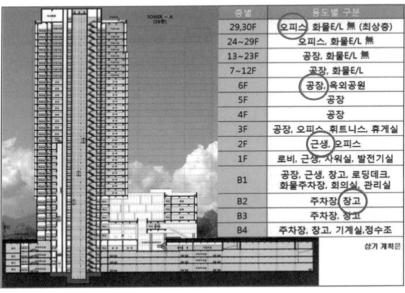

(출처 : 저자 작성)

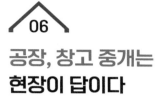

06
공장, 창고 중개는
현장이 답이다

공장과 창고 중개 분야는 중개사들이 점점 더 관심을 가지고 접근하고 있다. 근린생활시설에서 소형공장과 공장 등록을 하고자 하는 제조기업의 수요는 꾸준하다. 지목은 장(場)이어야 하고, 건축물대장은 공장으로 되어 있는 것이 공장이지만, 중개현장실무에서는 근린생활시설의 500㎡ 미만의 사업장까지 공장으로 보고 있다. 창고도 지목 자체가 창(倉)이어야 하지만 일반적인 창고를 모두 창고로 취급하고 있다.

공장 관련 규정은 '산업집적활성화 및 공장설립에 관한 법률'을 적용한다. 건축물 또는 공작물 물품 제조 공정을 형성하는 기계·장치 등 제조시설과 그 부대시설을 말한다. 공장 자체는 건축법에서 물품의 제조·가공(염색, 도장, 표백, 재봉, 건조, 인쇄 등을 포함), 또는 수리에 계속 이용되는 건축물로서 제1종 근린생활시설, 제2종 근린생활시설, 위험물저장 및 처리시설, 자동차 관련 시설, 분뇨 및 쓰레기 처리시설 등으로 따로 분류되지 않은 것을 말한다. 제2종 근린생활시설 중 제조업·수리점 등 물품의 제조·가공·수리를 위한 시설로, 같은 건축물 안에서 해당 용도에 쓰이는 바닥면적의 합계가 500㎡ 미만인 것을 말한다. 그 외 수도권정비계획법(시행령 제3조 제3호), 지방세 특례법(시행규칙 제8조 1항), 조세특례제한법(시행령 제54조 및 시행규칙 제22조)를 적용한다.

공장은 한국표준 산업분류(KSIC)에 의해 산업활동을 일정한 기준과 원칙에 따라 분류하고 있다. 통계분류 포털에서 업종을 검색하면 분류 코드가 나열된다.

한국표준산업분류(11차, 2024.7.1 시행)

대분류(21)		중분류(77)	소분류(234)	세분류(501)	세세분류(1,205)
코드	항목명(코드 범위)				
A	농업, 임업 및 어업(01~03)	3	8	21	33
B	광업(05~08)	4	7	10	11
C	제조업(10~34)	25	85	182	480
D	전기, 가스, 증기 및 공기 조절 공급업(35)	1	3	5	10
E	수도, 하수 및 폐기물 처리, 원료 재생업(36~39)	4	6	14	19
F	건설업(41~42)	2	8	16	46
G	도매 및 소매업(45~47)	3	20	62	186
H	운수 및 창고업(49~52)	4	11	19	47
I	숙박 및 음식점업(55~56)	2	4	11	30
J	정보통신업(58~63)	6	12	26	45
K	금융 및 보험업(64~66)	3	8	14	29
L	부동산업(68)	1	2	4	12
M	전문, 과학 및 기술 서비스업(70~73)		14	20	50
N	사업시설 관리, 사업 지원 및 임대 서비스업(74~76)	3	11	22	32
O	공공 행정, 국방 및 사회보장 행정(84)	1	6	10	28
P	교육 서비스업(85)	1	7	17	33
Q	보건업 및 사회복지 서비스업(86~87)	2	6	9	25
R	예술, 스포츠 및 여가관련 서비스업(90~91)		4	17	43
S	협회 및 단체, 수리 및 기타 개인 서비스업(94~96)		8	18	41
T	가구 내 고용활동 및 달리 분류되지 않은 자가 소비 생산활동(97~98)	2	3	3	3
U	국제 및 외국기관(99)	1	1	1	2

코드	항목명
10	식료품 제조업
11	음료 제조업
12	담배 제조업
13	섬유제품 제조업; 의복 제외
14	의복, 의복 액세서리 및 모피제품 제조업
15	가죽, 가방 및 신발 제조업
16	목재 및 나무제품 제조업; 가구 제외
17	펄프, 종이 및 종이제품 제조업
18	인쇄 및 기록매체 복제업
19	코크스, 연탄 및 석유정제품 제조업
20	화학 물질 및 화학제품 제조업; 의약품 제외
21	의료용 물질 및 의약품 제조업
22	고무 및 플라스틱제품 제조업
23	비금속 광물제품 제조업
24	1차 금속 제조업
25	금속 가공제품 제조업; 기계 및 가구 제외
26	전자 부품, 컴퓨터, 영상, 음향 및 통신장비 제조업
27	의료, 정밀, 광학 기기 및 시계 제조업
28	전기장비 제조업
29	기타 기계 및 장비 제조업
30	자동차 및 트레일러 제조업
31	기타 운송장비 제조업
32	가구 제조업
33	기타 제품 제조업
34	산업용 기계 및 장비 수리업

중분류		소분류(2개)		세분류(3개)		세세분류(8개)	
코드	항목명	코드	항목명	코드	항목명	코드	항목명
18	인쇄 및 기록매체 복제업	181	인쇄 및 인쇄관련 산업	1811	인쇄업	18111	경 인쇄업
						18112	스크린 인쇄업
						18113	오프셋 인쇄업
						18119	기타 인쇄업
				1812	인쇄관련 산업	18121	제판 및 조판업
						18122	제책업
						18129	기타 인쇄관련 산업
		182	기록매체 복제업	1820	기록매체 복제업	18200	기록매체 복제업

(출처 : 통계청)

공장과 창고가 관심이 있다면 별도로 공부해서 미리 준비하고 있으면 좋겠지만, 제조를 하는 기업의 입장과 창고를 사용하는 기업의 입장을 충분하게 이해하는 것이 기본이다. 창고는 물건을 안전하게 보관하는 것이 중요하지만 생산과 소비의 시간 간격을 조정하는 수급과 수급 조정으로 가격 조정의 기능까지 포함된다. 따라서 물자의 생산과 소비의 시차가 조정되도록 접근 동선과 위치 등이 매우 중요하다.

공장과 창고를 중개할 때 주의할 것은 다음과 같다.

첫째, 인터넷 위성지도를 통한 현장 분석을 하게 된다.

위치와 차량 동선 등 접근성이 필수적이므로 스마트폰으로라도 체크하는 것이 습관이 되어 있어야 한다. 요즘 고객은 공장부지 등은 드론을 동원해 동영상으로 점점 더 잘 보여주는 것에 익숙해져가고 있다.

둘째, 현장을 가보지 않고 중개하는 경우는 없다.

고속도로 나들목으로부터의 진입도로는 반드시 살펴본다. 진입하는 차량은 5톤, 11톤, 40피트 트레일러까지 다양하다. 주차장 면적을 살펴본다. 단순하게 주차하는 것이 아닌 회차까지 가능해야 한다. 소음이나 냄새 분진으로 민원이 있을 법한 지역인지 확인한다.

셋째, 공장의 시설을 체크한다.

도로와 더불어 시설의 가장 기본은 층고와 전기다. 전기용량을 확인하고 증설을 확인한다. 용수를 많이 사용하는 업체라면 급수와 배수의 양을 체크해서 배관이 넘치는 일이 없도록 해야 한다. 그 외 클린룸, 해썹인증, 호이스트 등 공장시설을 세부적으로 확인한다. 이런 시설들은 시설비가 고가이고, 없는 곳이 대다수다. 물건을 접수할 때 따로 분류하면 광고하기도 좋고 브리핑할 때 요긴하다. 특히 공장은 제소전 화해를 하는 경우가 많다. 공장은 임차인이 명도를 제때 안 하면 임대인이 해결하기 힘들다. 기계가 크거나 무겁거나 부피가 크고 폐기물처리도 쉽지 않은 것일수록 명도를 신경 써야 한다.

넷째, 각종 서류는 안전장치다.

등기사항증명서, 토지이용계획확인서, 건축물대장은 필수 서류다. 공장은 사용하는 기업이 필요해서 증축하거나 가건물을 짓고 사용한다. 그러다 보니 위법한 상태로 중개하는 일이 발생한다. 계약할 때는 서류대로 작성하되, 그 외 사항을 잘 짚어내어 계약서에 기재한다. 양수자는 위법으로 설치한 부분이 필요할 수도 있다. 위법한 상태를 인수할 것인지, 비용 부담은 어떻게 할 것인지를 정한다.

다섯째, 사진을 잘 찍어두고 오래 보관한다.

사진은 임차인이 이주할 때 원상복구의 기본이 된다. 공장은 한번 들어오면 시설을 이동하기 힘들어 자주 이동할 수가 없다. 임차인이 입주한 지 오래되면 기억이 흐릿해질 수 있어서 중개사가 보관하고 있는 사진이 임대인에게 좋은 영향을 준다. 임대인에게 믿음을 줘 전속 중개 형태로 일할 수 있다.

여섯째, 블로그나 현수막 광고가 효과적이다.

부동산 중개업은 경쟁이 치열하니 광고해도 효과가 미미한 분야가 많다. 하지만 공장과 창고는 광고 효과가 크다. 의외로 광고로 인해 물건을 다른 경쟁 부동산 중개사무소에 빼앗기는 일이 있긴 하지만, 광고를 통한 계약이 많다.

일곱째, 물건 작업을 많이 해야 한다. 기업체 방문을 생활화한다.

물건은 다양하게 접수된다. 소유주가 접수하기도 하지만 임차 의뢰인이 큰 도움이 된다. 은행관계자나 건설업자, 공장이나 부품을 수리하고 보수하는 공사업자들을 만나면 만날수록 정보 입수가 많아진다.

중개사가 일하는 만큼 성과가 확실한 분야가 공장이라고들 한다. 고객이 무작정 돌아다니지 않고 검색창에서 필요한 키워드로 찾는 일이 많으니 광고 효과가 크다. 물건을 광고하기도 전에 거래가 되는 부동산보다 훨씬 안정감 있게 할 수 있는 일이다.

07
가장 심플한 오피스 중개,
더 쉽게 접근하기

　오피스는 중개 분야 중에 특색이 강하지 않으면서 업무가 심플한 분야다. 웬만한 오피스건물 하나만 끼고 있으면 그 건물만 오르락내리락하며 일하기 쉽다. 광고도 해당 건물만 하면 되고, 고객 관리만 잘하면 가장 편안한 분야가 아닐까 싶다. 대신 부동산의 다른 여러 분야에 대해 잘 아는 사람이 더 유리하다. 중개사는 오피스만 중개하더라도 고객을 상대하는 것은 여러 분야를 이야기하면서 엮이기 때문이다.

　물건을 광고하면 그 물건을 보고 물건을 찾는 사람이 전화하고 다른 물건을 내놓는 사람이 전화한다. 물건을 찾는 사람은 해당 오피스에 있는 사람일 확률이 높고, 주변 건물에서 이동하기를 원하는 경우가 많다. 다른 지역에서 진입하는 경우는 건물의 위치부터 개요를 설명해야 하지만, 그 외의 경우는 비교적 쉽게 계약하게 된다.

　건물 안에서 중개업을 할 상황이 아니라면 일반건물도 마찬가지다. 주변 오피스건물의 상황을 잘 파악해놓는 것이 중요하다. 프라임 오피스는 서울에서는 약 33,000㎡(약 1만 평), 부산에서는 16,500㎡(약 5,000평) 규모를 말한다.

prime급	A급	B급	C급
상위 10%	10~30%	30~60%	하위 40%
권역 내 최고 수준의 랜드마크 오피스빌딩	권역 내 우수한 오피스빌딩	권역 내 인지도가 있는 오피스빌딩	권역 내 일반적인 오피스빌딩

공인중개사 자격증을 위해 공부할 때 배웠던 3대 업무지구는 중심업무지구(CBD), 여의도금융지구(YBD), 강남업무지구(GBD)를 말한다. 이 분야는 세빌스코리아 같은 전문적인 상업용 부동산 중개사무소의 중개 영역이다. 부동산 자체보다는 기업을 영업하는 형태로 중개사가 취업해서 일할 수는 있으나 개별적으로는 중개하기가 쉽지 않다. CBRE, 에비슨영, 컬리어스도 외국계 기업으로 비슷하다. 삼성의 에스원이나 포스코의 포스코와이드 같은 대기업은 시설관리 기반으로 사옥을 관리하는 차원에서 임대 중개를 하기도 한다. 하지만 C급이나 세컨드리 오피스라면 일반 부동산 중개사무소에서도 물건을 광고하고 중개하는 것을 볼 수 있다.

어디든지 오피스는 넘쳐나고 생각보다 오피스 수요는 꾸준하다. 개인사업자와 법인사업자, 창업하는 1~2인 회사와 중소기업들이 넘쳐난다. 오피스는 이면도로에 있는 오피스건물을 비롯해 꼬마빌딩, 상가건물, 주상복합건물 등에 아주 많다. 마곡은 아파트를 제외하고는 오피스 천국이다. 성수동과 문정동처럼 지식산업센터와 혼재한 오피스 밀집지역도 있다. 그 외 세무서 앞은 세무사 사무실, 법원 앞은 변호사와 법무사 사무실, 행정사 사무실까지 다양한 오피스를 중개할 수 있다.

오피스 중개를 잘하기 위해서 살펴볼 것은 다음과 같다.

첫째, 주변의 건물들을 유심히 보고 오피스로 사용하고 있는 건물을 분류한다. 주거와 혼재인지, 임대만 하는 건물인지, 구분소유건물인지를 구분해서 정리해야 한다.

둘째, 건물의 건축물대장을 열어서 원 페이지 브리핑 자료를 만든다. 전체적인 개요를 작성한다. 건물의 준공연도, 전체면적, 층, 용적률, 엘리베이터 유무, 주차장 등을 사진과 함께 담아놓는다.

셋째, 평수별로 10평대, 20평대, 30평대, 40평대, 50~60평대, 60~80평대, 80~100평, 100평 이상, 이렇게 분류해서 파일에 담아놓는다. 일하다 보면 많이 찾는 지역의 주력 평수를 알게 된다. 그때 다시 정리하기 쉽게 만들어놓는다.

넷째, 건물별로 또는 호실별로 도면이 있다면 모아놓는다. 내부 도면은 관리사무소에서 주기도 하고 안 주기도 한다. 소유주가 구청에 신고한 도면이 있을 수 있고, 때로는 인테리어 도면도 있을 수 있다. 임차인이 시설한 것은 원상복구가 원칙이지만 임차인끼리 인수할 때가 있다. 사무실로 사용한다는 것은 구조가 평이하기 때문이다. 사장실과 회의실 임원이 몇 명이냐에 따라서 내부 룸의 개수가 다르다. 도면을 가지고 있는 부동산 중개사무소는 쉽게 일하며 고객에게 신뢰를 준다.

다섯째, 작은 오피스건물에 전단지나 명함을 붙인다. 물건 작업이 아파트단지에 비해 쉽다. 우편함을 이용해도 좋다. 명함만 붙이고 다녀도 필요할 때 전화가 온다.

여섯째, 신축 건물의 시세표를 만들어서 돌린다. 주변에 새로 신축한 건물의 물건시세표를 매매인지, 임대인지 분류해서 돌린다. 임대 만기가 돌아오는 기업은 관심을 가지고 볼 것이다.

일곱째, 어떤 회사들이 입주해 있는지 로비의 안내판을 보고 관심을 갖는다. 주변에 있는 회사가 사무실을 내놓으러 오거나 임대인이 왔을 때 반갑게 맞을 수 있다. 어떤 건물인지도 모르고 어떤 회사인지도 모르는 것보다 아는 척하면 고객의 기분을 좋게 만든다.

여덟째, 고객들과 맛집 등 정보를 공유한다. 고객과 자주 부딪치면 얼굴이 익숙해진다. 고객이 방문하면 거주민 같은 느낌으로 대할 때 친근함을 갖는다. 회사는 지역 내에서 평수만 늘리거나 줄이는 일이 많으므로 단골을 확보하도록 노력한다.

아홉째, 법인의 사업자등록증과 법인등기부등본을 주의 깊게 본다. 신설법인과 지방에서 온 법인은 지방세가 중과세 대상이다. 매매할 때 취득세만 해당하는 것이 아니라 임대에서도 이전등록을 할 때 등록세가 중과세다. 임대 시에는 자본금에 대해서 등록세 중과, 취득 시에는 부동산 가격에 대해 취득세 중 등록세의 중과다. 대도시 내에서 법인을 설립하게 되면 등록세의 일반세율(법인등기부상 자본금의 1,000분의 4)의 3배를 중과세하고, 또한 지점 또는 분사무소를 설치하면 일반세율(매 1건당 23,000원)의 3배를 중과세한다.

마지막으로, 온라인 광고를 하면 그 건물과 주변 건물에서 문의 전화가 온다. 사무실에서 일하는 사람들은 사무실에 앉아서 물건을 찾는다. 그렇기 때문에 효율적으로 광고를 해야 한다.

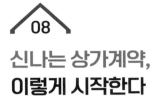

08
신나는 상가계약,
이렇게 시작한다

상권이 번화하고 임차인 변동이 큰 지역은 상가만 전문적으로 일하는 부동산 중개사무소가 많다. 상가만 전문으로 하는 중개사는 주로 상권이 뛰어난 지역에 위치해 해당 지역만 타깃으로 운영한다. 그 외 상권이 좋은 곳은 직접 찾아다니며 물건수집을 하거나 공동중개로 연결해서 일한다.

상가만 전문적으로 취급하는 부동산 중개사무소가 되려면 상가가 밀집한 곳으로 가야 한다. 상가는 상가임대차보호법으로 10년간 영업할 수 있는 권리가 있어 거래가 드물 것 같지만 임차 기간을 못 채우고 이전하거나 폐업하는 일도 많다. 일반적인 중개사무소를 운영하면서 상가를 계약하려면 쉽지 않다. 상가만 전문적으로 하는 사람들에 비해서 전문성이 떨어지게 되어 있다. 다른 분야에 집중도가 더 높으므로 누군가 찾으러 올 때나 보여주고 적극적인 광고나 대처를 하기 어렵다. 상가 트렌드에 대한 민감성이 낮고 임대료도 임대인의 제시에만 의존하기 때문이다. 그래도 중개보수를 풀로 받을 수 있는 것은 장점이다.

상가는 권리금계약에서 중개보수 받는 것을 크게 생각하는데 권리금에 대한 보수는 순가 중개의 형태를 취하고 있다. 기존 임차인이 받을 입금 금액을 정하고 그 금액보다 높이 받아서 중개사는 그 차액을 취하는 것이다. 그러나 현실적으로 그렇게까지 하기는 쉽지 않아서 서로가 정한 금액을 주고받으며 권리금의 10% 정도를 양쪽에서 받는다. 하지만 이마저도 행정사 업무라느니 중개사가 할 수 없는 업무라 하니 공인중개사협회는 판결을 기다릴 뿐이다.

권리계약은 완전하게 동일하지는 않지만, 다른 나라에도 유사한 개념이 존재한다고 한다. 임차인들의 영업이익을 회수할 기회를 보장하는 것은 어느 나라나 마찬가지다. 미국은 상가 임차인이 임차권과 함께 시설 재고, 고객 관계 노하우 등 유무형 자산을 일괄해서 판매할 수 있는 영업양도권을 인정하고 있다. 영국은 영업권이라고 해서 권리금 개념과 유사한 단골고객의 방문 등 유무형의 가치를 인정한다. 프랑스는 영업소유권이라는 개념으로 보장하고 있다. 일본에도 우리나라 행정사와 유사한 제도가 있는데 공인중개사의 권리금 중개를 처벌하지 않는다. 오히려 중개사가 받을 수 있는 권리금 중개보수의 기준까지 마련해서 사실상 공인중개사의 업무 영역으로 인정하고 있다.

임대차계약과 권리금계약을 동시에 진행할 경우 공인중개사와 행정사가 같은 날 같은 자리에서 각자의 계약을 진행하는 것은 불편한 사항이다. 통상 상가 거래 시 공인중개사가 권리금까지 일괄해서 거래하고 처리하는 게 거래 실무다. 행정사는 오히려 중개 실무를 모른다. 현실적으로 고객을 매칭하는 것이 더 어려운 일이다. 중개사가 어렵게 고객을 찾아 권리금 협의만 하고 계약서 작성은 행정사를 부르는 것이 맞는 말일까?

권리금은 상가의 유·무형 가치를 평가해 새로운 세입자가 기존 세입자에게 주는 돈이다. 상가건물임대차보호법도 이 같은 권리금 거래를 합법으로 인정한다.

중개사무소 업무지역의 범위에서 상가계약을 잘하기 위한 여건들을 살펴보자.

첫째, 중개사무소 주변의 상가 이용을 생활화한다. 상가를 운영하는 대표가 누구인지 확인하면서 중개사무소 주변 상가를 이용하고 공인중개사라는 눈도장을 찍어놓는다. 상가는 대표가 매장의 홀에 나와 있을 수도 있지만, 주방에 있거나 외부에 있어서 중개사가 다녀간 사실을 모르는 경우가 많다. 매장은 지배인이 있을 경우가 많다.

둘째, 블로그를 하면서 지역 정보로 상가 방문기를 업로드한다. 사실 맛집이나 유명한 곳이 아니면 블로그에서 보기 힘들다. 상가의 주인들은 SNS의 인플루언서가 올리는 것은 유료광고일 확률이 높으므로 중개사가 소소한 일상으로 보여주는 것을 고마워한다.

셋째, 상가의 연대기 등을 만들어놓는다. 상가의 임차인이 바뀔 때마다 체크해놓으면 바뀌는 자리만 계속 바뀌는 것을 알 수 있다. 위치의 한계인지, 임대료 때문인지, 구조적인 문제인지 원인을 파악하기 쉽다. 권리금 협상이나 임대료 협상에 유리하다.

넷째, 건물마다 상가의 기준 면적을 확인해놓는다. 고객이 주력으로 찾는 평수도 있지만, 고객이 "20평 이하로만 가능해요", "40평은 넘어야 해요"라고 말하면 한 번에 감이 와야 한다. 건물을 찾아 헤매지 않고 일할 수 있도록 알고 있으면 유리하다.

다섯째, 건축물대장을 확인해서 소유주와 기본사항을 정리한다. 상가 임대가 제때 안 이루어져도 임차인이 우리 사무실에만 안 내놓을 경우도 있다. 건축물대장을 열어볼 때 단독건물이면 다른 층의 임차인에게서 임대인 전화번호를 확인한다. 개인정보라 알려주지 않을 경우 중개사 전화번호를 전달해달라고 하면 임대인이 중개사에게 전화할 것이다. 중개사가 건물과 상가에 관심 있다는 것을 알리면 좋다. 웬만한 정보는 건축물대장에 나와 있다.

여섯째, 건물마다 관리사무소가 어디에 있는지, 관리인이 누구인지 전화번호를 파악해놓으면 편리하다. 상가별로 입주 승낙을 안 해주는 업종도 있을 수 있으므로 임대인뿐만 아니라 관리소나 관리담당자에게도 확인할 일들이 있다.

일곱째, 최근에 계약된 상가의 임대료와 권리금을 알고 있어야 한다. 다른 부동산 중개사무소에서 계약했다고 하더라도 앞으로 나올 상가의 가격을 조율하는 데 중요하다. 막 입점한 상가는 오래 유지할 것 같지만 들어가자마자 다시 나올 수도 있다. 상가는 변수가 많다는 점을 유념하고 있으면 중개사에게 유리하게 돌아간다.

여덟째, 최근 상가의 트렌드나 유명브랜드 이름을 알고 있으면 좋다. 아이스크림, 커피, 라면집, 무인 점포가 많다. 커피의 종류도 셀 수 없을 정도고 음식점도 나라별로 유명한 집들이 많다. 해외에서 먹은 음식이 생각날 때 현지인이 한국에 와서 운영하는 음식점들이 있다. 키오스크로 주문한 음식이 주방에는 번역되어서 출력되므로 외국인들도 음식점을 찾는다.

주변에 프랜차이즈를 개업하고자 할 때 거리 제한 등에 걸리지 않는지 브랜드를 알고 있으면 바로 대응하기도 쉽다. 안전하게 많이 거래하기 위해서 상가 부분만 공부를 깊이 하는 것이 필요하다. 하지만 공인중개사 자격만으로 충분히 상가를 계약할 수 있다. 중개사무소 주변의 상가는 내가 채운다는 마음으로 성실하게 광고하고 찾아오는 손님에게 최대한 정보를 제공하면 된다. 안전 거래를 위해서는 체크리스트를 만들어놓고 하나하나 확인하면 실력도 향상한다.

입점할 업종에 따라 하수 배관이 굵기가 제한이 있는지, 전기용량이 부족하지 않은지, 정화조 문제가 없는지, 간판 자리가 있는지, 실외기 놓을 자리가 없거나 거리가 멀지 않은지 의뢰인이 요구하지 않아도 생각을 깊이 해볼 필요가 있다.

주의할 점 중에 인허가에 봉착된 건이나 용도변경은 중개사가 아닌 의뢰인이 알아보게 해야 한다. 중개사는 관청 관할 부서에 확인하도록 안내하고 건축사를 연결해주는 방법으로 도와준다. 상가의 인허가 문제는 계약하기 전 확인할 시간을 여유 있게 두어야 한다.

상가매매 시 체크사항
1. 상가 현황과 수익률을 분석해 투자 가치 판단
2. 상가 매매 세금 확인 : 부가세, 양도세, 취득세
3. 상가권리 분석 : 등기사항증명서, 건축물대장, 토지대장, 토지이용계획확인원 소유자 현황과 용도 등
4. 상가건물 임대차 현황 확인(임차인의 대항력, 우선변제권, 최우선변제권, 상가건물 임대차 보호법 적용 여부)
5. 상가 현장답사로 소유권 제한 사항 확인
6. 매도인의 소유권 확인(신분증)
7. 신탁등기 : 부동산등기사항증명서 외 신탁원부 발급
8. 위반건축물 확인

상가임대차보호법 적용 범위 및 보증금 범위
1. 서울특별시 – 9억 원 이하
2. 수도권 중 과밀억제권역(인천광역시, 부산광역시) – 6억 9,000만 원 이하
3. 인천, 부산을 제외한 광역시(세종시, 용인시, 안산시, 김포시, 파주시, 화성시) – 5억 4,000만 원 이하
4. 그 밖의 지역, 광역시, 군지역 – 3억 7,000만 원 이하

09
기본만 숙지하면 고객 창출이 쉬워지는
재개발·재건축

역사는 되풀이된다. 재개발·재건축은 도시정비법 이후 2024년 4월 27일 시행되는 노후계획도시특별법까지, 도시정비법이 여러 번 바뀌었지만 새 건물로 입주하는 시스템은 변함이 없다. 재건축·재개발사업은 여기서 자세하게 다룰 수는 없지만 많은 이들이 아파트 청약만큼이나 관심을 보인다. 재개발·재건축의 시작은 지자체가 수립하는 정비기본계획이다. 그 단계를 살펴보면, 다음과 같다.

1. 정비기본계획을 수립한다.
2. 재건축은 정비기본계획이 수립되면 안전진단을 실시하지만, 재개발은 안전진단을 하지 않는다.
3. 안전진단을 통과하면 정비구역 지정이 이루어지고 지역주민들은 추진위원회를 구성한다.
4. 추진위원회가 구성되면 지자체의 승인을 받아야 한다.
5. 추진위원회는 조합 설립을 위한 동의서를 받기 시작한다. 재개발에서는 토지 등 소유자 75% 이상, 전체 토지면적의 50% 이상을 충족해야 한다. 재건축에서는 전체 구분소유자 75% 이상, 동별 과반수 이상의 동의가 필요하다.

6. 조합이 설립되면 여러 시공사로부터 입찰을 받아서 조합원의 투표로 시공사를 선정한다. 시공사 선정을 빠르게 할 경우 조합의 부담을 덜 수 있는 장점이 있다.

정비사업 시공사 선정 시점

최근 노후계획도시특별법이 적용되는 1기 신도시 경우, 사업자를 조합이 아닌 신탁사로 지정하려는 움직임이 활발하다.

재건축 사업 방식 비교

구분	조합 시행 방식	신탁 시행 방식
사업주체	조합	신탁사
지정절차	조합 설립인가	사업시행자 지정 고시
동의 요건	- 토지 등 소유자의 **75%** 이상 동의 - 동별 소유자의 **50%** 이상 동의	- 토지 등 소유자의 **75%** 이상 동의 - 동별 소유자의 **50%** 이상 동의 - 토지 면적 기준 3분의 1 이상 신탁등기
개발이익 배분	조합에 환원	개발 이익 일부를 신탁 수수료로 지불
시공사 선정	사업시행인가 이후	사업시행자 지정 이후

신탁사업시행자방식의 토지면적 기준 3분의1 신탁등기조건은 조항이 사라졌다.

7. 조합은 사업시행인가를 신청한다. 사업시행인가 단계는 건축·교통·환경 등에 대한 정비사업 내용을 지자체에서 검토하고 인가하는 절차다. 조합이 제출한 계획안을 검토하고 인가해준다.

8. 사업시행인가가 이루어지면 일종의 감정평가인 종전자산평가를 한다.

9. 조합은 사업시행인가가 고시된 날로부터 120일 이내에 감정평가액 및 분담금 추산액과 조합원 분양신청 기간을 조합원에게 통지한다.

10. 사업시행인가를 수정하고 보완해 구체적인 계획을 하는 관리처분계획을 수립해서 인가를 받는다. 일반분양세대수, 분양가격, 시공사와 공사비, 분담금과 분양수익 등을 계산해서 지자체에 제출하고 인가를 받는다.

11. 관리처분인가 후 조합이 제공한 이주비로 이주 및 철거가 시작되며 1년 정도 소요된다.

12. 이주와 철거가 완료되면 조합은 착공신고를 하고 일반분양을 한다.

13. 일반분양이 끝나면 아파트 건설이 시작되고 이전고시가 나오면 입주한 후 소유권이전등기를 한다. 재건축은 조합설립인가 이후, 재개발은 관리처분인가 이후 거래부터 입주권을 받을 수 없고 현금 청산된다.

공급계약서가 없이 입주권만 있는 상태에서는 일반 매매 거래로 계약한다. 단순한 부동산이 아니라 부동산을 취득할 수 있는 권리로서, 공급계약서가 있다면 기존 부동산 계약서에 입주권계약서를 추가한다. 만일 철거가 시작되었으면 건물이 없는 상태이므로 토지계약서와 입주권계약서를 작성한다. 공부상 건물등기가 폐쇄된 상태라면 토지계약서를 작성한다. 취득세는 잔금일 기준 실질 과세다. 건물이 철거되었으면 주택보다 취득세가 높게 된다.

계약서를 작성할 때는 해당 정비사업의 ① 추진단계, ② 퇴거 예정 시기(건축물의 경우 철거예정 시기 포함), ③ 제19조에 따른 행위 제한, ④ 제39조에 따른 조합원의 자격, ⑤ 제70조 제5항에 임대차 등의 계약 기간 ⑥ 제77조에 따른 주택 등 건축물을 분양받을 권리의 산정 기준일, ⑦ 그 밖에 거래 상대방의 권리와 의무에 중대한 영향을 미치는 사항을 설명하고 기재한다(도시 및 주거환경정비법).

재개발·재건축 중개

먼저, 재개발·재건축 대상의 부동산 정보는 서울시에서 운영하는 정비사업 정보몽땅 사이트에서 확인할 수 있다(https://cleanup.seoul.go.kr). 정비사업 정보몽땅 사이트는 Q&A도 잘되어 있어서 중개사가 애매하다고 생각하는 것에 관한 질문과 답을 참고할 수 있다. 재개발·재건축 정보를 위해서는 서울 도시계획 포털(https://urban.seoul.go.kr/view/dgtUndMain.html)에서 정보 안내를 받는 것도 좋다. 부산의 경우 재재맵(https://jjmap.co.kr/)도 많이 이용한다.

공인중개사는 재개발과 재건축에 대한 정보 콘텐츠를 블로그에 업로드한다. 해당 지역에서 부동산 중개사무소를 하지 않아도 재개발·재건축에 대한 상식과 정보를 꾸준하게 올리면 매도를 원하는 사람이 물건을 내놓게 된다. 그리고 구입을 원하는 이들에게도 전화가 온다. 물건이 생기면 주변에서 일하는 중개사무소나 광고에 물건을 올리는 중개사무소의 도움을 받아서 시세 등을 참고한다.

주변 재개발·재건축 사항을 주시하고, 거래사례 등을 취합해서 고객에게 총력을 다해 브리핑한다. 보통 재개발지역에서 나오는 사람은 비슷한 수준의 지역을 선택해서 이주하는 경우가 많다. 돈을 벌어본 사람은 계속해서 비슷한 것으로 돈을 벌고자 한다. 그러한 점에 힌트를 얻어 그들의 이동 경로를 따라 공부하고 또는 좋은 물건을 찾아 안내도 한다.

그리고 주택에서 권리로 변경된 후는 비과세 대상인지, 다주택자인지에 따라 세금이 달라진다. 고객의 대상에 따라 양도세 등을 꾸준히 공부하면서 고객을 소개받는다. 재개발·재건축은 생각보다 투자자가 많으므로 주택을 소유하고 있는 고객에게도 꾸준하게 브리핑할 수 있다. 중개업을 하는 지역에서 알토란 같은 고객을 찾아내는 작업을 하는 것이 좋다. 아파트는 경비실에서 진입을 제재하지만, 재개발·재건축 대상은 제재당할 일이 적다. 이런 지역은 평일에는 사람이 일터에 있으니 거의 만나기 어렵고, 주말에는 집에 있는 경우가 많다. 공인중개사가 명함 작업을 하다가 직접 물건을 접수하는 일도 생긴다.

재개발·재건축은 관심 있는 사람들이 많다. 부동산 주변의 고객도 적게 자금이 들어갈 만한 투자처를 찾기 마련이다. 재개발·재건축 지역에서 일하면 더없이 좋겠으나 어느 지역이든 부동산 주변에서 관심 고객을 찾는 일도 신나는 일이다.

입주 권리를 파는 분양권 계약서
손피 계산하기

입주 권리는 조합원(기존소유자의 입주권)과 청약당첨자(분양권)에게 있다. 입주권과 분양권에 대해 알아보자. 분양권 거래는 전매가 풀린 시점부터 가능하나 그전부터 물건 접수가 시작된다.

분양권 가격 = 분양 금액(분양가격 + 옵션비) + 프리미엄
매수인 실제 납부 금액은 매도인의 기납부액 + 프리미엄이다.

> **분양가격 5억 원, 프리미엄이 1억 원인 분양권거래 예시**
> 매도인 기납부액 : 계약금 10% + 중도금 20% = 총 1억 5,000만 원
> 매수인 납부액 : 1억 5,000만 원(매도인 기납부액) + 1억 원(프리미엄) = 2억 5,000만 원
> 향후 납부액 : 5억 원(분양가격) − 1억 5,000만 원(기납부액) = 3억 5,000만 원

기존 계약자가 계약한 옵션 및 발코니 확장과 중도금 대출 및 잔금 납부 의무를 승계한다고 작성한다. 특약 내용에 '중도금 대출승계가 되지 않으면 계약을 무효로 하고 계약금은 조건 없이 반환한다'라고 기재한다. 매수자에게 대출승계가 가능한지 계약서 작성하기 전에 알아보라고 해야 한다. 중도금 대출은 잔금 시점에 잔금대출로 변경한다. 분양

권 매매는 프리미엄이 목표인 사람들이 많다. 전매제한이 풀리는 시점에 분양권 거래가 활발하다.

분양권을 거래할 때, '손피'라는 용어가 자주 등장하고, 광고할 때도 프리미엄에 손피라고 기재된 것을 볼 수 있다. 실제는 매도자가 손에 쥐는 프리미엄을 말한다. 매도자에게 발생하는 양도세 등 제반 비용을 제외한 프리미엄이다. 분양권 양도세는 보유 기간이 1년 미만 시 77%, 1년 이상 시 66%로 세율이 높으므로 손피라는 개념이 생기고, 결국 양도세를 매수자 부담으로 거래하는 것이다.

> **매도자가 프리미엄 1억 원을 원하는 예시**
> 보유 기간 1년 미만은 양도세율 77%
> 양도세 : (1억 원 − 250만 원) × 77% = 7,508만 원
> 매도자 순이익 : 1억 원 − 7,508만 원 = 2,492만 원이다.
> 손피 1억 원 : 1억 원/23% = 434,782,609 손피 1억 원을 위해 4억 원이 넘는 프리미엄을 붙여야 한다.

양도세를 매수자가 내는 계산식은 다음과 같다.

> 1차 양도세 1억 원 − 250만 원 × 77% = 7,508만 원
> 2차 양도세 7,508만 원 × 77% = 5,781만 원
> 매수자는 7,508만 원 + 5,781만 원 + 1억 원(P) = 2억 3,289만 원

1차, 2차 양도세와 처음 받고자 한 1억 원을 합해주는 것이 양도세를 매도자가 부담하는 일반거래에 비해 2억 원 정도 절감된다.

분양권은 취득세와 양도세를 계산하는 시기가 상이하다.

구분	양도세법상 취득 시기	취득세법상 취득 시기
원분양자	청약당첨일	분양계약일
분양권 매수 시	잔금 지급일	

계약할 때는 다음과 같은 사항을 지켜야 한다.

1. 수분양자에게 공급계약서를 확인하고 물건을 접수한다.

2. 공급가액을 확인하고, 중도금이 대출인지 자납인지 확인한다. 유상옵션, 발코니 확장 비용 등을 확인해서 매물 관리 노트에 잘 기재한다.

3. 부동산 플랫폼에 매물 광고를 한다.

4. 매수를 희망하는 자가 전화를 하거나 방문하면 계약 의사를 확인하고 계약에 관련된 전반적인 내용을 문자로 만들어서 가계약을 하게 한다. 프리미엄에 대한 양도세가 매도자 부담인지, 매수자 부담인지를 확실하게 표기한다. 분양권전매는 미등기전매로 등기사항증명서가 없으니 절대적인 확인이 필요하다.

5. 보통은 가계약을 하기 전에 매도자가 부동산을 구입한 수분양자가 맞는지와 시행사 및 건설사에 해당 분양권에 문제가 없는지 확인한다. 반드시 통화가 되는 시간에 확인 후 계약서 작성일을 정하고 계좌를 받아 가계약금을 입금하게 한다.

6. 계약일에 계약서의 세부사항을 작성한다, 나머지 금액을 입금하고 잔금일을 정한다. 잔금일에 은행에 방문해 대출승계, 시행사를 방문해 명의를 변경한다는 내용과 잔금 등 세부 일정을 협의한다. 중도금승계가 무난해야 한다. 무이자 중도금 대출과 이자 후불제는 다르다. 무이자 대출은 이자가 발생하지 않아 승계 절차만 받으면 된다. 이자는 없더라도 시행사에서 대리로 납부한 상태라서 승계 절차는 반드시 필요하다. 이자 후불제는 잔금일 이전까지는 매도자가 부담하고, 잔금일 이후에는 매수자가 부담한다고 계약서 작성 시 특약에 기재한다. 매수자가 부담하게

하는 경우도 많이 있다. 가끔 중도금을 현금으로 자납하겠다는 사람들이 있어서 미리 확인하지 않으면 실수를 하게 된다. 매도자의 중도금 상환을 매수자가 승계하지 않으면 일시에 상환해야 하거나 잔금일까지 누군가는 이자를 부담하게 된다. 아니면 매도자가 중도금을 현금납부를 했으면 매수자는 초기 투자 금액이 많아져서 인수하기 힘들 수가 있다.

7. 인지세는 거래할 때마다 내야 하는데 부담할 사람을 정하고 수입인지(우체국이나 인터넷)를 붙여야 한다. 10억 원 이하의 인지세는 150,000원이다. 재산에 대한 권리가 창설되거나 이전할 때 계약서를 작성하고, 그 문서에 대한 인지세를 납부할 의무가 있다. 2인 이상이 공동으로 문서를 작성한 경우, 그 작성자가 연대해 납부해야 한다(인지세법 제1조). 만일 전매가 세 번 이루어졌으면 수입인지는 3개여야 한다. 미리 챙기지 않으면 가산세가 부과된다.

8. 계약일 이후 30일 이내 부동산 실거래신고를 한다. 6억 원 이상이면 자금조달 계획서를 첨부한다. 계약일부터 잔금일까지 공급계약서는 중개사가 보관하는 것이 안전하다. 신고필증은 대출승계, 양도세 신고, 명의변경, 취득세 납부 시 필요하다.

9. 대출승계 예약과 명의변경 시간을 예약한다. 은행과 시행사에 제출할 서류를 준비시킨다. 소득 서류나 부동산 서류, 인감증명서 등은 시간을 넉넉하게 잡아서 준비하게 한다. 은행에서 시간이 오래 걸리므로 가장 빠른 시간을 잡는다.

10. 잔금일에 잔금 입금 완료 후 대출을 승계하고 시행사로 방문한다. 중개사는 매수자의 대출에 관련된 서류가 많고 시간이 오래 소요되나 함께 방문해서 대기하다가 은행에서 영수증이나 확인서를 받는다. 시행사에서 공급계약서의 명의변경란에 권리승계에 대한 자서 및 도장을 받는다. 명의변경이 끝나면 은행으로 변경된 공급계약서를 팩스로 보낸다.

11
조합원 입주권의 관리처분일이 중요한 이유

  입주권은 중개사가 기록하지 않으면 분쟁이 생겼을 때 불리하게 작용한다. 의뢰인에게 말로만 설명할 것이 아니라 조합 홈페이지를 열어보며 설명을 하고 무엇이든 첨부 서류에 넣어주는 것이 좋다. 조합에서 발행한 관리처분인가 고시에 따른 내역서는 권리평가 금액과 배정 평형, 비례율, 해당 사업지 주소가 기재되어 있어 반드시 조합 확인을 거쳐 제시해야 한다.

  관리처분 이후 입주권 거래에서는 건축물 멸실일이 중요하다. 승계조합원이 건축물 멸실 전에 조합원 입주권을 취득하면 주택을 취득하는 것이다. 승계조합원은 조합원 입주권을 취득했으나 지방세는 관리처분계획인가가 아닌 멸실을 중심으로 판단한다. 건축물이 조합원 입주권을 구입하는 시점에 멸실되지 않았다면 승계조합원은 주택을 구입한 것으로 본다. 다주택자가 멸실되지 않은 조합원 입주권을 구입하면 주택 수에 포함되어 취득세에 영향을 미치게 된다. 다주택자는 주택 수에 따라 최대 13.4%의 취득세를 납부할 수도 있다. 이미 멸실이 되어 토지 상태라면 토지의 취득세는 4.6% 세율을 부과한다. 무주택자는 주택이 멸실되지 않은 상태일 때 구입하면 기본세율 1.1~3.5%에 해당되어 멸실 후 보다 오히려 유리할 수 있다. 일시적 2주택인 경우, 기본세율로 취득 후 3년 이내 기존 주택을 매도할 수도 있다.

실거주 거주용 주택을 보유하고 있을 때 특례에 의해 입주권을 매수한 경우, 자금이 많은 경우, 다음과 같은 특례를 활용하면 자산증식이 배가 될 수 있다.

 * 실거주 목적의 조합원 입주권 취득(소득세법 시행령 156조의2 ④항; 종전 주택을 취득 후 1년 이상이 지난 후 조합원 입주권을 취득하고 조합원 입주권이 신규주택으로 완성된 날로부터 3년 이내에 종전주택을 양도하고 조합원 입주권이 신규주택으로 완성된 날로부터 3년 이내 세대 전원이 이사, 1년 이상 거주(완성일; 사용승인서 교부일, 사실상 사용일 또는 임시사용승인을 받은 날 중 빠른 날))

조합원은 6월 1일 기준도 중요하다. 6월 1일 기준으로 건축물이 멸실 상태라면 당해 주택분 재산세가 과세되지 않는다. 다주택자들에게는 6월 1일 전에 건축물이 멸실되는 것이 좋다. 승계조합원의 주택취득 시점은 준공인가가 난 날이다. 취득세 납부 때문에 입주권 시점부터 계산해서 거주 후 양도할 때 비과세 혜택을 못 받을 수 있으니 안내할 때 주의한다. 조합원 입주권을 양도할 때 관리처분일 전에 양도는 주택 상태이므로 1세대 1주택자들도 세금을 내지 않을 수 있고, 장기보유 특별공제도 있다. 관리처분계획인가일 이후에 발생한 양도차익은 권리이므로 장기보유 특별공제를 적용받기 어렵다. 이때 1세대 1주택자만 비과세 혜택이 있으며 이점은 비과세 특례사항이다. 개인의 의지와 상관없이 조합에서 재건축을 진행하는 것에 대한 불이익을 받지 않게 하기 위함이다.

관리처분일을 중심으로 종전 부동산은 권리가액이고 신축주택은 분양가액이다. 분양가액이 권리가액보다 높다면 추가분담금을 납부해야 하고, 분양가액이 권리가액보다 낮다면 청산금을 수령해야 한다. 관리처분인가일 전에 발생한 양도차익은 권리가액에서 처음 취득한 가액을 뺀 금액으로 양도차익이 발생한다. 관리처분인가일 이후에 발생한 양도차익은 조합원 입주권을 팔았을 때 양도가액에서 권리가액의 차익을 말한다. 추가 분담금이 있으면 차익에서 차감한다.

공인중개사가 많이 헷갈리는 정비사업과는 다른 '빈집 및 소규모주택정비에 관한 특례법'은 관리처분계획인가 단계가 없다. 소규모주택정비사업은 자율주택, 가로주택정비사업(모아타운), 소규모 재건축, 소규모 재개발 사업이다. 공인중개사는 재건축·재개발사업이라고 생각하고 일하면 된다. 동의서를 받는 일이 가장 힘들다고 하니 그때 사람들이 궁금한 것을 물으러 부동산 중개사무소에 들락날락한다. 이때 영업의 일종으로 정보를 위해 노력하고 물건을 접수한다. 입주할 때까지 많은 시간이 소요될 것이다.

재개발·재건축사업이 진행 중인 곳에서 부동산 매도인과 공인중개사가 반드시 체크해야 할 규정이 있다. 도시정비법 제122조에 따른 토지 등 소유자의 설명의무다. 이 의무는 해당 거래를 중개한 부동산 공인중개사에게도 적용되며, 만약 설명의무를 위반할 경우, 손해배상책임을 질 수도 있으므로 주의를 요한다.

부동산 거래 시 토지 등 소유자와 공인중개사의 설명의무 내용
도시정비법 제122조 제1항은 "토지 등 소유자는 자신이 소유하는 정비구역 내 토지 또는 건축물에 대하여 매매·전세·임대차 또는 지상권 설정 등 부동산 거래를 위한 계약을 체결하는 경우 다음 각 호의 사항을 거래 상대방에게 설명·고지하고, 거래 계약서에 기재 후 서명·날인하여야 한다"라고 규정하고 있다.

매도인이 설명·고지해야 할 각 호의 사항

1. 해당 정비사업의 추진단계
2. 퇴거 예정 시기(건축물의 경우 철거 예정 시기를 포함한다)
3. 제19조[3]에 따른 행위 제한
4. 제39조[4]에 따른 조합원의 자격
5. 제70조[5] 제5항에 임대차 등의 계약 기간
6. 제77조[6]에 따른 주택 등 건축물을 분양받을 권리의 산정 기준일
7. 그 밖에 거래 상대방의 권리·의무에 중대한 영향을 미치는 사항으로서 대통령 령으로 정하는 사항 등

---

3) 도시 및 주거환경정비법 제19조(행위 제한)
4) 도시 및 주거환경정비법 제39조(조합원의 자격 등)
5) 도시 및 주거환경정비법 제70조 5항(지상권 등 계약의 해지)
6) 도시 및 주거환경정비법 제77조(주택 등 건축물을 분양받을 권리의 산정기준일)

민간임대주택 등록사업자의
렌트홈 이용

공인중개사는 등록임대주택을 계약하기 위해 렌트홈을 자주 이용하게 된다. 임대인은 렌트홈 홈페이지에서 공인인증서를 등록하고 임대등록 신청과 계약 신고, 말소 신고, 민원취하를 할 수 있다.

공인중개사는 공인인증서 등록을 하지 않아도 볼 수 있는 초기화면에서 임대료 인상률을 계산할 수 있다. 금리와 보증금 변환이 있을 때 전·월세 전환, 임대료 인상 등의 계산에 편리하다. 전·월세 전환율은 중개사가 계산하기 어렵지 않으나 정부 기관에서 운영하는 렌트홈에서 계산한 뒤 캡처해서 의뢰인에게 보내면 일을 정확하게 한다는 인상을 준다. 또 등록된 임대주택을 찾기에 편리하다. 주택의 유형을 선택하면 다세대주택이나 도시형생활주택 오피스를 구분해서 볼 수 있다. 법인인지, 개인인지, 그리고 면적을 확인할 수 있다. 면적을 확인해서 클릭하면 임대의무 기간과 의무 기간 개시일이 확인되기 때문에 중개사에게 매우 편리하다. 사실 임대인들은 자신의 주택이 등록임대주택인지, 일반임대주택인지 제대로 구분하지 못하는 경우도 많다. 묵시적 갱신도 신고해야 하는지 중개사한테 물어볼 것이다.

임대인은 렌트홈에서 등록과 말소를 할 수 있으며 계약의 신고를 할 때 이용한다. 행정정보 공동이용 사전동의서, 임대보증보험 미가입이나 일부 가입 동의서를 업로드해야 한다. 중개사가 계약서 작성 후 행정정보 공동이용 사전동의서, 임대보증보험 미가입이나 일부 가입 동의서를 구비해 서명을 받아주면 좋다. 법인이 소유한 주택이라도 아파트가 아니라면 임대주택 등록이 가능하다. 법인등기사항증명서와 임대주택의 등기사항증명서가 필요하다. 매매로 승계하는 계약에서 임대사업자 등록신청 시 등록하는 임대주택에 임차인이 존재하는 경우, 해당 임대차계약에 대한 임대보증금 보증을 먼저 가입해야 한다.

렌트홈 이용하는 방법을 살펴보자.
1. 임대료나 보증금 전환율을 계산하거나 고객에게 확인시키기

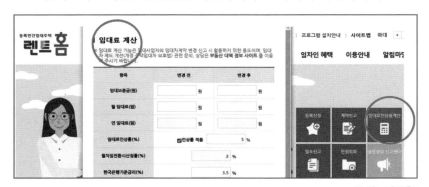

(출처 : 렌트홈)

2. 렌트홈에서 등록임대주택 유형 찾기

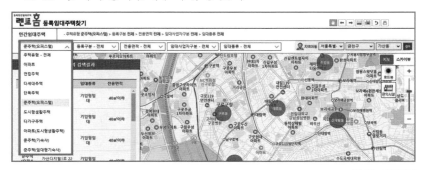

(출처 : 렌트홈)

3. 렌트홈에서 등록임대주택 정보 확인

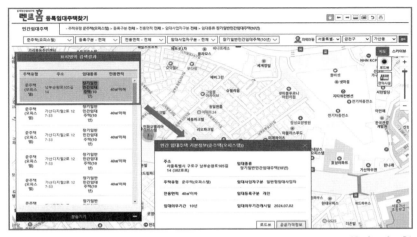

(출처 : 렌트홈)

4. 렌트홈에서 등록임대주택 시세 확인하기

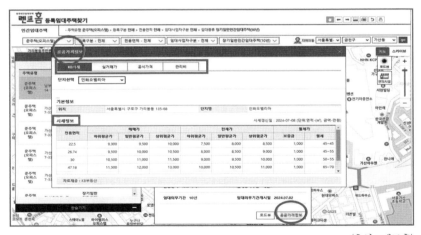

(출처 : 렌트홈)

민간임대주택 등록사업자의
임대차계약 시 의무사항

　임대사업자 등록신청은 온라인과 방문으로 둘 다 신청이 가능하다. 세제 혜택을 제공받기 위해 민간임대주택에 관한 특별법에 따른 임대사업자등록과 함께 부가가치세법에 따른 면세사업자로 등록이 필요하다. 구청과 세무서에 등록해야 한다는 내용이다.

　등록임대주택은 임대의무 기간(10년) 동안 임대해야 하며 임대등록사업자의 개인적인 사정으로 말소 신청할 수 없다. 등록임대주택은 등록 이후부터 직전 임대료 대비 임대료 증액(5% 이내) 제한 규정을 적용받으므로 임대사업자가 임의로 임대료를 조정할 수 없다. 세제 혜택은 주택 유형, 기준시가, 면적, 등록 시기, 임대의무 기간 등에 따라 상이하다. 법인이 소유한 주택이라도 아파트가 아니라면 임대주택 등록이 가능하다. 등록 대상은 전용면적은 60㎡ 이하여야 하며 취득가액 6억 원 이하 수도권은 3억 원 이하다. 취득일로부터 60일 이내 등록해야 한다.

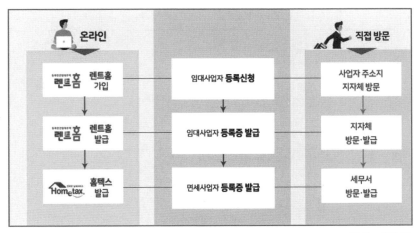

주택등록 임대사업자를 중개할 때는 임대사업자에게 290페이지 표와 같은 설명의무가 있다. 임대주택 권리관계에 대한 설명이고 다가구주택에 대해서는 선순위 임대보증금에 관해 설명하고 리스트를 첨부해야 한다. 또한, 소유권등기상 부기등기 의무가 있다. 의무 임대주택과 임대료 증액 기준을 준수해야 하는 재산임을 소유권등기에 부기 등기해야 한다.

그리고 임대차계약의 신고 의무가 있다. 임대료, 임대 기간 등 임대차계약 사항을 관할 지자체에 신고해야 한다. 재계약이나 묵시적 갱신도 신고의 의무에 포함된다. 임대차계약에 관한 신고 이력은 세제 감면에 필요하다. 표준임대차계약서 양식을 사용해야 한다. 임대사업자가 임대차계약을 체결하는 경우에는 표준임대차계약서 양식이 있다(민간임대주택법 시행규칙 별지 제24호). 양식 미사용 시 임대차계약 신고가 수리되지 않는다. 임대인이 등록된 임대사업자인지 말하지 않으면 일반 임대계약서를 작성하게 되어 다시 표준임대계약서로 작성해야 한다. 표준임대계약서는 6페이지로 구성되어 있는데 한방계약서에서는 표준임대사업자를 클릭하면 자동으로 변환된다.

임대차계약 시 주요 의무사항

단계별	주요 의무사항	과태료
임대차 계약 시	**1. 임대사업자 설명 의무** • 임대사업자는 임차인에게 임대의무기간, 임대료 증액 제한(5%), 임대주택 권리관계 (선순위 담보권, 세금 체납 사실 등)등에 대해 설명하여야 합니다. 　※ 또한, 둘 이상 임대차계약이 존재하는 다가구주택 등은 선순위 임대보증금에 대해서도 설명해야 합니다. (2020.12.10 이후)	500만원 이하
	2. 소유권등기상 부기등기 의무 (2020.12.10 이후) • 임대사업자는 등록 후 지체없이 등록한 임대주택이 임대 의무기간과 임대료 증액기준을 준수해야 하는 재산임을 소유권등기에 부기등기해야 합니다.	500만원 이하
	3. 임대차계약 신고 의무 • 임대사업자가 임대료, 임대기간 등 임대차계약 사항(재계약, 묵시적 갱신 포함)를 관할 지자체에 신고하여야 합니다. 　※ (신고방법) 지자체(시·군·구)방문 또는 렌트홈 온라인 신고 　※ (제출서류) 임대차계약 신고서 및 표준임대차계약서 • 임대차계약 신고 이력이 없는 경우에는 세제 감면이 제한 될 수 있습니다.	1,000만원 이하
	4. 표준임대차계약서 양식 사용 의무 • 임대사업자가 임대차계약을 체결하는 경우에는 표준임대차계약서 양식 (민간임대주택법 시행규칙 별지 제 24호)를 사용하여야 합니다. • 양식 미사용 시 임대차계약 신고가 수리되지 않을 수 있습니다.	1,000만원 이하

(출처 : 렌트홈)

부기등기 샘플

순위번호	등 기 목 적	접　　수	등 기 원 인	권리자 및 기타사항
1	소유권보존			소유자
2	소유권이전			소유자 이
2-1	2번등기명의인표시 변경		주소변경	이 의 주소
2-2	민간임대주택등기	2022년2월25일 제 호	20 년6월22일 민간임대주택 등록	이 주택은 민간임대주택에 관한 특별법 제43조제1항에 따라 임대사업자가 임대의무기간 동안 계속 임대해야 하고 같은 법 제44조의 임대료 증액기준을 준수해야 하는 민간임대주택임

민간임대주택 등록사업자의
임대차계약 후 의무사항

    주택등록 임대사업자는 임대차계약 후에도 292페이지 표와 같은 의무사항이 있다. 임대료 증액을 제한하는 의무로 임대료의 5% 범위를 초과해서 임대료를 증액할 수 없다. 약정한 임대료 증액 후 1년 이내에는 임대료 증액이 안 된다. 초과 지급한 임대료는 반환 청구가 가능하다. 임대 의무 준수 기간은 10년이고 등록임대주택을 임대하지 않거나 무단으로 양도하지 못한다. 임대차계약은 임차인에게 귀책 사유가 없는 한 해제·해지 및 재계약을 거절할 수 없다. 임차인의 귀책 사유는 3개월의 차임을 연체하거나 부대시설의 고의 파손 멸실행위가 있을 때다.

    그 외에도 기타 의무사항이 있다.

    오피스텔을 등록한 경우 주거 용도로만 사용해야 한다. 중개사는 주거용 확인·설명서를 기재하고 주거용 오피스텔 항목에 체크 후 기재한다. 주거용으로만 가능하므로 반드시 전입신고를 해야 하고, 전입신고를 못 하는(기업) 경우, 관리실에서 주거로 입주하고 있는 확인서를 제출해야 한다. 임대보증금의 보증의무가 있다. 임대사업자는 임대사업자 등록이 말소되는 날까지 임대보증금에 대한 보증에 가입해야 한다. 임대사업자 등록이 말소되는 날에 임대 중인 경우는 임대차계약이 종료되는 날까지 보증되어야 한다. 보증금의 10%에 해당하는 과태료가 있다.

임대차계약 후 주요 의무사항

단계별	주요 의무사항	과태료
임대차 계약 후	**5. 임대료 증액 제한 의무** • 임대료(임대보증금 및 월 임대료)를 증액하려는 경우 임대료의 5% 범위를 초과하여 임대료를 증액할 수 없습니다. - 또한, 임대차계약 또는 약정한 임대료 증액이 있은 후 1년 이내에는 임대료를 증액할 수 없습니다. • 임차인은 증액 비율을 초과하여 증액된 임대료를 지급한 경우 초과 지급한 임대료의 반환을 청구할 수 있습니다.	3,000만원 이하
	6. 임대의무기간 준수 의무 • 임대의무기간(10년) 중에 등록임대주택을 임대하지 않거나 (본인 거주 포함) 무단으로 양도할 수 없습니다.	임대주택당 3,000만원 이하
	7. 임대차계약 유지 의무 • 임대사업자는 임차인에게 귀책사유가 없는 한 임대차계약을 해제 · 해지 및 재계약 거절을 할 수 없습니다. ※ (거절사유) 월 임대료 3개월 연체, 부대시설 고의파손 · 멸실 등	1,000만원 이하

(출처 : 렌트홈)

기타 의무사항

단계별	주요 의무사항	과태료
기타	**8. 임대사업 목적 유지 의무** • 오피스텔을 등록한 경우 주거 용도로만 사용하여야 합니다.	1,000만원 이하
	9. 임대보증금 보증 의무 • 임대사업자는 임대사업자 등록이 말소되는 날(임대사업자 등록이 말소되는 날에 임대 중인 경우에는 임대차계약이 종료되는 날)까지 임대보증금에 대한 보증에 가입해야 합니다.	보증금의 10% 이하에 상당하는 금액의 과태료 (상한 3천만원)
	10. 보고 · 검사 요청 시 협조 의무 • 관리관청이 임대사업자에 필요한 자료 제출을 요청하거나 관련 검사를 실시할 경우 적극 협조하여야 합니다.	500만원 이하
등록면허세 납부	• 임대사업자 등록증을 새로 받거나 (양수 포함), 내용을 변경할 경우 등록증을 발급받기 전 관할 지자체에 해당 내용을 신고하고, 등록면허세를 납부하여야 합니다.	

(출처 : 렌트홈)

관리관청이 임대사업자에 필요한 자료를 요청하거나 관련 검사를 실시할 경우 협조해야 한다. 등록면허세를 납부한다. 임대사업자 등록증을 받거나 내용을 변경할 경우, 등록증을 발급받기 전, 관할 지자체에 해당 내용을 신고하고, 등록면허세를 납부해야 한다.

민간임대주택 등록사업자의
임대차보증에 관해

임대차계약 만료와 동시에 집의 인도 및 보증금의 반환이 이루어져야 한다. 전세보증보험은 임대인이 보증금을 돌려주지 않는 경우, 약정한 가입 금액을 주는 제도다. 등기소 행정절차인 전세권설정보다 간단하고 비용이 저렴한 장점이 있다.

계약일로부터 90일 이내 의무적으로 가입하고 전세보증보험 비용 중 소유자가 75%, 임차인이 25%를 부담한다. 등록임대사업자가 아닌 경우, 임대인은 전세보증보험 부담이 없다.

공인중개사는 대개 미가입 대상이 아니면 임차인에게 가입하게 하고 임대인이 보증료를 100% 지원하도록 한다. 그렇지 않으면 임대인 측이 가입하고 25% 청구한다. 주택임대사업자 전세보증보험의 경우 주택도시보증공사(HUG)나 SGI 서울 보증보험을 통해 진행한다. 임대보증금 전액을 보증대상으로 하는 보증에 의무적으로 가입해야 하지만 '민간임대주택에 관한 특별법 제49조'에 따라 다음의 경우, 예외 적용한다.

가입 대상 금액이 0원 이하

임대주택의 담보권 설정 금액과 임대보증금을 합한 금액에서 주택가격의 60%에 해당하는 금액을 뺀 금액이 0원 이하의 경우 가입하지 않을 수 있다. 집으로 대출받은 금액과 보증금을 합해 60% 이하라면 위험하지 않으니 보증보험이 필요 없다고 판단하는 것이다. 정부는 우리나라가 60%대로 주택의 가격이 하락할 일이 없는 안전 라인을 정한 셈이다.

KB부동산	공시지가
〈예시〉 전세보증금 4억 원, KB시세 8억 원 (담보설정 금액 + 보증금) − (KB 시세의 90%) (담보 0 + 보증금 4억 원) − (KB 시세 8억 원의 60%) (4억 원) − (4억 3,200만 원) = −0.32 0원 이하이므로 보증보험 미가입조건이 된다.	<table><tr><td>구분</td><td>9억 원 미만</td><td>9~15억 원</td><td>15억 원 이상</td></tr><tr><td>공동주택</td><td>150%</td><td>140%</td><td>130%</td></tr><tr><td>단독주택</td><td>190%</td><td>180%</td><td>160%</td></tr></table> 〈예시〉 전세보증금 4억 원, 기준시가 3억 원 (담보설정 금액 + 임대보증금) − (공시가격 × 적정비율의 60%) (담보 0원 + 보증금 4억 원) − (공시가격 3억 원 × 적정비율 150% × 60%) = (4억 원) − (2억 7,000만 원) = 1억 3,000만 원 준주택의 경우는 공시가 대신 '소득세법'에 따른 기준시가
KB부동산 : https://kbland.kr	국토교통부 : https://www.realtyprice.kr

1. 근저당권이 세대별로 분리되어 있어야 한다. 근저당이 주택단지에 설정된 경우는 근저당권의 공동담보를 해제하고 채권최고액을 감액한다.

2. 임대사업자가 임대보증금보다 선순위인 제한물권, 압류·가압류·가처분 등을 해소한 경우 해당한다.

3. 전세권이 설정된 경우 또는 임차인이 제3조의 제2항[7]에 따른 대항 요건과 확정일자를 갖춘 경우다.

4. 임차인이 일부보증에 동의한 경우다. 임대보증금 일부보증에 가입한 경우, 임대사업자가 임대보증금을 반환하지 않으면 임차인은 일부보증 대상 금액으로만 보증금 청구가 가능하다.

임대보증금이 우선변제금 이하

주택의 임대보증금이 '주택임대차보호법' 제8조 제3항에 따른 금액 이하이고, 임차인이 보증에 가입하지 않는 것에 동의한 경우다.

공공주택사업자와 임대차계약체결

LH, SH 등 '공공주택특별법'상 공공주택 사업자가 기존 주택을 임차해 세입자를 모집하기 위해 해당 주택의 임대사업자와 임대차계약을 체결할 경우 해당한다.

임차인이 전세보증금 반환보증에 가입

임차인이 보증회사 및 이에 준하는 기관에서 운영하는 전세금 반환을 보장하는 보증에 가입하고 임대사업자가 보증의 수수료 전액을 임차인에게 지급한 경우다.

보증회사의 가입 거절(과태료 대상)

임대보증금 보증에 가입하고 보증기관에 신청했으나 부채 비율 초과

---

7) 주택임대차보호법 제3조의2(보증금의 회수) 대항요건과 임대차계약증서상의 확정일자를 잘 갖춘 임차인은 '민사집행법'에 따른 경매 또는 국세징수법에 따른 공매를 할때에 임차주택의 환가대금에서 후순위권자나 그 밖의 채권자보자 우선하여 보증금을 변제받을 권리가 있다.

등 사유에 해당되어 가입이 거절되어 못한 경우다.

표준임대차계약서에 체크하고 있는 내용이다.

미가입[ ] - 사유 : ☐ 가입대상 금액이 0원 이하 (법 제49조 제3항)
　　　　　　　☐ 임대보증금이 우선변제금 이하 (법 제49조 제7항 제1호)
　　　　　　　☐ 공공주택사업자와 임대차계약 체결 (법 제49조 제7항 제2호)
　　　　　　　☐ 임차인이 전세보증금반환보증에 가입 (법 제49조 제7항 제3호)
　　　　　　　☐ 보증회사의 가입 거절

예외에 해당하면 '임대보증금 미가입에 대한 임차인 동의서 (보증금이 최우선변제금 이하인 경우)/ 임대보증금 일부 가입에 대한 임차인 동의서 / 임대차계약 신고서'와 같은 서류를 받아야 한다. 공인중개사가 임대인에게 챙겨주는 서류로 생각하면 된다.

일반 전세보증보험은 수도권은 7억 원 이하, 이외 지역은 5억 원 이하여야만 가입할 수 있다. 최근 가입 대상을 KB부동산 시세로 전세가율 100%에서 90%로 낮춰 시행하고 있다. 전세금이 5억 원인 경우, 4억 5,000만 원으로 계약서를 다시 작성해서 제출해야 한다. 묵시적 갱신이 되면 전세보증보험의 효력이 미치지 않는다. 묵시적 갱신 이후 발생한 것은 별개의 임대차계약에 관한 사항으로 본다. 임대차계약 갱신 후에도 보장을 받기 위해서는 보험계약을 갱신해야 한다. 또 매매나 증여·상속 등으로 주택의 소유권이 제3자로 이전된 경우도 보장이 안 된다. 소유권 이전이 되는 경우 꼭 새로운 임대차계약을 체결하고 보험계약을 갱신해야 한다. 임대차계약은 계약서 작성 여부와 상관없이 법적으로 승계되기 때문에 공인중개사가 쉽게 생각해서 패스하는 일이 있는

데 주의해야 한다. 임차인이 주민등록을 이전해 우선변제권이 사라지는 경우 보증이 안 된다. 임대인이 전세보증금을 반환하지 않을 시 임차인은 '중도해지 합의서'를 제출하고 갱신된 보증보험을 청구한다. 전세보증보험을 갱신하지 못했으면 '전세계약 종료 확인서'를 제출해서 청구한다.

전세보증보험 반환 절차
전세계약 종료 ▶ 임차권등기 명령 신청 ▶ 임차권등기 명령결정문 받기 ▶ 보증 이행 청구 신청 ▶ 보증이행 청구 심사 ▶ 주택 명도 ▶ 대위변제 금액 수령

민간임대주택등록사업자의
혜택

등록주택임대사업자는 중개사 교육에서 가장 큰 비중을 차지한다. 창업 교육과 연수 교육에서 빠지지 않는 교육인 만큼 공부할 것이 많다. 공인중개사는 등록주택임대사업자에 대한 법이 자주 바뀌어 외우기는 불편하니 렌트홈에서 찾아 익숙하게 설명할 정도면 좋을 듯하다.

국세는 종부세와 임대소득세, 양도소득세이고, 지방세는 취득세와 재산세다.

취득세 감면이 있다

구분 ('22.3월 기준)	전용면적(㎡)			세제 지원요건
	40 이하	40 ~ 60	60 ~ 85	
취득세 감면 (지방세)	취득세 면제 •세액 200만원 초과 시 85%경감		50% 경감 •임대주택 20호 이상 등록 시	- 공동주택을 신축, 공동주택·오피스텔을 최초 분양*한 경우 - 분양의 경우, 취득당시 가액 수도권 6억(비수도권 3억) 이하 - 취득일로부터 60일 이내 임대사업자 등록 필요 - '24.12.31일 까지 취득세 감면 신청시까지 혜택 제공

(출처 : 렌트홈)

취득세는 면제와 50% 경감이 있으며, 공동주택을 최초 분양한 경우다. 세액이 200만 원까지는 면제, 초과는 85% 경감과 50% 경감이 있다. 취득세 감면 신청은 2024년 12월 31일까지이며, 60일 이내 임대사업자등록이 필요하다. 수도권 6억 원, 비수도권 3억 원 이하다.

재산세 감면이 있다

재산세 감면 (지방세)	면제 ·세액50만원 초과 시 85%경감	75% 경감	50% 경감	매입	건설
				- 공동주택 2세대 이상 : 수도권 6억(비수도권 3억) 이하	- 공동주택 2세대 이상 : 수도권 9억(비수도권 3억) 이하
				- 오피스텔 2세대 이상 : 수도권 4억원(비수도권 2억원) 이하	
				- 다가구주택 : 모든 호실 전용면적 40m²이하	
				- '24년 재산세 부과 분까지 감면	

(출처 : 렌트홈)

재산세는 50만 원까지는 면제, 50만 원을 초과하면 85%, 75%, 50% 경감한다. 매입임대는 공동주택 2세대 이상이어야 하고 수도권 6억 원, 비수도권 3억 원 이하여야 한다. 건설임대는 수도권이 9억 원 이하의 조건이다. 오피스텔의 경우, 수도권 4억 원, 비수도권 2억 원 이하다. 다가구주택은 모든 호실이 전용면적 40㎡ 이하로 구성된 경우만 해당되며, 2024년 재산세 부과분까지 감면이다.

양도소득세는 중과세를 배제하거나 장기보유에 대한 공제가 있다

양도 소득세 (국세)	양도세율 중과배제	매입	- 기준시가 수도권6억(비수도권3억) 이하 · '18.9.14일 이후 조정대상지역 내 신규 취득한 주택은 양도세 중과
		건설 (2호 이상)	- 기준시가 6억 이하, 전용면적 149m² 이하+대지면적 298m²
	장특공 특례 (70% 공제)	건설	- 기준시가 수도권6억(비수도권3억) 이하, 국민주택규모 이하 - '24.12.31일까지 민간임대주택 등록
	거주주택 비과세 (1회적용)		- (거주주택) 주택 보유기간 중 거주기간이 2년 이상 - (임대주택) 거주주택 외 모든 주택을 임대, 기준시가 수도권6억원(비수도권3억원) 이하

(출처 : 렌트홈)

2018년 4월 1일에 민간임대사업자 등록 제도를 실시하고 2020년 8월까지 8회나 법이 지저분하게 바뀐 상태라서 중개사가 정리하는 것은 한계가 있다. 앞으로도 개정될 여지가 있다. 현재는 10년 장기임대만 가능하고 아파트는 임대주택에서 자동 해제가 된 상태다. 오피스텔은 구입 시점에는 업무용으로 보기 때문에 주택사용일이 언제인지에 따라 보유에 대한 세금과 공제가 따라온다. 8년 보유 시 50%, 10년 보유 시 70%의 장기보유 혜택이 있고, 거주주택을 임대로 등록했을 경우 2년의 요건을 채우지 않아도 된다. 등록임대주택은 취득세나 보유세는 세금이 미미하므로 중과세를 배제하는 것이 가장 큰 혜택이다. 하지만 거기에 따르는 의무사항이 더 번거롭다고 여기므로 임대사업등록을 기피하는 경향이 많다.

종부세를 합산에서 배제한다

종부세 합산배제 (국세)	매입	- 공시가격 수도권6억(비수도권3억) 이하 • '18.9.14일 이후 조정대상지역 내 신규 취득한 주택은 합산과세
	건설 (2호 이상)	- 공시가격 9억 이하, 전용면적 149m² 이하

(출처 : 렌트홈)

종부세는 매입임대는 수도권 6억 원, 비수도권 3억 원 이하는 합산하지 않는다. 건설임대는 2호 이상이어야 하고 공시가격 9억 원 이하, 전용 149㎡ 이하일 때 합산하지 않는다. 다만 2018년 9월 14일 조정대상지역 내 신규로 취득한 주택은 합산 과세한다.

임대소득세는 감면된다

임대 소득세 (국세)	감면	• (1호 임대시) 75%, (2호 이상 임대시) 50% - 기준시가 6억 이하, 국민주택규모 이하 - '25.12.31일 이전에 끝나는 과세연도까지 발생한 임대소득에 대해 경감
	분리 과세	• 2천만 원 이하 임대소득 분리과세 시 필요경비율·기본공제 차등 혜택적용 - 필요경비율 : (등록) 60%, (비등록) 50% / 기본공제 : (등록) 400만원, (비등록) 200만원

(출처 : 렌트홈)

임대소득세는 2025년 12월 31일 이전에 끝나는 과세연도까지 발생한 임대소득에 대해 경감한다. 기준시가 6억 원 이하의 국민주택규모 이하여야 하며, 1호 임대 시 75%, 2호 이상 임대 시 50% 감면한다. 2,000만 원 이하의 임대소득만 있다면 종합소득세 신고는 안 해도 된다. 2,000만 원 이하의 경우, 계산했을 때 종합과세랑 비교해서 작은 것을 선택도 할 수 있다. 임대소득분에서 필요경비로 60%를 차감하고 400만 원을 추가로 공제한 후 14%를 세금으로 낸다. 다른 수입이 있을 경우는 종합신고를 할 것인지 비교해보자(국세청 홈택스에서 가능).

구분	분리과세	종합과세
주택임대수입	2,000만 원 이하	2,000만 원 초과(이하는 선택)
필요경비	등록임대주택 60% 차감 미등록임대주택 50% 차감	실제 필요경비
공제 금액 (소득공제)	등록임대주택 400만 원 추가공제 미등록임대주택 200만 원 추가공제	부양가족 등 조건에 따라 차등
세율	단일세율 14%	기본세율(5~45%)

공인중개사는 아는 만큼 고객과 대화가 된다. 공인중개사 주위에 세무사가 있으면 좋지만, 세무사도 전문 분야 또는 중점 분야가 따로 있어 귀찮아한다. 공인중개사가 너무 모른 채 질문하면 세무사와 대화가 안 되니 일정 수준까지는 공부가 필요하다.

CHAPTER
04

계약서 및
확인·설명서
작성하기

01
계약서 작성하기
- 한방프로그램으로 작성

　　계약서는 일정한 형식만 지키면 한방에서 제공하는 계약서가 아닌, 어떤 계약서라도 상관이 없다. 일정한 형식이란, 필요사항의 누락이 없어야 한다는 것이다. 어떤 회사가 관리하는 건물 중의 일부 호실을 공인중개사가 중개하고자 할 때 그 회사에서 제공하는 계약서가 별도 존재할 수 있다. 그럴 때는 그 양식 중에 당사자 칸 아래에 중개사 칸을 추가해서 계약서를 완성하고, 확인·설명서는 중개사가 작성해서 첨부하면 된다. 계약서는 한방에서 제공하는 계약서가 쓰기도 편리하고 필요한 인터넷사이트와 연결하기 쉽다. 한방에서 제공하는 계약서로 계약서 쓰는 법을 설명하고자 한다.

(출처 : 한방)

　　1. '부동산정보'를 클릭하면 https://seereal.lh.or.kr/main.do로 연결된다. 부동산 종합정보를 열람할 수 있다.

2. '실거래가신고'를 클릭하면 https://rtms.molit.go.kr로 연결된다.

3. '공적장부'를 클릭하면 건축물대장, 토지대장, 지적도, 토지이용계획서로 바로 연결된다. pdf 그대로 출력해서 전달하면 된다.

4. 정회원 인증문자는 선택 유료회원 가입이다.

5. 확인·설명서까지 작성 후에 전자계약으로 전송하는 시스템이다.

6. 확인서비스에서 현금영수증을 클릭하면 국세청 홈택스로 바로 연결된다.

7. 계약 일정 확인을 클릭하면 정한 기간 내 중도금 잔금 계약 만기 등을 보여준다. 만기가 돌아오기 전에 미리미리 체크할 수 있다.

8. 임대 관련 서식은 임대자 정보제공요청서가 주택용, 상가용 등으로 나오니 바로 출력해서 사용할 수 있다.

9. 확인·설명서는 계약서를 작성 후 클릭하면, 주거용과 비주거용 토지용 입목용을 선택하게 되어 있다.

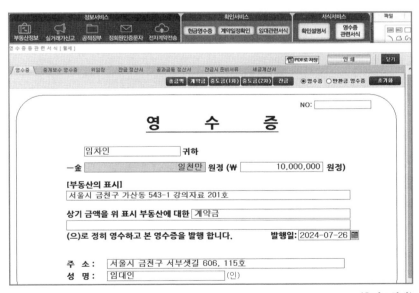

(출처 : 한방)

10. 영수증 관련 서식은 클릭하면 계약금 영수증, 중개보수 영수증, 위임장, 잔금정산서, 공과금 등 정산서를 바로 만들 수 있다. 전 임차인에게 줘야 할 보증금에 대한 반환금, 장기수선충당금을 확인했다면 반환금영수증을 클릭한다. 인적사항이 역으로 바뀐 상태로 출력할 수 있다. 영수증은 전세자금 대출을 받기 위한 필수 서류다. 잔금 시 준비 서류를 클릭하면 임대인·임차인, 매도인·매수인의 준비 서류 리스트를 출력할 수 있다. 종이 세금계산서도 인적사항이 모두 인쇄되어 있으니 별도로 입력할 필요가 없다.

(출처 : 한방)

11. 계약서의 종류에서 ▼를 클릭하면 화면에 보이는 부동산 외에 분양권, 권리양도양수, 표준임대차계약서, 상가권리금계약서, 상가임대차계약서, 조합원입주권매매계약서, 전대차계약서, 주택임대차 표준계약

서 중에서 선택할 수 있다.

12. 부동산 아파트 옆에 ▼를 클릭하면 부동산 주상복합, 부동산 연립주택, 부동산 다세대주택, 부동산 다가구주택, 부동산 다중주택, 부동산 도시형생활주택, 부동산 주택, 부동산 오피스텔, 부동산 원룸, 부동산 상가, 부동산 상가주택, 부동산 상가건물, 부동산 건물, 부동산 사무실, 부동산 토지, 부동산 공장, 부동산 창고, 부동산 지식산업센터 중에서 부동산 유형을 선택할 수 있다.

13. 그 옆에 매매, 전세, 월세, 연세 중에서 거래 방식을 선택할 수 있다.

14. 전세권설정을 체크하고 인쇄할 경우, 계약서 및 별지의 임대인과 임차인의 명칭이 전세권설정자, 권세권자로 변경되어 인쇄된다.

15. 임대인이 민간임대주택 사업자인 경우, 표준임대차계약서를 클릭하면 입력된 내용이 즉시 전환된 양식에 나타난다.

16. 메모를 클릭하면 계약할 때, 계약 후에 잔금 이후라도 잊지 말아야 할 내용을 입력해놓을 수가 있다.

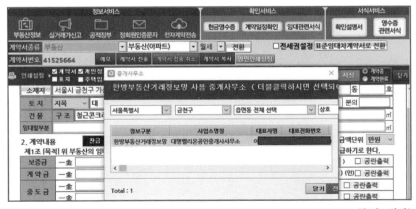

(출처 : 한방)

17. 계약서 전송은 공동중개를 한 중개사에게 전송하는 시스템이다. 중개사 이름이나 상호를 입력하면 해당 중개사가 계약서를 받아볼 수 있다. 계약서 전송을 취소할 수도 있다.

18. 계약서 복사는 계약서를 작성하고 비슷한 유형은 복사해서 원본의 훼손이 없이 계약서를 쉽게 작성할 수 있다. 덮어쓰기를 하면 기존 계약서 내용이 사라져 종이계약서를 찾아야 하므로 시간이 오래 걸린다. 계약서 복사하기는 정말 많이 사용된다.

19. 계약서 양면인쇄 설정은 표준계약서처럼 장수가 많으면 필요하다. 확인·설명서는 양면인쇄를 해서 사용하는 것이 편리하다.

02
계약서 작성
– 소재지와 기본사항 입력

부동산(아파트) 월세 계약서								
임차인과 임대인 쌍방은 아래 표시 부동산에 관하여 다음 내용과 같이 임대차계약을 체결한다.								
1. 부동산의 표시							물건/관계지번 추가	
소재지							동	호
토 지	지목 ∨ 대 ∨	(대지권의 목적인 토지의 표시) 면적	㎡	대지권종류		대지권비율	분의	
건 물	구 조 철근콘크리트구조 ∨	용 도 아파트 ∨		'대장'상의 용도 기입			면 적 ?	㎡
임대할부분							면 적 ?	㎡

(출처 : 한방)

1. 거래의 대상이 되는 부동산의 주소는 등기사항증명서와 일치해야 한다. 의뢰인들이 도로명으로 주소를 불러주더라도 등기사항증명서를 발급받아 법정 주소를 입력한다.

임대계약을 할 때 호의 네모박스 안에 몇 호인지 기재해야 나중에 계약서가 많아져도 검색이 용이하다. 그러나 매매 시는 등기사항증명서의 주소대로 입력해야 하므로 네모박스 안에 호를 기재하면 순서가 잘 맞지 않는 단점이 있다. 매매계약서를 찾을 때는 거래인의 이름이나 상호로 클릭해서 찾아야 한다.

2. 물건의 관계 지번이 있다면 클릭해서 입력한다. 계약서 별지에 첨부되어 출력된다.

3. 지목을 클릭하면 28개의 지목이 나온다.

4. 대지권의 목적인 토지의 표시 면적은 등기사항증명서를 보고 기재한다.

5. 대지권의 종류는 등기사항증명서에 소유권으로 되어 있다.

6. 대지권의 비율은 등기사항증명서를 보고 기재한다.

7. 건물의 구조는 목조, 벽돌조, 한옥 등 15개의 구조 중에서 선택할 수 있다.

8. 용도는 아파트, 연립주택, 다세대주택 등 맞는 것을 찾아 선택할 수 있다.

9. 면적은 전용면적을 기재한다. 일반인들이 생각하고 있는 실제 평수와 괴리감이 적어야 하므로 전용면적을 기재하게 되어 있다. 다세대주택의 발코니를 확장한 육안의 면적을 적게 되면 평수에 혼돈을 가져오니 유의한다. 등기사항증명서의 건축면적이 건축물대장의 전용면적이다.

10. 임대할 부분은 전체를 사용하면 ○○호 전체라고 작성하고 전용면적을 그대로 기재한다. 임대할 부분이 일부인 경우 ○○호의 일부 우측 출입문 이렇게 기재하고 해당하는 면적을 기재한다. ○층 전체, ○층의 좌측 일부, ○호의 우측 일부 이렇게 기재한다.

계약서 작성
– 계약금액과 기본 내용

2. 계약내용	잔금 ⊙ 자동계산 ⊙ 직접입력	금액표시 한글+숫자 ∨ 금액단위 만원 ∨

제1조 [목적] 위 부동산의 임대차에 한하여 임대인과 임차인은 합의에 의하여 임차보증금 및 차임을 아래와 같이 지급하기로 한다.

보증금	一金	(₩0) 원정 (₩) □ 공란출력
계약금	一金	(₩0) 원정은 계약시에 지급하고 영수함. 영수자 (자필서명) (인) □ 공란출력
중도금	一金	(₩0) 원정은 - - 🖩 일에 지급한다. □ 공란출력
	一金	(₩0) 원정은 - - 🖩 일에 지급한다. □ 공란출력
잔 금	一金	(₩0) 원정은 - - 🖩 일에 지급한다.
차 임	一金	(₩0) 원정은 매월 없음 ∨ 일 선불 ∨ 로 지급한다. □ 부가세(별도)

(출처 : 한방)

1. 한방계약서는 잔금에 대해 자동계산이 있어 직접 계산할 필요가 없다. 금액의 표시는 한글, 숫자, 한글 + 숫자, 한자 + 숫자 중에서 선택할 수 있다. 한글 + 숫자로 선택하면 보기도 좋고 무난하게 입력이 된다.

2. 금액 단위는 만 원과 원 단위로 선택해서 입력한다.

3. 대부분 계약금은 계약서를 쓸 때 지급한다. 계약서 작성 전에 약식으로 계약금 문자를 주고받으며 입금한 경우에는 그 입금일을 계약일로 한다. 계약금은 대부분 10%를 정하며, 그 이상이나 그 이하도 정하기 나름이다. 계약자의 부담을 덜기 위해서 5%를 정하기도 하는데, 계약이 파기될 위험이 있다. 해당 부동산에 대출이 너무 많은 경우에도 최소금액으로 정한다. 계약이 파기되면 서로에게 리스크가 큰 경우에 합

의해 20%를 정하기도 한다.

4. 중도금액과 중도금 일자를 정한다. 중도금은 해당 부동산의 대출 금액을 감안해서 정한다. 대출금액이 많으면 중도금을 무리하게 지급할 이유가 없다. 중도금이 없을 때 공란 출력을 체크하면 중도금 란이 사라진다.

5. 차임은 매월 날짜를 기입하며, 선불이나 후불 중에서 선택한다. 오피스텔이나 원룸은 선불이 많고 일반적인 월세는 후불이 많다.

6. 부가세가 발생하는 상가나 오피스는 부가세 별도를 클릭하면 체크되어 출력된다.

제2조 [존속기간] 임대인은 위 부동산을 임대차 목적대로 사용할 수 있는 상태로 ___-_- 📅 일까지 임차인에게 인도하며, 임대차 기간은 인도일로부터 ___-_- 📅 일 (24 개월)까지로 한다. 초일불산입 ∨   ☑약정사항보기

제3조 [용도변경 및 전대 등] 임차인은 임대인의 동의없이 위 부동산의 용도나 구조를 변경하거나 전대, 임차권 양도 또는 담보제공을 하지 못하며 임대차 목적 이외의 용도로 사용할 수 없다.

제4조 [계약의 해지] 임차인의 차임 연체액이 2기 ∨ 의 차임액에 달하는 때, 제3조를 위반 하였을 때 임대인은 즉시 본 계약을 해지 할 수 있다.

제5조 [계약의 종료] 임대차계약이 종료된 경우 임차인은 위 부동산을 원상으로 회복하여 임대인에게 반환한다. 이러한 경우 임대인 은 보증금을 임차인에게 반환하고, 연체 임대료 또는 손해배상금이 있을 때는 이들을 제하고 그 잔액을 반환한다.

제6조 **[계약의 해제]** 임차인이 임대인에게 중도금(중도금이 없을때는 잔금)을 지급하기 전까지 임대인은 계약금의 배액을 상환 하고, 임차인은 계약금을 포기하고 이 계약을 해제할 수 있다.

제7조 **[채무불이행과 손해배상의 예정]** 임대인 또는 임차인은 본 계약상의 내용에 대하여 불이행이 있을 경우 그 상대방은 불이행 한 자에 대하여 서면으로 최고하고 계약을 해제 할 수 있다. 이 경우 계약 당사자는 계약해제에 따른 손해배상을 각각 상대방에게 청구할 수 있으며, 손해배상에 대하여 별도의 약정이 없는 한 계약금을 손해배상의 기준으로 본다.

제8조 **[중개보수]** 개업공인중개사는 임대인 또는 임차인의 본 계약 불이행에 대하여 책임을 지지 않는다. 또한 중개보수는 본 계약 체결에 따라 계약 당사자 쌍방이 각각 지급하며, 개업공인중개사의 고의나 과실 없이 본 계약이 무효, 취소 또는 해제 되어도 중개보수는 지급한다. 공동중개인 경우에 임대인과 임차인은 자신이 중개 의뢰한 개업공인중개사에게 각각 중개보수를 지급한다.

제9조 [중개대상물확인설명서 교부 등] 개업공인중개사는 중개대상물확인설명서를 작성하고 업무보증관계증서(공제증서 등) 사본을 첨부하여 거래당사자 쌍방에게 교부한다. (교부일자 📅 : 2024-07-26) □ 교부일자 미입력   [계약조항 초기화]

(출처 : 한방)

7. 임대차 기간과 내용은 계약을 진행하면서 읽어줘야 한다. "대부분의 부동산 계약에 적용되는 민법과 임대차보호법의 내용입니다"라고 멘트 후 읽어주면 된다. "이에 반하거나 계약 당사자가 추가로 원하는 사항은 특약으로 기재해서 보호됩니다"로 덧붙이며 계약을 진행한다.

(1) 존속기간

전세계약 기간은 보통 2년으로 정한다. 주택임대차보호법에 따라 계약 기간을 2년 미만으로 하더라도 임차인이 최소 2년의 계약 기간을 주장할 수 있다. 1년의 임대차계약을 맺는 경우는 거의 없다. 반면에 오피스텔이나 원룸은 1년을 계약하기도 한다. 초일불산입을 넣는 경우는 말일에 입주해 말일에 퇴거하면 처음 말일이 시작일이 아니라 그다음 날인 1일부터 시작하게 된다. 초일산입을 클릭하면 1일에 입주해서 그 전날인 말일 퇴실하는 것으로 표기된다. 입주하는 날의 차임이 계산되지 않는다는 초일불산입을 중개사 모두가 사용하면 임대인이 양쪽에서 차임 받는 일이 사라진다. 하지만 중개현장에서는 헷갈려서 입주하는 날부터 계산하는 초일산입을 많이 사용한다.

(2) 용도변경 및 전대 등

임차인은 임대인의 동의 없이는 용도나 구조를 변경하거나 전대할 수 없고, 임차권 양도 또는 담보제공을 못 하고 임대차 목적이 외의 용도로 사용할 수 없다는 내용이다. 임대인과 상관없이 용도를 변경하거나 구조를 변경하면 문제가 된다. 예정된 사항이면 계약서에 표기해야 한다. 계약 후에는 임대인에게 동의를 구해서 변경해야 한다.

현장에서 전대동의가 많이 이루어지는 곳은 상가나 사무실이다. 특히 사무실은 전대동의서를 거의 다 사용한다고 보면 된다. 임차인이 미리 사업자가 하나 더 들어온다고 말을 했는데 중개사가 간과해버리면 나중에 임대인에게 말해도 안 되는 경우가 있다. 여기 문구가 박혀 있어도 특약에서 전대에 동의하거나 동의서를 해주는 것을 별도로 짚어야 한다. 임차권의 양도 또는 담보제공을 못 한다고 기재되어 있는데, 간혹 실무에서 보증금에 대한 채권양도가 발생하는 일이 있다. 중개사가 특약에 별도로 기재하지 않은 알 수 없는 일이 발생한 것으로 중개사의 책임은 없다. 계약 후에 임대인의 동의가 필요한 부분이다.

(3) 계약의 해지

임차인이 차임 연체액이 2기/3기의 차임액에 달하거나 앞의 제3조를 위반했을 때 임대인은 즉시 본 계약을 해지할 수 있다. 주택계약서를 작성할 때는 2기를 클릭한다. 특약에 차임 연체 시는 연 ○○%의 연체이자를 지급한다는 내용을 별도로 기재하기도 한다. 연체하지 말라는 내용이기도 하고 법적으로 다투게 되면 연체료가 있는 것과 없는 것의 차이가 크다.

(4) 계약의 종료

임대차계약이 종료된 경우 임차인은 앞의 부동산을 원상으로 회복해서 임대인에게 반환한다. 임대인은 보증금을 임차인에게 반환하고, 연체 임대료 또는 손해배상금이 있을 때는 이들을 제하고 그 잔액을 반환한다.

대부분 원상복구의 내용은 특약에 다시 한번 기재하되 어떤 것을 원상복구 하는지를 짚어서 기재한다. 임차인이 구조물을 훼손시키거나 변형시켰을 때 임차인에게 배상을 시킨다. 이때 임대인은 보증금에서 제하고 반환할 수 있는 사항이라도 임차인에게 입금을 유도하고 합의해 공제한다. 부동산 계약은 원리원칙이 있음에도 감정을 상하는 일들이 생기면 진행이 원활하게 안 된다. 퇴실자의 명도가 원활하지 않으면 임대인 잘못이더라도 계약이 깨지면 중개사가 손해를 본다. 입주할 사람도 계획에 차질이 생기는 것은 물론이다.

(5) 계약의 해제

한방계약서는 앞의 내용은 인쇄되어 있는 것들이고 계약의 해제부터

박스 안에 있는 몇 가지는 삭제하고 다른 중요한 것으로 교체할 수 있다. 임대인은 계약금의 배액을 상환하고, 임차인은 계약금을 포기하고 이 계약을 해제할 수 있다. 부동산 계약을 해본 의뢰인들은 누구라도 알고 있는 내용이다. 이 점에 이의를 달지는 않는다.

(6) 채무불이행과 손해배상의 예정

임대인 또는 임차인은 본 계약상의 내용에 대해 불이행이 있을 경우 그 상대방은 불이행한 자에 대해 서면으로 최고하고 계약을 해제할 수 있다. 이 경우 계약당사자는 계약해제에 따른 손해배상을 각각 상대방에게 청구할 수 있으며, 손해배상에 대해 별도의 약정이 없는 한 계약금을 손해배상의 기준으로 본다. 중개사는 불이행이 있을 때 서면으로 최고하라는 내용을 간과하면 안 된다. 계약을 해제한다는 내용을 문서로 받지 못하면 문자나 카톡으로라도 확인서를 받아두는 것이 좋다. 해제된 내용만 당사자나 계약한 중개사에게 구두로 듣고 새로운 계약으로 매칭하면 곤란한 일이 생길 수 있다. 계약당사자 어느 쪽이든 새로운 계약은 서두를 일이 아니다. 계약해제로 다툼이 있으면 당사자들이 법의 도움을 받을 수 있고 중개사는 법원에 참고인으로 입회하는 일도 발생한다. 계약해제에 대한 종결이 나기 전에는 쉽게 접근하면 안 된다.

(7) 중개보수

개업공인중개사는 임대인 또는 임차인의 본 계약 불이행에 대해 책임을 지지 않는다. 또 중개보수는 본 계약체결에 따라 계약당사자 쌍방이 각각 지급하며, 개업공인중개사의 고의나 과실 없이 본 계약이 무효, 취소 또는 해제되어도 중개보수는 지급한다. 공동중개의 경우 임대인과 임차인은 자신이 중개의뢰한 개업공인중개사에게 각각 중개보수를 지급한다. 중개사의 고의나 과실 없이 계약이 해제되는 계약이 많은데 중개보수를 온전하게 받기는 어렵다. 이 문구는 매우 중요해서 중개보수를 청구하기 위해 도움은 된다. 하지만 고객과 다른 계약을 진행하기 위해서 청구를 못 하는 일이 많다. 중개보수를 받는다고 하더라도 최소 금액이 되니 계약 시 50%, 잔금 시 50%를 받기로 법으로 정하면 더 좋을 것 같은 생각이다.

(8) 중개대상물 확인·설명서 교부 등

중개대상물 확인·설명서는 계약서와 함께 교부한다. 계약금을 계약서 작성 전에 받았다면 계약일은 계약금입금일이지만 중개확인·설명서는 계약서 작성한 날짜에 교부하게 되므로 날짜를 입력해야 한다. 특약에 기재할 때 ○○년 ○○월 ○○일 계약금이 입금된 상태에서 계약서를 작성한다고 입력을 해야 앞뒤가 맞는 계약이 된다. 이 내용에 중개보수를 기재하면 금액이 계약서에 인쇄가 되어 나온다. 그렇지 않으면 중개확인·설명서에 금액을 펼쳐서 봐야 한다. 공제증서는 2부가 필요하다. 공동중개 시에도 양쪽 의뢰인에게 교부한다. 공동중개한 공인중개사의 공제증서를 받아서 함께 파일에 담아서 건넨다.

제9조 [중개대상물확인설명서 교부 등] 개업공인중개사는 중개대상물확인설명서를 작성하고 업무보증관계증서(공제증서 등) 사본을 첨부하여 거래당사자 쌍방에게 교부한다. (교부일자 : 2024-07-26 📅) □ 교부일자 미입력 [계약조항 초기화]
중개보수는 [   ] 원 으로 한다. (부가가치세 별도 ∨) 계약서인쇄생략 ∨

(출처 : 한방)

04
계약서 작성
– 특약기재

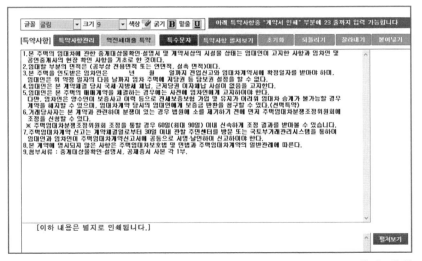

(출처 : 한방)

특약사항 관리를 클릭하면 특약에 대한 기본사항들이 여러 형태로 입력되어 있어서 특약을 구성하는 것이 생각보다 어렵지 않을 것이다.

일반적으로 필요한 특약은 다음과 같다.

1. 근저당권 관련 - '현재 ○○은행 채권최고액이 ○○원 있다', '상환한다', '감액한다', '말소한다' 등을 기재한다.

2. 전세대출 관련 - 전세자금 대출이 안 되는 경우 무효로 한다. 전세자금 대출에 협조한다, 전세권설정에 협조한다 등을 기재한다.

3. 임차 기간 중 매매 - 임대인이 임대차 기간 중에 주택을 매매할 경우 미리 임차인에게 고지한다. 갑자기 소유주가 바뀌는 경우 임차인은 임대인이 돈이 없는 임대인일 수 있다는 생각에 걱정된다. 임차인은 소유주가 변경되는 것을 이유로 임대차를 종료할 수 있다. 임대차를 승계하는 조건의 경우 임차인의 승낙이 먼저 있어야 한다.

4. 원상복구 할 부분 - 현재 시설이나 옵션 상태와 원상복구 할 부분이 어디까지인지 명시한다.

5. 전세보증반환보험 - 보증보험에 가입하고 보증료 지불 방식을 정해서 명시한다.

6. 만기 전 퇴실 - 임차인이 중개보수를 내야 한다는 내용이 들어가야 한다.

7. 렌트프리 - 기간을 명시하고 조건이 있다면 기재한다. 임대차 기간을 채우지 못하면 렌트프리한 금액을 보증금에서 반환한다 등

8. 관리비 지불 방식 - 임대인에게 정액으로 부과하는지 관리실에서 부과하는지 등 기재한다.

특약은 글자 포인트에 따라 기본 10~16줄이 넘어가면 별지의 페이지에서 작성된다.

특약사항관리 (1) 특약사항을 클릭하면 주거에 대한 기본 특약이 기재되어 있다.

특약사항관리 (2) 주거가 아닌 비주거에 대한 특약의 기본 내용이 기재되어 있다.

역전세대출특약 (3) 역전세 대출 특약을 클릭하면 다음과 같은 내용이 나온다.

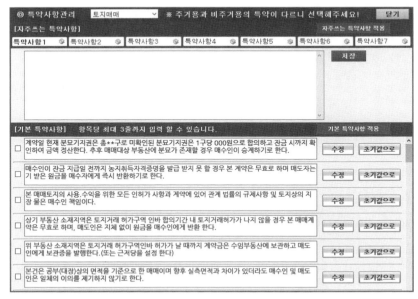

◎ 특약사항관리　　주거용 임대차 ▾　　※ 주거용과 비주거용의 특약이 다르니 선택해주세요!　　닫기

[자주쓰는 특약사항]　　　　　　　　　　　　　　　　　　　　자주쓰는 특약사항 적용

특약사항1 ◎　특약사항2 ◎　특약사항3 ◎　특약사항4 ◎　특약사항5 ◎　특약사항6 ◎　특약사항7 ◎

인테리어는 임대인이 하기로 함　　　　　　　　　　　　　　　　저장

[기본 특약사항]　항목당 최대 3줄까지 입력 할 수 있습니다.　　　　기본 특약사항 적용

☐ 임차인은 계약당시 임대물건의 원형을 기간 만료 시 까지 보전할 책임을 지며 소모품 사용 중 파손 시는 임차인 비용으로 수리하여 사용하되, 임차인의 책임 없는 건물 노후시설물의 고장 및 파손은 임대인이 수리한다.　수정　초기값으로

☐ 임대인과 전화통화후 임차인 동의하에 수임중개사가 위임하여 계약체결하며 _일주일_일 이내 추인하기로 한다.　수정　초기값으로

☐ 임대인은 임차인의 전세권설정에 동의하며 필요한 서류를 제공한다. 또한 전세권설정 및 말소에 필요한 제반비용은 임차인이 부담한다.　수정　초기값으로

☐ "계약 기간 중 임차인이 계속해서 2개월 이상 연락두절로 인해 임대인에게 손해가 발생 시 임대인은 계약을 해지하고 제3자 입회하에 명도 시킬 수 있다." 이 조항은 다른 특약에도 불구하고 제소 전 화해조서로 준한다.　수정　초기값으로

☐ 계약 체결 후 권리제한사유가 발생하여 그 해소가 임차인의 잔금지급일까지 불가능한 경우, 임차인은 계약을 해제 할 수 있으며, 이 때 임대인은 임차인에게 이미 지불된 금액을 즉시 반환해 주어야 하며 그와는 별도로 위약금액의 10%를 손해 배상한다.　수정　초기값으로

☐ 본 계약은 임대인 A를 대리하여 B가 계약함을 임차인이 승낙하여 체결하며 잔금 전까지 A가 직접 추인하거나 위임서류일체를 제출한다. 단, 잔금 시까지 계약상 하자 발생 시 대리 계약자 (이름), (주민번호)가 연대하여 책임지기로 한다 (각서 작성)(신분증사본).　수정　초기값으로

(출처 : 한방)

◎ 특약사항관리　　토지매매 ▾　　※ 주거용과 비주거용의 특약이 다르니 선택해주세요!　　닫기

[자주쓰는 특약사항]　　　　　　　　　　　　　　　　　　　　자주쓰는 특약사항 적용

특약사항1 ◎　특약사항2 ◎　특약사항3 ◎　특약사항4 ◎　특약사항5 ◎　특약사항6 ◎　특약사항7 ◎

저장

[기본 특약사항]　항목당 최대 3줄까지 입력 할 수 있습니다.　　　　기본 특약사항 적용

☐ 계약일 현재 분묘기지권은 총**구로 미확인된 분묘기지권은 1구당 000원으로 합의하고 잔금 시까지 확인하여 금액 정산한다. 추후 매매대상 부동산에 분묘가 존재할 경우 매수인이 승계하기로 한다.　수정　초기값으로

☐ 매수인이 잔금 지급일 전까지 농지취득자격증명을 발급 받지 못할 경우 본 계약은 무효로 하며 매도자는 기 받은 원금을 매수자에게 즉시 반환하기로 한다.　수정　초기값으로

☐ 본 매매토지의 사용.수익을 위한 모든 인허가 사항과 계약에 있어 관계 법률의 규제사항 및 토지상의 지장 물은 매수인 책임이다.　수정　초기값으로

☐ 상기 부동산 소재지역은 토지거래 허가구역 인바 합의기간 내 토지거래허가가 나지 않을 경우 본 매매계약은 무효로 하며, 매도인은 지체 없이 잔금을 매수인에게 반환 한다.　수정　초기값으로

☐ 위 부동산 소재지역은 토지거래 허가구역인바 허가가 날 때까지 계약금은 수임부동산에 보관하고 매도인에게 보관증을 발행한다.(또는 근저당을 설정 한다)　수정　초기값으로

☐ 본건은 공부(대장)상의 면적을 기준으로 한 매매이며 향후 실측면적과 차이가 있더라도 매수인 및 매도인은 일체의 이의를 제기하지 않기로 한다.　수정　초기값으로

(출처 : 한방)

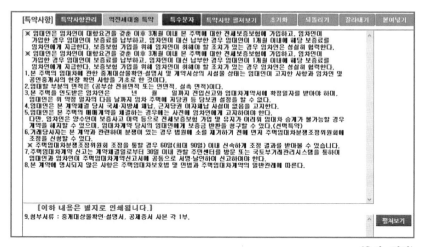

[특약사항] 특약사항관리 | 역전세대출 특약 | 특수문자 | 특약사항 불러보기 | 초기화 | 되돌리기 | 잘라내기 | 붙여넣기

※ 임대인은 임차인이 대항요건을 갖춘 이후 3개월 이내 본 주택에 대한 전세보증보험에 가입하고, 임차인이
　가입한 경우 임대인이 보증료를 납부하고, 임차인이 대신 납부한 경우 임대인이 1개월 이내에 해당 보증료를
　임차인에게 지급한다. 보증보험 가입을 위해 임차인이 취해야 할 조치가 있는 경우 임차인은 성실히 협력한다.
※ 임대인은 임차인이 대항요건을 갖춘 이후 3개월 이내 본 주택에 대한 전세보증보험에 가입하고, 임차인이
　가입한 경우 임대인이 보증료를 납부하고, 임차인이 대신 납부한 경우 임대인이 1개월 이내에 해당 보증료를
　임차인에게 지급한다. 보증보험 가입을 위해 임차인이 취해야 할 조치가 있는 경우 임차인은 성실히 협력한다.
1. 본 주택의 임대차에 관한 중개대상물확인·설명서 및 계약서상의 시설물 상태는 임대인이 고지한 사항과 임차인 및
　공인중개사의 현장 확인 사항을 기초로 한 것이다.
2. 임대할 부분의 면적은 (공부상 전용면적 또는 연면적, 실측 면적)이다.
3. 본 주택을 인도받은 임차인은 　　　년　　　월　　　일까지 전입신고와 임대차계약서에 확정일자를 받아야 하며,
　임대인은 위 약정 일자의 다음 날까지 본 주택에 저당권 등 담보권 설정을 할 수 없다.
4. 임대인은 본 계약체결 당시 국세·지방세 체납, 근저당권 이자체납 사실이 없음을 고지한다.
5. 임대인은 본 주택의 매매계약을 체결하는 경우에는 사전에 임차인에게 고지하여야 한다.
　다만, 임차인은 양수인이 보증사고 이력 등으로 전세보증보험 가입 및 유지가 어려워 임대차 승계가 불가능할 경우
　계약을 해지할 수 있으며, 임대차계약 당시의 임대인에게 보증금 반환을 청구할 수 있다.(선택특약)
6. 거래당사자는 본 계약과 관련하여 분쟁이 있는 경우 법원에 소를 제기하기 전에 먼저 주택임대차분쟁조정위원회에
　조정을 신청할 수 있다.
　※ 주택임대차분쟁조정위원회 조정을 통할 경우 60일(최대 90일) 이내 신속하게 조정 결과를 받아볼 수 있습니다.
7. 주택임대차계약 신고는 계약체결일로부터 30일 이내 관할 주민센터를 방문 또는 국토부거래관리시스템을 통하여
　임대인과 임차인이 주택임대차계약신고서에 공동으로 서명·날인하여 신고하여야 한다.
8. 본 계약에 명시되지 않은 사항은 주택임대차보호법 및 민법과 주택임대차계약의 일반관례에 따른다.

[이하 내용은 별지로 인쇄됩니다.]
9. 첨부서류 : 중개대상물확인·설명서, 공제증서 사본 각 1부. | 펼처보기

(출처 : 한방)

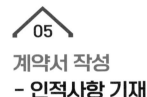

05

계약서 작성
– 인적사항 기재

주민등록증 진위확인

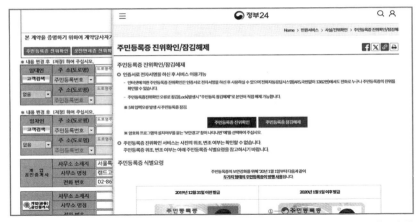

(출처 : 한방)

운전면허증 진위확인

(출처 : 한방)

당사자 주소 입력

계약 당사자 인적사항 입력

1. 주소를 도로명으로 입력한다. 부동산 소재지와 다르게 일반주소로 알려주더라도 도로명으로 검색해서 기재해야 한다. 주소는 전입된 주소로 기재되지 않으면 주민센터 전입신고에서 반려된다. 매매계약에서도 실거래신고, 주민등록등초본과 일치하지 않으면 접수가 안 된다. 계약서의 주소는 후에 매도용 인감증명서를 발급할 때도 필요하니 주의를 기울여야 한다. 주소가 틀린 것을 발견하고 수정해도 인감증명서를 미리 발급하면 다시 주민센터를 방문해야 하는 일이 발생한다.

2. 주민등록번호 옆에 ▼를 클릭하면 법인등록번호, 외국인등록번호,

기타단체등록번호, 재외국민주민번호, 종중등록번호, 종교단체등록번호, 여권번호, 고유번호를 선택해서 입력할 수 있다. 개인은 주민등록번호, 법인은 법인등록번호를 기재한다. 사업자등록번호를 기재하는 일이 있는데 한방계약서에서는 사업자등록번호를 기재할 수 없도록 삭제했다. 그만큼 주민등록번호와 법인등록번호가 중요하다. 주민등록번호의 뒷자리 6개 중 5개는 잔금일이 지나면 개인정보보호법에 의해 5일 후 자동으로 삭제된다.

3. 공동명의인 옆에 ▼를 클릭하면 공동명의자로 인쇄된다. 아니면 대리인, 법정대리인, 대표자, 빈칸 등을 선택할 수 있다. 없음을 클릭하면 아예 칸이 삭제되어 심플한 계약서로 출력된다.

4. 이름은 입력하는 대로 인쇄되어 나오고, 법인의 경우에는 법인 이름을 정확하게 기재한다. 개인은 계약서에 서명하고 인감도장이 아니어도 되지만 법인의 경우 법인 인감도장을 찍어야 한다. 법인은 법인 도장 인출이 안 될 경우 사용인감계를 제출하게 하며 사용인감으로 찍는다. 계약당사자는 도장을 사용하더라도 되도록 정자로 서명을 받는다. 소유자는 소유자명으로 서명하고 대리인이 참석한 경우는 대리인이 정자로 서명한다. 중개사가 먼저 정확하게 자필서명 하는 것을 보여주고 계약당사자에게 쓰라고 하면 중개사가 자필서명을 빠뜨리는 실수가 없다.

5. 중개사는 등록증에 있는 사무소의 정확한 주소와 사무소 명칭 전화번호 등록번호를 기재한다. 한번 기재하고 계약서 복사 시스템을 이용하면 때마다 입력하지 않아 편리하다.

6. 공동중개일 경우에는 아래 공동중개사를 선택하면 해당 공인중개사의 등록내용이 자동으로 입력되어 있다.

이렇게 작성된 계약서는 공동중개 시 4장을 출력한다.

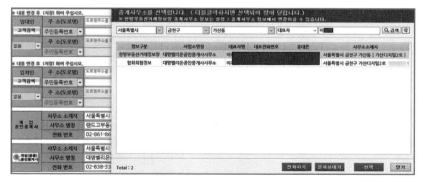

(출처 : 한방)

> 본 계약서에 명시되는 개인정보는 공인중개사법 제26조(거래계약서의 작성 등) 및 부
> 동산 거래 신고에 관한 법률 제3조(부동산 거래)의 목적 이외에는 사용하지 않으며,
> 거래 양 당사자는 이에 동의한다.

　개인정보보호에 대한 내용을 특약에 넣었으면 개인정보 동의서를 별
도로 출력할 필요는 없다. 만일에 특약에 기재를 안 했으면 인쇄를 한
다. 자동으로 인적사항이 기재되어 나오므로 출력해서 도장만 받으면
된다. 계약서에 도장을 다 찍었으면 계약서 4장을 겹쳐서 놓고 간인을
한다. 혹시 특약이 많아져서 계약서가 2장이 되었으면 계약서도 접어서
간인을 한다.

　계약서가 완성되면 확인·설명서를 열어서 확인한다. 계약서를 미리
작성하듯이 확인·설명서도 미리 준비하므로 빠진 내용을 검토하면서
작성한다. 계약서의 인적사항을 비롯한 기본 내용이 확인·설명서에 연
동되어 있어서 계약서에 없는 부분만 잘 기재하면 된다. 영수증을 기재
하고 출력한다. 영수증은 전세자금 대출을 받기 위한 필수 서류다. 또
매매계약에서도 입출금에 대한 정확한 근거로 양도세와 증빙할 때까지

필요하다. 거래대금 관리비 장기수선충당금과 잔여 임대료를 스마트폰으로 뭉쳐서 입출금하면 세월이 흐른 뒤 금액에 대한 혼란이 생긴다. 중개사는 정확한 영수증을 각각 발행하는 것을 원칙으로 한다.

중개대상물 확인·설명서 작성하기

세부항목 작성 시 해당 내용을 작성란에 모두 작성할 수 없는 경우에는 별지로 작성해 첨부하고 해당란에는 '별지 참고'라고 적는다.

■ 공인중개사법 시행규칙 [별지 제20호서식] 〈개정 2024. 7. 2.〉 (6쪽 중 제1쪽)

중개대상물 확인 · 설명서[Ⅰ] (주거용 건축물)

(주택 유형: [ ]단독주택 [ ]공동주택 [ ]주거용 오피스텔)
(거래 형태: [ ]매매·교환 [ ]임대)

확인·설명 자료	확인·설명 근거자료 등	[ ]등기권리증 [ ]등기사항증명서 [ ]토지대장[ ] 건축물대장 [ ]지적도 [ ]임야도 [ ]토지이용계획확인서 [ ]확정일자 부여현황 [ ]전입세대확인서 [ ]국세납세증명서 [ ]지방세납세증명서 [ ] 그 밖의 자료( )
	대상물건의 상태에 관한 자료요구 사항	

1. 중개대상물 확인·설명서[Ⅰ] (주거용 건축물) 주거용과 비주거용 확인·설명서를 구분해서 기재한다.

2. 주택 유형 : [ ]단독주택 [ ]공동주택 [ ]주거용 오피스텔
　　거래 형태 : [ ]매매·교환 [ ]임대를 체크한다.

3. '확인·설명 근거자료' 등은 개업공인중개사가 확인·설명 과정에서 제시한 자료를 적는다.

[ ]등기권리증 [ ]등기사항증명서 [ ]토지대장 [ ]건축물대장

[ ]지적도 [ ] 임야도 [ ]토지이용계획확인서 [ ]확정일자 부여현황

[ ]전입세대확인서 [ ]국세납세증명서 [ ]지방세납세증명서

[ ]그 밖의 자료(   )

확정일자 부여현황, 전입세대확인서, 국세와 지방세납세증명서가 추가되었다.

4. '대상 물건의 상태에 관한 자료요구 사항'에는 매도(임대) 의뢰인에게 요구한 사항 및 그 관련 자료의 제출 여부와 ⑩ 실제 권리관계 또는 공시되지 않은 물건의 권리사항부터 ⑬ 환경조건까지의 항목을 확인하기 위한 자료의 요구 및 그 불응 여부를 적는다.

5. '개업공인중개사의 확인·설명의무'

개업공인중개사는 중개대상물에 관한 권리를 취득하려는 중개의뢰인에게 성실·정확하게 설명하고, 토지대장 등본, 등기사항증명서 등 설명의 근거자료를 제시해야 한다.

6. '실제 거래가격 신고'

'부동산 거래신고 등에 관한 법률' 제3조 및 같은 법 시행령 별표 1 제1호 마목에 따른 실제 거래가격은 매수인이 매수한 부동산을 양도하는 경우, '소득세법' 제97조 제1항 및 제7항과 같은 법 시행령 제163조 제11항 제2호에 따라 취득 당시의 실제 거래가액으로 봐서 양도차익이 계산될 수 있음을 유의한다.

중개대상물 확인·설명서
– 개업공인중개사 기본 확인사항 ①

① 대상 물건의 표시부터 ⑨ 취득 시 부담할 조세의 종류 및 세율까지는 개업공인중개사가 확인한 사항을 적어야 한다.

① 대상 물건의 표시는 토지대장 및 건축물대장 등을 확인해서 기재한다.

Ⅰ. 개업공인중개사 기본 확인사항

① 대상물건의 표시	토지	소재지				
		면적(㎡)		지목	공부상 지목	
					실제 이용 상태	
	건축물	전용면적(㎡)			대지지분(㎡)	
		준공연도 (증개축연도)		용도	건축물대장상 용도	
					실제 용도	
		구조		방향		(기준:)
		내진 설계 적용 여부		내진 능력		
		건축물대장상 위반건축물 여부	[ ]위반 [ ]적법	위반 내용		

1. 토지

토지대장의 소재지를 기재한다. 토지가 2필지 이상인 경우 각 토지의 지번을 모두 기재한다. 건물번호가 있다면 건물번호까지 기재하고 구분소유 건물은 동·호수까지 기재한다. 면적은 토지대장의 면적을 기재한다. 아파트는 단지 전체면적, 다세대는 대지 전체면적을 기재한다. 토지대장과 등기사항증명서의 면적이 상이한 경우 토지대장의 면적이 우선하며 실측이 상이한 사실을 기재한다. 지분을 거래할 때는 대장지분율과 지분율에 따른 면적도 기재한다. 환지예정지의 경우에는 환지 면적을 기재한다. 지목은 토지대장이나 임야대장에 표기된 지목을 기재해야 한다. 환지예정지나 체비지는 환지예정지 증명원이나 체비지 증명원에서 기재된 대로 적는다. 공부상의 지목과 실제 사용하고 있는 상태가 다를 때에는 실제 지목 상태를 기재한다.

2. 건축물

구분소유의 전용면적은 건축물대장의 전유 부분 면적을 기재한다. 등기사항증명서를 보고 대지지분을 기재한다. 일반건물은 매매인 경우, 건축물대장상의 연면적을 적는다. 임대인 경우는 임대 해당 층의 면적을 기재한다. 해당 층에서 구분하지 않은 일부인 경우 일부 면적을 기재한다. 등기사항증명서의 대지권 비율의 분모와 대지면적이 동일할 때는 대지권 비율의 분자와 동일하므로 그대로 기재한다. 단독주택이나 일반건물은 지분이 없으면 '해당 없음'으로 기재한다. 집합건물의 대지권이 없는 경우와 지적정리 미완성으로 등재가 안 된 경우는 미기재의 사실대로 기재한다.

준공연도는 건축물대장의 표제부를 보고 사용승인일을 기재한다. 증·개축의 경우도 증·개축의 연도를 그대로 기재한다. 사용승인 일자가 표시되어 있지 않다면 '준공연도 미기재'로 적는다.

건축물대장상 용도는 건축물대장을 보고 적는다. 집합건물의 거래는 해당 호실의 전유부분을 기재하고 일반건물은 주 용도와 층별 용도를 별지에 적는다. 용도가 다양한 상가 건물 등은 별도의 첨부 서류를 참고하라고 '첨부 서류 있음'이라고 기재한다. 실제 용도는 건축물대장과 다른 용도로 사용하는 경우 그 용도를 정확하게 기재해야 한다. 구조는 집합건물의 경우 건축물대장의 전유부분에 표기된 건물의 주된 구조를 기재한다. 일반건축물은 일반건축물대장에 표시된 구조를 기재한다. 방향은 주택은 거실이나 안방 등 주실의 방향을 기재한다. 그 외는 주된 출입구의 방향을 기준으로 방향을 표시하고 '남향'이라고 적는다. 방향의 기준이 불분명하면 '남향(거실 발코니 기준, 출입문 기준, 대문 기준)', 이렇게 기준을 정한다.

위반건축물 여부는 건축물대장에서 확인한 대로 기재한다. 건축물대장은 등재되지 않았어도 위반건축물임을 알았다면 사실 여부를 기재한다. 위반건축물인데 등재가 안 된 경우, 적법에 체크하더라도 위반내용을 기재하나, 등재된 경우는 위반에 체크하고 위반내용을 기재한다. 내진설계 적용 여부와 내진 능력은 건축물대장상 전유 부분이 아닌 표제부를 열람해서 기재한다. 구축 건물이라서 적용이 안 된 건물은 '해당 없음'을 기재한다. 내진 설계를 적용했지만, 내진 능력의 숫자는 표기가 안 된 경우가 많다. 적용에 체크하고 내진 능력 칸에 '표시 없음'이라 기재한다. 건축물대장상 위반건축물 여부는 건축물대장을 확인하고 대장의 아랫부분에 위반내용을 기재한 후 서류를 첨부한다.

중개대상물 확인·설명서
– 개업공인중개사 기본 확인사항 ②

② 권리 관계	등기부 기재사항	소유권에 관한 사항		소유권 외의 권리사항	
		토지		토지	
		건축물		건축물	

  ② 권리관계의 등기부기재사항은 등기사항증명서를 보고 기재한다. 내용이 많으면 별지를 첨부한다. 한방시스템의 계약서를 입력한다면 임대인 또는 매도자 란의 소유자가 자동 입력된다. 소유권에 대한 사항은 소유자 이름과 주민등록번호 주소를 입력한다. 등기사항증명서 갑구에 소유권 사항은 전부 입력한다. 개명한 경우는 증빙자료를 첨부하고, 주소가 다른 경우 변경된 주소로 기재한다. 대상 물건에 신탁등기가 되어 있는 경우에는 수탁자 및 신탁물건(신탁원부 번호)임을 적고, 신탁원부 약정사항에 명시된 대상 물건에 대한 임대차계약의 요건(수탁자 및 수익자의 동의 또는 승낙, 임대차계약체결의 당사자, 그 밖의 요건 등)을 확인해 그 요건에 따라 유효한 임대차계약을 체결할 수 있음을 설명(신탁원부 교부 또는 ⑩ 실제 권리관계 또는 공시되지 않은 물건의 권리사항에 주요 내용을 작성)해야 한다. 소유권 외의 권리사항은 등기사항증명서 을구의 내용을 건건이 입력한다. 말

소되지 않은 사항은 모두 기입하되 가등기, 가압류, 임차권의 내용도 있으면 기재한다. 제한물권의 채권최고액, 날짜, 채권자 이름, 채무자 이름을 모두 입력하며, 공동담보가 있다면 그 내용도 열람해서 입력한다. 공동담보의 채권최고액 등 해당 중개 물건의 권리관계를 명확히 적고 설명해야 한다.

※ 예를 들어, 다세대주택 건물 전체에 설정된 근저당권 현황을 확인·제시하지 않으면서, 계약 대상 물건이 포함된 일부 호실의 공동담보 채권최고액이 마치 건물 전체에 설정된 근저당권의 채권최고액인 것처럼 중개의뢰인을 속이는 경우에는 '공인중개사법' 위반으로 형사 처벌 대상이 될 수 있다. 토지별도 등기가 있는 경우도 소유권 외의 권리사항에 기재한다.

중개대상물 확인·설명서
– 개업공인중개사 기본 확인사항 ③

③ 토지이용 계획, 공법상 이용제한 및 거래규제에 관한 사항 (토지)	지역·지구	용도지역			건폐율 상한	용적률 상한
		용도지구			%	%
		용도구역				
	도시·군 계획 시설		허가·신고 구역 여부	[ ]토지거래허가구역		
			투기지역 여부	[ ]토지투기지역 [ ]주택투기지역 [ ]투기과열지구		
	지구단위계획구역, 그 밖의 도시·군 관리계획			그 밖의 이용제한 및 거래규제사항		

　③ 토지이용계획, 공법상 이용 제한 및 거래규제에 관한 사항(토지)의 '건폐율 상한 및 용적률 상한'은 시·군의 조례에 따라 적는다. '도시·군 계획시설', '지구단위계획구역, 그 밖의 도시·군 관리계획'은 개업공인중개사가 확인해서 적는다. '그 밖의 이용 제한 및 거래규제사항'은 토지이용계획확인서의 내용을 확인한다. 공부에서 확인할 수 없는 사항은 부동산종합공부시스템 등에서 확인해 적는다(임대차의 경우에는 생략할 수 있다). 용도지구와 용도구역은 토지이용계획증명원의 국토계획법에 따른 지역 지구, 다른 법령에 의한 지역 지구, 토지이용규제를 참고한다.

도시·군 계획시설은 앞의 내용에 해당하는 것을 찾아서 기재한다.

(출처 : 한방)

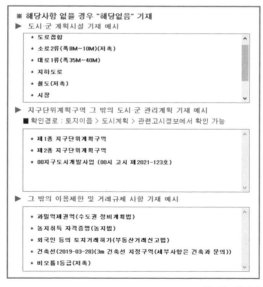

(출처 : 한방)

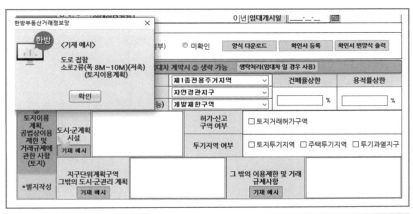

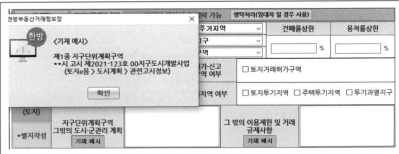

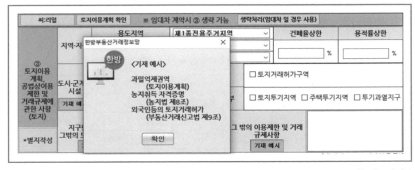

(출처 : 한방)

중개대상물 확인·설명서
– 임대차 확인사항

④ 임대차 확인사항은 다음 각 목의 구분에 따라 적는다.

④ 임대차 확인사항	확정일자 부여현황 정보		[ ] 임대인 자료 제출 [ ] 열람 동의		[ ] 임차인 권리 설명	
	국세 및 지방세 체납정보		[ ] 임대인 자료 제출 [ ] 열람 동의		[ ] 임차인 권리 설명	
	전입세대확인서		[ ] 확인(확인서류 첨부) [ ] 미확인(열람 · 교부 신청방법 설명) [ ] 해당 없음			
	최우선변제금	소액임차인범위 : 만 원 이하 최우선변제금액 : 만 원 이하				
	민간 임대 등록 여부	등록	[ ] 장기일반민간임대주택 [ ] 공공지원민간임대주택 [ ] 그 밖의 유형( )		[ ] 임대 보증금 보증 설명	
			임대의무기간		임대개시일	
		미등록 [ ]				
	계약갱신요구권 행사 여부		[ ] 확인(확인서류 첨부) [ ] 미확인 [ ] 해당 없음			

개업공인중개사가 "④ 임대차 확인사항"을 임대인 및 임차인에게 설명하였음을 확인함	임대인	(서명 또는 날인)
	임차인	(서명 또는 날인)
	개업공인중개사	(서명 또는 날인)
	개업공인중개사	(서명 또는 날인)

※ 민간임대주택의 임대사업자는 '민간임대주택에 관한 특별법' 제49조에 따라 임대보증금에 대한 보증에 가입해야 합니다.
※ 임차인은 주택도시보증공사(HUG) 등이 운영하는 전세보증금반환보증에 가입할 것을 권고합니다.
※ 임대차계약 후 '부동산 거래신고 등에 관한 법률' 제6조의2에 따라 30일 이내 신고해야 합니다(신고 시 확정일자 자동부여).
※ 최우선변제금은 근저당권 등 선순위 담보물권 설정 당시의 소액임차인범위 및 최우선변제금액을 기준으로 합니다.

1. '주택임대차보호법' 제3조의7에 따라 임대인이 확정일자 부여일, 차임 및 보증금 등 정보(확정일자 부여현황 정보) 및 국세 및 지방세납세증명서(국세 및 지방세 체납정보)의 제출 또는 열람 동의로 갈음했는지 구분해 표시하고, '공인중개사법' 제25조의3에 따른 임차인의 권리에 관한 설명 여부를 표시한다.

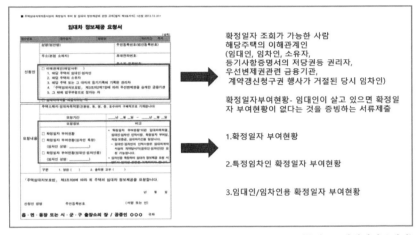

(출처 : 국가법령정보센터)

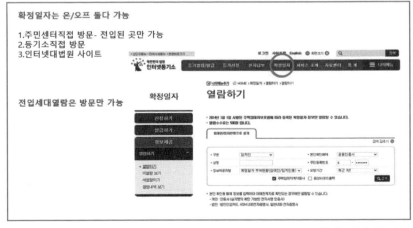

(출처 : 인터넷등기소)

2. 임대인이 제출한 전입세대확인서류가 있는 경우에는 확인에 √로
표시한 후 설명하고, 없는 경우에는 미확인에 √로 표시한 후, '주민등록
법' 제29조의2에 따른 전입세대확인서의 열람·교부 방법에 대해 설명
한다(임대인이 거주하는 경우이거나 확정일자 부여현황을 통해 선순위의 모든 세대가 확인되
는 경우 등에는'해당 없음'에 √로 표시한다).

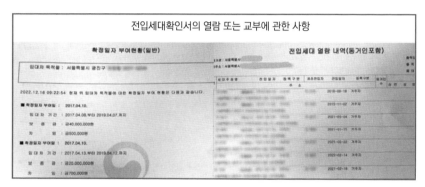

(출처 : 저자 작성)

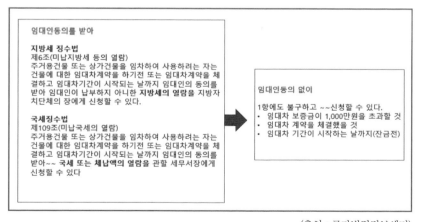

(출처 : 국가법령정보센터)

3. 최우선변제금은 '주택임대차보호법 시행령' 제10조(보증금 중 일정액의 범위 등) 및 제11조(우선변제를 받을 임차인의 범위)를 확인해 각각 적되, 근저당권 등 선순위 담보물권이 설정되어 있는 경우 선순위 담보물권 설정 당시의 소액임차인 범위 및 최우선변제금액을 기준으로 적어야 한다.

시행일		지역구분	우선변제를 받을 임차인의범위(제11조)	보증금 중 우선변제를 받을 일정액의 범위(제10조)
'90.2.19 ~ '95.10.18	1호	서울특별시, 직할시	2,000만원 이하	700만원 이하
	2호	기타 지역	1,500만원 이하	500만원 이하
'95.10.19 ~ '01.9.14	1호	특별시 및 광역시(군제외)	3,000만원 이하	1,200만원 이하
	2호	기타 지역	2,000만원 이하	800만원 이하
'01.9.15 ~ '08.8.20	1호	서울특별시, 과밀억제권역	4,000만원 이하	1,600만원 이하
	2호	광역시(인천시, 군제외)	3,500만원 이하	1,400만원 이하
	3호	그 밖의 지역	3,000만원 이하	1,200만원 이하
'08.8.21 ~ '10.7.25	1호	서울특별시, 과밀억제권역	6,000만원 이하	2,000만원 이하
	2호	광역시(인천시, 군제외)	5,000만원 이하	1,700만원 이하
	3호	그 밖의 지역	4,000만원 이하	1,400만원 이하
'10.7.26 ~ '13.12.31	1호	서울특별시	7,500만원 이하	2,500만원 이하
	2호	과밀억제권역	6,500만원 이하	2,200만원 이하
	3호	광역시, 안산·용인·김포·광주	5,500만원 이하	1,900만원 이하
	4호	그 밖의 지역	4,000만원 이하	1,400만원 이하
'14.1.1 ~ '16.3.30	1호	서울특별시	9,500만원 이하	3,200만원 이하
	2호	과밀억제권역	8,000만원 이하	2,700만원 이하
	3호	광역시, 안산·용인·김포·광주	6,000만원 이하	2,000만원 이하
	4호	그 밖의 지역	4,500만원 이하	1,500만원 이하
'16.3.31 ~ '18.9.17	1호	서울특별시	1억원 이하	3,400만원 이하
	2호	과밀억제권역	8,000만원 이하	2,700만원 이하
	3호	광역시, 세종·안산·용인·김포·광주	6,000만원 이하	2,000만원 이하
	4호	그 밖의 지역	5000만원 이하	1,700만원 이하
'18.9.18 ~ '21.5.10	1호	서울특별시	1억 1,000만원 이하	3,700만원 이하
	2호	과밀억제권역, 세종·용인·화성	1억원 이하	3,400만원 이하
	3호	광역시, 안산·광주·파주·김포	6,000만원 이하	2,000만원 이하
	4호	그 밖의 지역	5,000만원 이하	1,700만원 이하
'21.5.11 ~ '23.2.20	1호	서울특별시	1억 5,000만원 이하	5,000만원 이하
	2호	과밀억제권역, 세종·용인·화성·김포	1억 3,000만원 이하	4,300만원 이하
	3호	광역시, 안산·광주·파주·이천·평택	7,000만원 이하	2,300만원 이하
	4호	그 밖의 지역	6,000만원 이하	2,000만원 이하
'23.2.21 ~	1호	서울특별시	1억 6,500만원 이하	5,500만원 이하
	2호	과밀억제권역 세종·용인·화성·김포	1억 4,500만원 이하	4,800만원 이하
	3호	광역시, 안산·광주·파주·이천·평택	8,500만원 이하	2,800만원 이하
	4호	그 밖의 지역	7,500만원 이하	2,500만원 이하

(출처 : 인터넷등기소)

4. '민간임대 등록 여부'는 대상 물건이 '민간임대주택에 관한 특별법'에 따라 등록된 민간임대주택인지 여부를 같은 법 제60조에 따른 임대주택정보체계에 접속해 확인하거나 임대인에게 확인해 '[ ]' 안에 √로 표시하고, 민간임대주택인 경우 같은 법에 따른 권리·의무사항을 임대인 및 임차인에게 설명해야 한다.

> ※ 민간임대주택은 '민간임대주택에 관한 특별법' 제5조에 따른 임대사업자가 등록한 주택으로서, 임대인과 임차인 간 임대차계약(재계약 포함) 시에는 다음의 사항이 적용됩니다.
> – '민간임대주택에 관한 특별법' 제44조에 따라 임대의무 기간 중 임대료 증액 청구는 5%의 범위에서 주거비 물가지수, 인근 지역의 임대료 변동률 등을 고려하여 같은 법 시행령으로 정하는 증액 비율을 초과하여 청구할 수 없으며, 임대차계약 또는 임대료 증액이 있은 후 1년 이내에는 그 임대료를 증액할 수 없습니다.
> – '민간임대주택에 관한 특별법' 제45조에 따라 임대사업자는 임차인이 의무를 위반하거나 임대차를 계속하기 어려운 경우 등에 해당하지 않으면 임대의무 기간 동안 임차인과의 계약을 해제 · 해지하거나 재계약을 거절할 수 없습니다.

5. '계약갱신요구권 행사 여부'는 대상 물건이 '주택임대차보호법'의 적용을 받는 주택으로서 임차인이 있는 경우 매도인(임대인)으로부터 계약갱신요구권 행사 여부에 관한 사항을 확인할 수 있는 서류를 받으면 '확인'에 √로 표시해 해당 서류를 첨부하고, 서류를 받지 못한 경우 '미확인'에 √로 표시하며, 임차인이 없는 경우에는 '해당 없음'에 √로 표시한다. 이 경우, 개업공인중개사는 '주택임대차보호법'에 따른 임대인과 임차인의 권리·의무사항을 매수인에게 설명해야 한다.

계약갱신요구권 행사 여부 확인서

매도인(임대인)

성 명

주민등록번호

주 소

목적물

서울시 강남구 210호

현 임차인의 임대차기간

___.__.__ ~ ___.__.__

계약갱신요구권 행사 여부

○ 기행사	임대차 기간	___.__.__ ~ ___.__.__
○ 행사	갱신 후 임대차 기간	___.__.__ ~ ___.__.__
○ 불행사	계약갱신요구권을 행사하지 않기로 합의하였으며, 임차인은 이 내용이 사실과 틀림없음을 확인합니다. 확인자 : 임차인	임영 등록
○ 미결정	예) 응답이 없거나 결정을 보류하는 경우 등
○ 해당사항없음	예) 1. 임대인이 실거주하고 있는 경우 2. 계약갱신요구권 행사기간이 도래하지 않은 경우

☐ 인쇄 시 오늘일자로 출력   ☐ 인쇄 시 예시 문구 안 보여기

(출처 : 한방)

〈계약갱신요구권 행사 여부 확인서〉 첨부

계약갱신요구권 행사 여부 확인서

매도인 (임대인)	성명		주민등록번호	
	주소			
목적물	도로명 주소 또는 구 주소 기재 가능			
현 임차인의 임대차기간	2018. 9. 2. ~ 2020. 9. 1.			
계약갱신요구권 행사 여부	기행사 [ ]	임대차 기간		2020.9.2. ~ 2022.9.1.
	행사 [ ]	갱신 후 임대차 기간		2020.9.2. ~ 2022.9.1.
	불행사 [ ]	계약갱신요구권을 행사하지 않기로 합의하였으며 임차인은 이 내용이 사실과 틀림없음을 확인합니다. 확인자 : 임차인 (서명 또는 인)		
	미결정 [ ]	예) 응답이 없거나 결정을 보류하는 경우 등		
	해당사항 없음 [ ]	예) 1. 임대인이 실거주하고 있는 경우 2. 계약갱신요구권 행사기간이 도래하지 않은 경우		

※ 계약갱신요구권 행사는 임대차기간이 끝나기 6개월 전부터 1개월 전까지의 기간에 가능
(단, '20.12.10. 이후 최초로 체결되거나 갱신된 계약에 대한 계약갱신요구권 행사는 임대차
기간이 끝나기 6개월 전부터 2개월 전까지의 기간에 가능)

※ 첨부 : 임대차계약서 사본   부. 끝.

매도인(임대인)은 위 내용이 사실과 틀림없음을 확인합니다.

년   월   일

확인자 : 매도인(임대인)   ○ ○ ○   (서명 또는 인)

· 해당 서식은 법정 서식이 아니므로 일정 부분 개별 사항에 맞게 수정하여 사용이 가능합니다.
예) 서식 내 확인자에 매도인(임대인) 대신에 현 임차인의 서명을 받거나 추가로 기입이 가능하고, 불행사 기재란에 임차인 확인은 상황에 맞게 삭제하셔도 됩니다.

(출처 : 한방)

중개대상물 확인·설명서
– 입지조건

⑤ 입지 조건	도로와의 관계	(m × m)도로에 접함 [ ]포장 [ ]비포장		접근성	[ ]용이함 [ ]불편함		
	대중교통	버스	( ) 정류장, 소요시간 : ([ ]도보 [ ]차량) 약 분				
		지하철	( ) 역, 소요시간 : ([ ]도보 [ ]차량) 약 분				
	주차장	[ ]없음 [ ]전용주차시설 [ ]공동주차시설 [ ]그 밖의 주차시설 ( )					
	교육시설	초등학교	( ) 학교, 소요시간 : ([ ]도보 [ ]차량) 약 분				
		중학교	( ) 학교, 소요시간 : ([ ]도보 [ ]차량) 약 분				
		고등학교	( ) 학교, 소요시간 : ([ ]도보 [ ]차량) 약 분				

　⑤ 입지조건은 도로와의 관계와 접근성을 표시한다. 대중교통과 주차장, 교육시설을 기재한다. 도로와의 관계에서 한 면만 접한 경우는 1개만 기재하고, 두 면을 접한 경우는 2개를 기재한다. 포장과 비포장을 √하고 접근성을 용이한지, 불편한지 조사해서 √로 체크한다. 대중교통은 해당 부동산에서 가장 가까운 버스정류장과 도달하는 데 걸리는 시간을 적는다. 가장 가까운 지하철이나 기차역의 이름과 도달하는 데 걸리는 시간을 적는다. 주차장은 주차장이 있는지 없는지를 기재한다.

전용주차시설이나 공동주차시설이 없으면 기타에 기재한다(시·구립 공용 주차장, 인근 주민 거주자 우선주차장, 도로주차장, 유료주차장 등). 교육시설은 가장 가까운 학교를 기재하고 도보나 차량을 이용할 때 걸리는 시간을 기재한다.

중개대상물 확인·설명서
– 관리에 관한 사항

	경비실	[ ]있음　　　[ ]없음	관리주체	[ ]위탁관리 [ ]자체관리 [ ]그 밖의 유형
⑥ 관리에 관한 사항	관리비	관리비 금액 : 총　　　　　원 관리비 포함 비목 : [ ]전기료 [ ]수도료 [ ]가스 사용료 [ ]난방비　　　　　　　　　　[ ]인터넷 사용료 [ ]TV 수신료　　　　　　　　　　[ ]그 밖의 비목(　　　　　　　) 관리비 부과방식 : [ ]임대인이 직접 부과 [ ]관리규약에 따라 부과　　　　　　　　　　[ ]그 밖의 부과방식(　　　　　　　　　　　　　)		

⑥ 관리에 관한 사항은 중개대상물을 관리하는 경비실이 있는지 없는지 체크한다. 중개대상물을 관리하는 주체가 위탁관리인지 자체관리인지, 그 밖의 어떤 유형인지 체크한다. 관리비 항목은 중개사에게 가장 이슈가 되고 있는 중개대상물 항목이다. 2024년부터는 과태료 대상이니 특별히 다루어야 한다. 다음은 관리비에 대한 세부사항이다.

관리비는 직전 1년간 월평균 관리비 등을 기초로 산출한 총금액을 적는다. 관리비에 포함되는 비목들에 대해서는 해당하는 곳에 √로 표시하며, 그 밖의 비목에 대해서는 √로 표시한 후 비목 내역을 적는다. 관리비 부과방식은 해당하는 곳에 √로 표시하고, 그 밖의 부과방식을 선택한 경우에는 그 부과방식에 대해서 작성해야 한다. 이 경우 세대별 사용량을 계량해 부과하는 전기료, 수도료 등 비목은 실제 사용량에 따라 금액이 달라질 수 있다. 이에 따라 총관리비가 변동될 수 있음을 설명해야 한다.

협회에서 정한 관리비 기재의 기준은 7개로 정리된다. 정액관리비인지, 정액관리비가 아닌지를 구분하고, 관리비 확인이 안 되는 유형이 있다.

정액관리비는 3가지 형태로 기재할 수 있다. 주택과 준주택이 아니면 미표시도 상관없지만, 그 외는 무조건 지켜져야 한다.

1. 정액관리비로 10만 원 이상은 의뢰인이 세부내역을 알려줄 때 비목별로 금액을 표시한다.

〈의뢰인이 알려주는 예시〉

정액관리비, 직전월 기준 일반 관리비 8만 원, 수도료 3만 원, 전기료 4만 원

2. 정액관리비로 10만 원 이상이나 의뢰인이 알려주지 않으면 정액으로만 기재한다.

〈의뢰인이 알려주지 않는 예시〉

의뢰인 세부내역 미제시로 비목별 금액 미표시

정액관리비 월평균 15만 원 (일반(공용) 관리비, 수도료, 기타 관리비 포함)

3. 정액관리비로 10만 원 미만인 경우 내역분리는 안 해도 된다.

정액관리비 직전월 기준(일반(공용) 관리비, 전기료, 인터넷 사용료, TV 사용료, 기타 관리비 포함(수도료, 가스 사용료, 난방비 미포함))

정액관리비가 아닌 경우도 3가지로 기재한다.

4. 정액 아님 첫 번째

아파트나 오피스텔 등 관리규약에 따라 부과되는 경우 최근 3개월 또는 연평균 관리비는 공동주택관리정보시스템 사이트를 참고한다.

관리규약에 따라 부과, 최근 3개월 평균

(일반(공용)관리비 전기료, 인터넷 사용료, TV 사용료, 기타 관리비 포함(수도료, 가스 사용료, 난방비 미포함))

5. 정액 아님 두 번째

소규모 오피스텔 등에서 부과되는 최근 3개월 또는 연평균 관리비의 경우다.

최근 3개월 평균 - (1) (2) (3) 중에서 부과방식을 참고해서 기재

   (1) 공용관리비는 면적·세대별로 부과하고 사용료는 사용량에 따른 부과

   (2) 전체 사용량을 세대수로 나눠 부과

   (3) 세대별 사용량(별도 계량기)에 따라 부과

     (일반(공용)관리비 전기료, 인터넷 사용료, TV 사용료, 기타 관리비 포함(수도료, 가스 사용료, 난방비 미포함))

6. 정액 아님 세 번째

의뢰인이 관리비 미제시로 전 세입자나 인근 사례로 추정한 관리비인 경우다.

관리비 세부내역 미제시로,

   (1) 전 세입자를 통해 확인한 추정 관리비임

   (2) 인근 사례 등으로 추정한 관리비임(안내 표시)

     (일반(공용)관리비 전기료, 인터넷 사용료, TV 사용료, 기타 관리비 포함)

7. 마지막 미등기건물 신축 건물 등은 관리비 확인이 불가능하다. 이 경우는 다음의 경우에 해당해 확인 불가라고 기재한다.

   (1) 건축법시행령 별표1[8]의 제1호 가목의 단독주택에 해당되어 관리비 확인 불가

---

8) 건축법시행령 별표1의 제1호(단독주택, 다중주택, 다가구주택, 공관)

(2) 오피스텔제외 상가 건물에 해당되어 관리비 확인 불가

(3) 미등기건물, 신축 건물 등으로 내역 확인 불가

(출처 : 한방)

중개대상물 확인·설명서
- 비선호시설과 거래예정금액 세율

⑦ 비선호시설(1km이내)	[ ]없음 [ ]있음 (종류 및 위치 :)		

| ⑧ 거래예정금액 등 | 거래예정금액 | | | |
| | 개별공시지가
(㎡당) | | 건물(주택)
공시가격 | |

⑨ 취득 시 부담할 조세의 종류 및 세율	취득세	%	농어촌특별세	%	지방교육세	%
	※ 재산세와 종합부동산세는 6월 1일 기준으로 대상물건 소유자가 납세의무를 부담합니다.					

⑦ 비선호시설(1㎞ 이내)의 '종류 및 위치'는 대상 물건으로부터 1㎞ 이내에 사회 통념상 기피 시설인 화장장·봉안당·공동묘지·쓰레기처리장·쓰레기소각장·분뇨처리장·하수종말처리장 등의 시설이 있는 경우, 그 시설의 종류 및 위치를 적는다. 판례에서는 장례식장은 고인의 죽음을 애도하는 곳이라 혐오시설로 보지 않고 있으나 사회 통념상 기피한다고 볼 때는 기재하는 것이 좋다. 고압선이나 가스 저장소처럼 위험시설도 설명과 기재가 필요하다.

⑧ 거래예정금액 등의 '거래예정금액'은 중개가 완성되기 전 거래예정금액을, '개별공시지가(㎡당)' 및 '건물(주택)공시가격'은 중개가 완성되

기 전 공시된 공시지가 또는 공시가격을 적는다(임대차의 경우에는 '개별공시지가(㎡당)' 및 '건물(주택)공시가격'을 생략할 수 있다). 거래예정금액이 아닌 실제 거래금액을 적게 된다. 개별공시지가는 한국부동산원 부동산 공시가격 알리미에서 열람한다. 메인 홈페이지 상단에 공동주택, 표준단독주택, 개별단독주택, 표준지공시지가, 개별공시지가 5개의 메뉴 탭을 볼 수 있다. 건물공시 가격을 확인할 수 없는 건물은 이택스나 위택스에서 열람이 가능하다.

(출처 : 부동산 공시가격 알리미)

⑨ 취득 시 부담할 조세의 종류 및 세율은 중개가 완성되기 전 '지방세법'의 내용을 확인해 적는다(임대차의 경우에는 제외). 취득 시 세금은 알려줄 수 있으나 양도세는 세무사와 상담하라고 말해야 한다. 세무사들도 주택 양도세 계산은 까다롭게 생각하기 때문에 무슨 부동산이든 전체 권리증을 가져다주고 상담을 받아야 한다.

요즘은 대장과 상관없이 주거로 사용하고 있는 부동산이 있을 수 있어서 실수하기 좋다. 양도세 상담을 마치고 온 의뢰인만이 진정한 고객일 수 있다. 뒤늦게 양도세를 계산하고 와서 매물을 거둔다거나 계약서 작성을 한 후 번복해 공인중개사를 피곤하게 만든다. 특히 계약서 작성 후 확인 설명서 작성할 때 양도세가 거론되면 모든 핑계를 중개사에게 미룰 수 있다. 비과세는 비과세라고 기재하고 감면의 경우 감면된 취득세를 기재한다. 취득세 감면과 중과의 경우 확인 설명의무를 하지 않아 손해를 배상한 판례가 있다. (감면-서울동부지법 2013. 10. 23. 선고 2013나2988 판결)(중과-서울중앙지법 2016. 7. 18. 선고 2015가단34104판결)

중개대상물 확인·설명서
- 개업공인중개사 세부 확인

Ⅱ. 개업공인중개사 세부 확인사항

⑩ 실제 권리관계 또는 공시되지 않은 물건의 권리사항

⑩ 실제 권리관계 또는 공시되지 않은 물건의 권리사항은 매도(임대)의뢰인이 고지한 사항을 적는다. 또 개업공인중개사 스스로도 조사해서 기록한다. 내용이 많으면 별지를 첨부한다.

1. 법정지상권, 유치권 등 등기사항증명서에 기재되지 않은 권리관계가 있으면 기재한다.

2. '주택임대차보호법'에 따른 임대차를 기재하고 전대 등 특이사항을 기재한다.

3. 토지에 부착된 조각물 및 정원수 등 후일에 누구에게 귀속하는지 명확하게 한다.

4. 계약 전 소유권 변동 여부(예, 매매계약 중에 임대차계약으로 매매계약서를 첨부한다)

5. 도로의 점용허가 여부 및 권리·의무 승계 대상 여부 등 구두로 이야기했다고 주장할 만한 사항을 기재한다.

6. 분양을 목적으로 건축되었으나 분양되지 않아 보존등기만 마쳐진 상태인 공동주택[9]에 대해 임대차계약을 알선하는 경우에는 이를 임차인에게 설명해야 한다.

※ 임대차계약의 경우 현재 존속 중인 임대차의 임대보증금, 월 단위의 차임액, 계약 기간 및 임대차계약의 장기수선충당금의 처리 등을 확인해서 적는다. 그 밖에 경매 및 공매 등의 특이사항이 있는 경우 이를 확인해서 적는다. 각종 공부에 등재되지 않았다는 것은 부동산의 장식 가구, 수목, 미술품 등 내장재를 포함해서 지금과 향후의 귀속 여부를 가려서 써야 한다. 실제 권리관계 또는 공시되지 않은 물건의 권리사항은 중개사가 확인한다는 말이 계속해서 나온다.

---

9) '건축법 시행령' 별표 1 제2호에 따른 공동주택(기숙사는 제외) 중

중개대상물 확인·설명서
- 시설물과 환경

⑪ 내부·외부 시설물의 상태 (건축물)	수도	파손 여부	[ ]없음 　　　　[ ]있음 (위치 : 　　　　　)	
		용수량	[ ]정상 　　　　[ ]부족함 (위치 : 　　　　　)	
	전기	공급상태	[ ]정상 　　　　[ ]교체 필요 (교체할 부분 : 　　　　)	
	가스 (취사용)	공급방식	[ ]도시가스 　[ ]그 밖의 방식 (　　　　　)	
	소방	단독경보형 감지기	[ ]없음 [ ]있음 　(수량 : 　개)	※ '소방시설 설치 및 관리에 관한 법률' 제10조 및 같은 법 시행령 제10조에 따른 주택용 소방시설로서 아파트(주택으로 사용하는 층수가 5개층 이상인 주택을 말한다)를 제외한 주택의 경우만 적습니다.
	난방방식 및 연료공급	공급방식	[ ]중앙공급 [ ]개별공급　시설작동 [ ]지역난방	[ ]정상 [ ]수선 필요 (　　　) ※ 개별 공급인 경우 사용연한 (　　　) [ ]확인불가
		종류	[ ]도시가스 　[ ]기름 　[ ]프로판가스 　[ ]연탄 [ ]그 밖의 종류 (　　　　)	
	승강기		[ ]있음 ([ ]양호 [ ]불량) [ ]없음	
	배수		[ ]정상 [ ]수선 필요 (　　　　　　　　　　)	
	그 밖의 시설물			

⑪ 내부·외부 시설물의 상태(건축물)는 중개사에게 확인·설명서상 문제가 가장 많이 발생하는 파트다. 경험으로 비춰봐도 내부와 외부 시설물의 상태가 중요했다. 잘 기재해야 한다. 정상 란에 체크하는 것과 수리할 것으로 체크하는 것은 차이가 크다. 현재 상태에서 정상이어야 정상이다. 미래에 될 것을 미리 정상으로 체크하면 안 된다. (임대인 부담으로 수리할 것/ 임차인이 수리하고 임대인이 비용을 부담하기로 함/ 임차인이 부담하고 차임에서 수리비를 공제 등) 시설이 현재 되고 있는지 체크해야 하며, 냉난방기처럼 옵션 제품은 노후가 되었는지 확인해서 기재한다. 보일러는 고장이 나면 수리 문제가 늘 따라다녀서 제품연도를 기재하라고 한다.

1. 수도 - 파손 여부를 확인해 파손이 있을 경우, 그 위치가 어디인지 조사해 표시한다. 용수량이 정상인지 부족한지 체크하고 수리해야 한다면 어떻게 할 것인지 기재한다.

2. 전기 - 시설이 정상인지 확인한다. 교체할 부분이 있으면 위치를 정하고 교체 방법을 기재한다.

3. 가스 - 취사용으로 사용하는 연료가 무엇인지 기재한다. 기타에 √할 경우, LPG, 전기 인덕션, 연탄 등을 기재한다.

4. 소방 - 소화전이 있는지 확인하고 있으면 위치를 기재한다. 비상벨이 있는지 확인한다.

5. 난방방식 및 연료공급 - 시설 및 공급방식이 중앙공급인지, 개별공급인지, 지역난방인지, 기타방식인지를 조사한다. 시설이 정상이며 작동이 잘되는지 확인해서 기재한다. 냉난방으로 사용하는 연료가 도시가스, 기름, 전기, 프로판가스, 연탄 아니면 그 밖의 종류에 체크하고 적는다.

6. 승강기 - 승강기가 있는지 없는지 기재하고 상태가 양호한지 상태를 기재한다.

7. 배수 - 시설이 정상인지, 수선이 필요한지 조사해 기재한다. 배수

시설은 주방, 화장실, 베란다까지 체크한다.

8. 그 밖의 시설물 - 가정자동화시설물(Home Automation 등 IT 관련 시설) 등의 설치 여부를 기재한다. 기타 수선을 요하는 시설(변기, 방문, 세면대, 현관, 보안장치, 방범창 등)을 체크한다. 상업용은 오수 정화시설 용량 등이 부족할 수 있으니 확인해야 한다.

⑫ 벽면·바닥면 및 도배 상태	벽면	균열	[ ]없음　　[ ] (위치 :　　　　　　　　　　)		
		누수	[ ]없음　[ ]있음 (위치 :　　　　　　　　)		
	바닥면	[ ]깨끗함　[ ]보통임　[ ]수리 필요 (위치 :　　　　　)			
	도배	[ ]깨끗함　[ ]보통임　[ ]도배 필요			

⑫ 벽면 바닥면 및 도배 상태는 개업공인중개사가 의뢰인에게 자료를 요구해서 확인한 사항을 적는다. 균열 부분이 있으면 위치를 기재한다. 결로 현상이나 윗집, 아랫집 누수 여부를 체크한다. 윗집은 천장에 자국이 있으나 아랫집은 표시가 안 나니 의뢰인에게 물어서 확인한다. 미세균열은 눈으로 잘 보이지 않으나 '육안으로는 확인이 안 됨 / 베란다 미세균열 있음' 정도로 작성하는 것이 좋다. 바닥면은 장판을 들춰보라고 할 정도로 문제 발생이 많이 있으니 상태를 잘 기재한다. 축축하면 곰팡이가 올라올 가능성이 매우 크다. 도배 상태도 새로 한 것이 아니면 생활기스가 흔하게 있다. 테이프 자국, 못 자국, 오염이 있다면 '보통임'에 √하고 '테이프 자국 생활기스 흔적 있음'이라고 기재한다.

⑬ 환경조건	일조량	[ ]풍부함 [ ]보통임 [ ]불충분 (이유:)		
	소음	[ ]아주 작음 [ ]보통임 [ ]심한 편임	진동	[ ]아주 작음 [ ]보통임 [ ]심한 편임

　　⑬ 환경조건에는 개업공인중개사가 의뢰인에게 자료를 요구해서 확인한 사항과 중개사와 방문했을 때 확인한 사항을 작성한다. 일조량이 충분하지 않다면 앞 건물에 가려서인지 불충분한 이유를 기재한다. 소음은 특히 민감한 사안이다. 현재 층간소음이 있는지, 버스나 전철 건축소음이 있는지 기재한다. 진동사항으로 기차가 지나갈 때 진동을 느끼는지 확인해서 기재한다.

16
중개대상물 확인·설명서
- 현장안내와 중개보수 인적사항

⑭ 현장안내	현장안내자	[ ]개업공인중개사 [ ]소속공인중개사 [ ]중개보조원(신분고지 여부 : [ ]예 [ ]아니오) [ ]해당 없음

※ "중개보조원"이란 공인중개사가 아닌 사람으로서 개업공인중개사에 소속되어 중개대상물에 대한 현장
   안내 및 일반 서무 등 개업공인중개사의 중개업무와 관련된 단순한 업무를 보조하는 사람을 말합니다.
※ 중개보조원은 '공인중개사법' 제18조의4에 따라 현장안내 등 중개업무를 보조하는 경우 중개의뢰인에
   게 본인이 중개보조원이라는 사실을 미리 알려야 합니다.

　⑭ 현장안내에는 현장안내자가 누구였는지를 체크해야 한다. 중개보조원이 하는 일에 대해 여전히 이슈가 되고 있다. 중개보조원의 신분을 고지했는지도 정확하게 하라는 지침이다. 중개보조원은 대상 물건의 정보 설명만 할 수 있다. 주소, 거래 형태, 가격 등 단순 물건의 정보만 해당한다. 현장 안내와 일반 서무를 할 수 있다. 중개보조원이라는 사실을 보조원이 고지했는지, 안 했는지 확인해서 중개사가 다시 알려줘야 한다.

Ⅲ. 중개보수 등에 관한 사항

⑮ 중개보수 및 실비의 금액과 산출내역	중개보수		〈산출내역〉 중개보수 : 실　비 : ※ 중개보수는 시·도 조례로 정한 요율 한도에서 중개의뢰인과 개업공인중개사가 서로 협의하여 결정하며 부가가치세는 별도로 부과될 수 있습니다.
	실비		
	계		
	지급시기		

'공인중개사법' 제25조제3항 및 제30조제5항에 따라 거래당사자는 개업공인중개사로부터 위 중개대상물에 관한 확인·설명 및 손해배상책임의 보장에 관한 설명을 듣고, 같은 법 시행령 제21조제3항에 따른 본 확인·설명서와 같은 법 시행령 제24조제2항에 따른 손해배상책임 보장 증명서류(사본 또는 전자문서)를 수령합니다.

년　　월　　일

⑮ 중개보수 및 실비의 금액과 산출내역에는 개업공인중개사와 중개의뢰인이 협의해서 결정한 금액을 적는다.

1. '중개보수'는 거래 예정금액을 기준으로 계산하고, '산출내역(중개보수)'은 '거래 예정금액(임대차의 경우에는 임대보증금 + 월 단위의 차임액 × 100) × 중개보수 요율'과 같이 적는다. 다만, 임대차로서 거래 예정금액이 5,000만 원 미만인 경우는 '임대보증금 + 월 단위의 차임액 × 70'을 거래 예정금액으로 한다.

2. 실비의 한도는 중개대상물의 권리관계 등의 확인 또는 계약금의 반환채무 보장에 드는 비용이다. 중개사가 영수증을 첨부해 청구할 수 있다. 계약서 작성 시까지의 실비를 작성하는 것이고 지급대상자 일방에만 청구한다. 제증명 신청 및 공부열람 대행료(1회당 1,000원), 제증명 발급 및 공부열람 수수료, 교통비와 숙박비를 실비로 청구한다.

3. 중개보수 지급시기를 체크하게 되어 있다. 계약 시, 잔금 시, 아니면 날짜라도 기입해야 한다. 계약 시 50%, 잔금 시 50% 이렇게 할 수도 있다.

매도인 (임대인)	주소		성명	(서명 또는 날인)
	생년월일		전화번호	
매수인 (임차인)	주소		성명	(서명 또는 날인)
	생년월일		전화번호	
개업 공인중개사	등록번호		성명(대표자)	(서명 및 날인)
	사무소 명칭		소속공인중개사	(서명 및 날인)
	사무소 소재지		전화번호	
개업 공인중개사	등록번호		성명(대표자)	(서명 및 날인)
	사무소 명칭		소속공인중개사	(서명 및 날인)
	사무소 소재지		전화번호	

당사자와 개업공인중개사의 서명·날인 부분에는 공동중개 시 참여한 개업공인중개사(소속공인중개사를 포함)는 모두 서명·날인해야 하며, 2명이 넘는 경우는 별지로 작성해서 첨부한다. 한방계약서는 계약서에서 작성한 인적사항이 자동으로 입력된다. 계약당사자는 서명하거나 도장을 찍는다. 중개사는 반드시 서명과 인장을 찍는다. 표준계약서에서는 공동개업중개사나 의뢰인이 공동명의자인 경우 뒤에 한 페이지가 더 추가된다. 확인·설명서는 확인하고 설명하는 과정에 필요한 모든 서류의 집합이고 후에 증빙이 되는 자료이므로 장수가 많아질 수 있다. 확인·설명서는 페이지 번호가 있지만, 별지를 첨부하면 페이지 번호가 없으므로 별지를 첨부한다는 내용을 기재하고 별지에는 간인한다.

부동산 유형별
특약 모음

개인정보 공통사항(개인정보 동의서 별지를 출력하기 번거롭다면 다음 사항을 특약에 기재한다)

본 계약서에 명시되는 개인정보는 공인중개사법 제26조(거래계약서의 작성 등) 및 부동산 거래 신고 등에 관한 법률 제3조(부동산 거래의 신고)의 목적 이외에는 사용하지 않으며, 거래 양 당사자는 이에 동의한다.

한방계약서의 공통 특약

1. 본 주택의 임대차에 관한 중개대상물 확인·설명서 및 계약서상의 시설물 상태는 임대인이 고지한 사항과 임차인 및 공인중개사의 현장 확인 사항을 기초로 한 것이다.

2. 임대할 부분의 면적은 (공부상 전용면적 또는 연면적, 실측 면적)이다.

3. 본 주택을 인도받은 임차인은   년   월   일까지 전입신고와 임대차 계약서에 확정일자를 받아야 하며, 임대인은 위 약정 일자의 다음 날까지 임차주택에 저당권 등 담보권 설정을 할 수 없다.

4. 임대인은 본 계약 체결 당시 국세·지방세 체납, 근저당권 이자 체납 사실이 없음을 고지한다.

5. 임대인은 본 주택의 매매계약을 체결하는 경우에는 사전에 임차인에게 고

지해야 한다.

　　다만, 임차인은 양수인이 보증사고 이력 등으로 전세보증보험 가입 및 유지가 어려워 임대차 승계가 불가능할 경우 계약을 해지할 수 있으며, 임대차 계약 당시의 임대인에게 보증금 반환을 청구할 수 있다. (선택 특약)

6. 거래당사자는 본 계약과 관련해 분쟁이 있는 경우 법원에 소를 제기하기 전에 먼저 주택임대차 분쟁조정위원회에 조정을 신청할 수 있다.

※ 주택임대차 분쟁조정위원회 조정을 통할 경우 60일(최대 90일) 이내 신속하게 조정 결과를 받아볼 수 있다(https://www.hldcc.or.kr/hp/dar/selfDgnss-Detail.do).

　　<다음의 경우 제외>

(1) 주택임대차보호법 또는 상가건물임대차보호법에 따른 임대차에 관한 분쟁이 아닌 경우

(2) 신청인이 임대차계약의 당사자가 아닌 경우

(3) 상대방이 임대인 또는 임차인이 아닌 경우

(4) 상대방과의 부제소 합의나 부제소 특약이 있는 경우

(5) 법원에 소송 또는 조정을 제기하거나 진행 중인 경우

(6) 다른 임대차분쟁조정위원회에 조정신청을 한 경우 또는 중복으로 사건을 신청하는 경우

(7) 조정신청 자체로 주택임대차에 관한 분쟁이 아님이 명백한 경우

(8) 피신청인이 조정절차에 응하지 아니한다는 의사를 통지한 경우

7. 주택임대차계약 신고는 계약 체결일로부터 30일 이내 관할 주민센터를 방문 또는 국토교통부 거래관리시스템을 통해 임대인과 임차인이 주택임대차 계약신고서에 공동으로 서명·날인해 신고해야 한다.

8. 본 계약에 명시되지 않은 사항은 주택임대차보호법 및 민법과 주택임대차 계약의 일반관례에 따른다.

9. 첨부 서류 : 중개대상물 확인·설명서, 공제증서 사본 각 1부.

상가임대차 특약

1. 현 시설물 상태에서 임대차계약으로 계약 만료 또는 해지 시 원상복구하기로 한다.

   (1) 계약일 현재 1호와 2호의 구분벽이 철거된 것을 포함해 철거 전 공실 상태를 말한다.

   (2) 계약일 현재 1호와 2호의 구분된 구조벽이 벽이 철거된 상태에서 인수한 것으로 보며 그 후 임차인이 시설하거나 변경한 부분까지를 말한다.

   (3) 주방의 시설과 냉난방기가 있는 상태에서 임차인이 인수한 것이나 사용 후 후속 임차인이 인수하지 않는다면 본 계약일 이후에 해당하는 구조변경이나 인테리어는 철거하기로 한다.

   (4) 임차인은 외부의 간판과 어닝, 기타 부착물 전체를 철거하기로 한다.

2. 임차인은 사용 목적에 따라 구조변경이 필요하면 임대인의 동의를 구하며 구조변경 없는 인테리어 시설에 대해서는 임대인이 관여하지 않는다.

3. 간판 및 냉난방기, 실외기의 위치는 임대인과 협의 후 설치한다.

4. 임대할 부분은 건축물대장상의 면적으로 실측과 다소 차이가 있을지라도 임차인은 이의를 제기하지 않는다.

5. 임차인은 ○○업종을 할 예정이며 업종에 따른 인허가의 책임은 임차인이 지기로 한다.

6. 해당 상가는 건축물대장상 위반건축물이며 임차인은 위반사항을 인지하고 계약을 체결하는 것으로 이로 인한 이행강제금은 임차인이 납부하기로 한다.

7. 해당 상가는 위반건축물로 표기되어 있지 않지만 위반해서 건축된 부분이 있으며 이로 인해 관청으로부터 철거 명령이나 벌금 부과 시 임차인이 철거하거나 벌금을 부담하기로 한다.

8. 현재 위반건축물인 상태이나 잔금 전까지 임대인은 위반된 건축을 시정해 임차인의 영업 인허가에 지장이 없도록 조치한다.

9. 임차인은 영업에 필요한 소방시설 및 화재보험에 가입하며 이를 위반해서 발생하는 사고에 대해서는 임차인이 책임진다.

10. 임대인은 1개월간 렌트프리를 해주기로 해 ○○년 ○○월 ○○일부터 차임이 개시된다. 그러나 임차인이 인테리어를 미리 하기 위해서는 잔금을 인테리어 시작 전에 지불하기로 하며 관리비는 인테리어 시작일부터 발생한다.

11. 임차인 영업의 인허가 등은 임차인이 인테리어 시작하기 전에 확인하기로 하며 인허가를 득하는 것이 불가능할 경우, 위약금 없이 무효로 한다. 그러나 인테리어 시작 후에는 계약의 진행으로 판단하며 일반적인 임대차보호법 및 관례에 따라 후속 임차인을 구하기로 한다.

12. 임차인은 퇴실을 원할 때 임대인에게 권리금을 요구하지 않으며 임대인은 임차인의 권리금을 방해하지 않기로 한다.

13. 임대인은 잔금일 전까지 전 임차인의 영업신고 폐업과 사업자등록 이전을 책임지고 해결한다. 해결이 안 될 시 임차인은 계약을 해지할 수 있으며 계약금을 배액으로 배상한다.

14. 영업허가증은 전 임차인과 임차인이 서로 승계하는 것으로 임대인은 관여하지 않는다.

15. 임차인은 계약연장을 원하지 않는다면 2개월 전에 통보하기로 한다.

16. 중도금 지불일에 제소전 화해조서를 작성하기로 하며 비용은 임차인이 부담한다.

17. 잔금일 전에 명의자를 변경할 수 있다.

18. 임대료에 부가세는 별도이며 관리비는 관리사무소에서 직접 부과한다.

19. 고정 무료 주차는 1대이며, 그 외 주차에 대해 건물관리 규정에 따른다.

20. 차임은 2년 단위로 5% 이내에서 인상하기로 하며 기타 모든 사항은 상가 임대차보호법을 준용하기로 한다.

주거용 부동산 임대 특약

1. 임대인 또는 임차목적물의 하자로 전세자금 대출이 불가한 경우, 본 계약은 위약금 없이 무료로 하며 계약금 전액을 반환하기로 한다.

2. 임대인은 국세 지방세의 체납이 없음을 확실하게 고지했으며 임차인의 전입신고 익일까지 근저당이 없는 상태를 유지하기로 한다.

3. 계약 기간 중 매매 또는 권리의 변동이 발생 시 반드시 임차인에게 고지한다.

4. 단순 노후로 인한 고장 또는 소모품에 대한 수리는 임차인이 부담하며, 설치물 등은 임대인이 수리 또는 교체하고 또한 서로가 협조한다.

5. 옵션으로 설치된 가구와 가전제품의 훼손이 있을 시 보상한다.

6. 임차인은 계약 만료 시 훼손되거나 파손된 부분을 원상복구해서 반환하기로 한다.

7. 퇴실 시 임차인의 시설 및 집기는 철거해 원상으로 복구하되 생활기스는 제외한다.

8. 임차인이 입주할 수 있도록 청소를 완비한다.

9. 퇴실 시 입주 시점 상태로 청소를 하고 나가기로 한다.

10. 퇴실 시 청소비 15만 원을 지불하기로 한다.

11. 차임 연체 시 연 15%의 연체료를 내기로 한다.

12. 계약 만료 전에 중도 퇴실할 경우 새 임차인이 입주할 때까지 임대료와 관리비를 납부하며 중개보수도 부담한다. 계약 만기 후는 임대인이 부담한다.

13. 임대인의 동의 없이 주택의 구조변경이나 전대, 임차권 양도를 할 수 없다.

14. 계약금은 당일 6시까지 입금하기로 하며 입금과 동시에 효력이 발생하기로 한다.

15. 계약금은 당일 6시까지 입금하기로 하며 입금과 상관없이 계약서에 서명 즉시 계약의 효력이 발생한다.

16. 계약 만기일에 새 임차인의 임대 여부와 관계없이 보증금을 즉시 반환한다.
17. 반려동물은 기르지 않기로 한다.
18. 임차인이 보증금을 반환할 때까지 우선변제권을 유지해야 한다. 보증금을 받기 전에 이사하거나 전입을 이전하면 안 된다(HUG지침 계약).

다가구주택, 상가주택, 단독매매 특약

1. 매매대금에는 본 부동산 위에 존재하는 수목 등 일체의 시설물을 포함한다.
2. 등기사항증명서상 ○○은행 채권최고액 ○○원은 중도금 지급일에 말소하기로 한다.
3. 소유권이전등기가 완료되기 전에 등본상에 권리 제한 사유가 발생하는 경우 매수인은 계약을 해제할 수 있으며, 이때 매도인은 매수인에게 이미 지급된 금액을 즉시 반환한다(일반적).
4. 3항의 상항과는 별도로 매매금액의 ○○%를 손해배상 해주기로 한다.
5. 매수인의 잔금 중 일부는 새로운 임차인의 보증금으로 충당하기로 하며, 이때 임대차계약 체결 권한을 매수인에게 부여하기로 한다(임대권리부여 합의서 작성 - 임대차계약 시 필요).
6. 매도인은 위반건축물을 원인으로 부과된 이행강제금을 잔금일 전까지 납부하기로 한다.
7. 매도인은 잔금 이후에 건축법 등 관계 법령 위반으로 적발된 경우, 철거비용 등 일체의 손해를 배상해야 한다.
8. 매도인은 위반건축물 시정명령에 대해 잔금일 전까지 시정조치를 완료하고 건축물대장에 기재된 위반건축물 표시를 말소하기로 한다.
9. 매도인은 중도금일까지 현재 사용 중인 임차인들의 명도 확인서를 매수자에게 제출하기로 한다.
10. 매수인은 임대인의 지위를 승계하는 조건이며, 임차인들의 임차 내역과 연

락 리스트를 첨부한다.

11. 임차인 중에 승계를 거부하는 임차인이 있다면 퇴실 일정에 맞춰 해당 임차인의 보증금을 매도자가 반환하기로 한다.

12. 임차인의 리스트에서 잔금일까지 변동사항은 매도자가 정리하기로 하며, 잔금일 이후의 임차변경에 대해서는 매수자 부담으로 정한다.

13. 매도인은 잔금일까지 해당 부동산에 고정된 시설을 제외한 기타 시설을 정리하고 부동산을 인도해야 한다.

14. 매도자는 임차인들의 보증금에 대해 해당 리스트에 기재된 금원으로 잔금에서 공제 후 입금하는 것에 대해 동의한다.

15. 천재지변이나 불가항력적인 사유로 부동산이 멸실 훼손될지라도 잔금 전까지는 매도자가 잔금 후는 매수자의 책임으로 한다.

16. 매수인은 부동산의 상태를 조사한 후 계약을 체결했으므로 이후 상태에 대해서는 매수자가, 매도자가 설명을 누락한 부분은 매도자의 책임으로 한다.

17. 건축물대장의 용도와 면적을 기준으로 정확하게 기재했으나 실측과 차이가 있을 시는 매도자에게 책임을 물을 수 없다.

18. 매도인은 임차인들에 대한 체크리스트를 첨부한다.

〈임차인 체크리스트〉
(1) 임차인의 동의와 동의한 날짜
(2) 승계되는 임대차계약의 주요 내용
(3) 임대료, 관리비 미납 여부
(4) 연체된 임대료 채권의 양도와 임차인 승낙
(5) 임차인의 기명과 서명

재개발·재건축 특약

1. 해당 물건은 ○○재개발구역 내에 위치한 물건이다.
2. 해당 물건은 조합원 입주권 자격 대상인 물건의 매매계약이다.
3. 본 계약은 ○○재개발 정비구역의 조합원 물건으로 매수인은 매도인의 조합원 권리 의무를 포괄해 승계하기로 한다.
4. 본 계약은 조합설립단계(조합추진위 결성단계, 사업인가 신청 상태, 완료 등)에서의 계약이다.
5. 매도인이 무이자 이주비를 신청해서 수령하기로 하며, 매수인은 이를 승계하고 실제 받은 이주비 금액은 잔금에서 공제한다(경로 설명).
6. 매수인은 잔금일을 기준으로 중도금 융자와 무이자, 유이자 이주비를 승계하기로 하며, 입주 시 이주비 상환의무는 매수인이 부담한다.
7. 잔금일 이후 조합 청산 시 발생하는 청산금의 지급 및 수령은 매수인이 하기로 한다.
8. 잔금일 이후 해당 부동산의 행정적인 사항 및 권리가액의 변동이 발생할 경우, 매수인에게 귀속되며 서로 조건 없이 따르기로 한다.
9. 매도인은 ○○재개발 정비구역 내 본 건 외 다른 부동산이 없음을 확인하고, 이에 대한 미고지 및 허위고지에 대한 책임은 매도인이 지기로 한다.
10. 매도인의 사유로 매수인에게 조합원 입주권이 승계되지 않을 경우, 즉시 계약금을 반환하고 계약금액의 배액으로 배상하기로 한다.
11. 매도인은 재개발구역 내 다른 부동산을 소유하고 있지 않으며, 분양 신청하는 권한은 본 계약 물건에 있다.
12. 매수인은 현 시설상태에서 인수하며, 재개발 대상의 노후 건축물이므로 매도인의 하자 담보책임은 없는 것으로 한다.
13. 해당 부동산의 노후 상태를 감안해 매매가격이 조정되었으므로 매도자에게 하자에 대한 책임을 묻지 않는다.
14. 매수인은 향후 사업의 지연이나 변경에 대해 매도인에게 책임을 묻지 않는다.

15. 매도인은 무허가 건축물 확인원을 제출하기로 한다.

16. 매도인은 해당 무허가 건물에 대한 항공 사진, 재산세 납부증명서 등 입증 자료를 제출한다.

17. 본 매매 건물은 무허가 건물로서 (건물번호 ○○○○-○○○○) 해당 관청 무허가 건물대장에 등재되어 있음을 확인하고 계약하며, 건축물 점유에 따른 부과비용 등은 잔금일을 기준으로 정산한다(시유지 계약 시).

18. 무허가 건물의 소유권 확인 후 체납 등 명의변경 가능 여부를 복합적으로 확인해서 불가능할 때 본 계약은 무효로 하고 계약금은 그 즉시 반환한다.

19. 잔금일 전까지 발생하는 국공유지 사용료 등은 매도인이 부담하고 잔금일 이후에는 매수자가 부담한다.

20. 계약 당사자 서로의 비용을 줄이기 위해 양도세를 매수자가 부담한다.

분양권 특약

1. 분양권 상태에서의 계약이며 명의변경과 동시에 기존 계약의 분양권리를 매수인이 승계한다.

2. 해당 분양권 당첨 내용이 매도인의 귀책 사유로 취소되는 경우에는 원금 반환 및 원금에 대한 이자를 손해배상하기로 한다.

3. 매수인의 중도금 대출이 승계되지 않을 시는 매수인은 자납해 본 계약을 진행하기로 한다.

4. 매수인의 중도금 대출이 승계되지 않을 시는 매수인이 명의를 변경할 수 있도록 매도인은 계약서 재작성에 협조하기로 한다.

5. 중도금 대출의 이자는 매수인이 승계해 준공 후 시행사가 정한 입주 지정일에 지불한다.

6. 정산 지불금은 계약금 ○○원, 발코니 확장의 선불금 ○○원, 옵션 선불금의 ○○원, 프리미엄 ○○원으로 합 ○○원이다.

7. 인지세 15만 원은 매도인과 매수인이 나눠서 부담하되 매수자가 발급받는다.

8. 본 계약서에 첨부한 공급계약서에 검인을 받는다.

9. 검인 후 시행사에 제출하고 권리를 승계하는 것으로 한다.

10. 잔금일까지의 계약금과 중도금은 매도자가 세금계산서를 발급하기로 하며, 권리승계 이후의 중도금과 잔금에 대한 세금계산서는 시행사로부터 직접 받는다(상가나 오피스 등).

공장 특약

1. 현 시설물(창문, 전등 출입문, 냉난방기, 호이스트 등)과 권리 상태(소유주, 선순위채권)에서의 계약이다.

2. 임차인이 설치한 복층 등의 시설물은 퇴실 시 원상회복하기로 한다

3. 임대차 기간 중 민원에 대해 임차인이 책임진다.

4. 동파 예방을 위해 임대인은 라디에이터를 설치해주기로 하고, 임차인이 주의를 기울여 관리하며 관리의 책임은 임차인에게 있다.

5. 임대인과 임차인은 화재보험에 가입해야 하며, 임차인은 잔금 시까지 보험증서를 첨부한다.

6. 전기의 승압비용에서 한전 불입금은 ○○가 지불하며, 배전판, 전기선, 인건비 등 설치비용은 ○○가 지급한다.

7. 전기공사에 대한 견적은 임대인과 임차인의 업체에서 각각 받아 낮은 가격으로 정하고 1/2씩 부담한다.

8. 잔금 전에 임차인이 시설을 설치할 수 없다(임차인이 임의로 설치하거나 중개사를 배제하고 설치한 것에 대한 책임은 임대인과 임차인이 진다).

9. 렌트프리 기간의 전기사용량 및 관리상의 비용은 임차인이 내기로 한다.

10. 만기일을 채우지 못하고 퇴실 시 렌트프리 기간의 차임은 보증금에서 공제하고 환불한다.

11. 토지주와 건물주가 다른 경우 임대차에 대한 책임은 예금주 ○○이며, 보증금의 반환 주체는 ○○다(즉시 반환이 안 될 경우 연대해서 책임진다).

12. 본 계약서는 잔금일 전 또는 후에 법인으로 전환할 수 있으며 임대인은 법인계약에 협조한다. 본 계약은 법인으로 변경하는 계약으로 년 월 일의 예전 계약서는 효력이 없다.

13. 입주일은 준공일 이후이며, 준공 지연으로 발생한 임차인의 선주문 등 손해배상은 임대인에게 청구할 수 없다.

14. 본 공장은 여러 개의 공장이 공동사용 중이며, 공장 배치도를 첨부한다.

15. 임차인은 전체면적이 아닌 ○○호 일부를 사용하는 것으로 타 공장 사용자에게 진출입을 방해하거나 사용 제한을 하지 않는다.

16. 용도나 구조를 변경할 경우 사전에 임대인과 협의한다(어떤 용도, 어떤 구조인지 등 구체적으로 기재).

17. 화재보험에 관한 사항, 전기용량 증설에 대한 비용, 공장 내부로 차량 진입 허용 여부, 기타 환경과 관련된 문제 등 미래에 발생할 수 있는 문제(분쟁이 씨앗이 될 수 있다고 판단되는 사항)는 임대인과 협의한다(구체적으로 기재).

18. 위반건축물(일부)로서 발생된 이행강제금은 사용기간 동안 임차인이 지급한다(이전 사용분과 퇴실 후 사용분은 제외).

19. 임대인과 임차인은 계약서에 명시된 사항을 지키지 않아 손해가 발생한 경우에는 계약을 해제할 수 있다. 위약금과 별개로 손해에 대한 배상을 청구할 수 있다.

20. 부동산의 상태는 확인·설명서 기재를 참고한다.
    (창문 2개 파손, 전등 3개 불량, 수도 불량, 바닥 상태 불량을 임대인이 해결하기로 함, 임차인이 처리하고 비용을 월세에서 차감하고 납부하기로 함 등)

21. 기타 사항은 민법 및 임대차 관련 법, 관례를 준용하기로 한다.

지식산업센터 특약 작성(공장 등록 부분을 제외하고 오피스도 유사함)

1. 현 시설물(창문, 냉난방기, 룸)과 권리 상태(소유주, 선순위 채권)에서의 계약이다.

2. 임대료에 부가세는 별도이며 임대인은 세금계산서를 발행한다.

3. 관리비는 관리실에서 직접 부과한다.

4. 무료 주차는 1대이며, 추가 주차는 건물관리 규정에 의한다.

5. 해당 호실은 건축물대장상 (공장)으로 공장 등록을 하는 것에 대해 문제가 없어야 한다.

6. 임대인은 임차인이 공장 등록을 하는 것에 저해 요소가 없도록 조치한다.

7. 임대인의 시설물인 룸이나 냉난방을 제외하고 임차인이 설치한 복층 등의 시설물은 퇴실 시 원상회복하기로 한다(간판 탈부착에 유의, 바닥 청소).

8. 임차인의 사업 운영에 관한 인허가는 임차인이 알아서 한다.

9. 임대인은 싱크대를 설치해주기로 하고 임차인이 주의를 기울여 관리하며, 누수, 동파 등 관리의 책임은 임차인에게 있다.

10. 임차인은 잔금 전에 시설을 설치할 수 없다(임차인이 임의로 설치하거나 중개사를 배제하고 설치한 것에 대한 책임은 임대인과 임차인이 진다).

11. 렌트프리 기간의 전기사용량 및 관리비는 임차인이 납부한다.

12. 만기일을 채우지 못하고 퇴실 시 렌트프리 기간의 차임은 보증금에서 공제하고 환불한다.

13. 공동명의자로 임대차에 대한 책임은 예금주 ○○이며, 보증금의 반환 주체는 ○○이다(단, 보증금 반환에 대해 연대해서 책임진다).

14. 본 계약은 임차인이 법인으로 전환할 수 있으며 임대인은 법인계약에 협조한다.

15. 본 계약은 법인으로 변경하는 계약으로 기존에 작성한 년 월 일의 계약서는 효력이 없다.

16. 본 공장은 3개 호실을 공동사용하며 퇴실 또한 동시에 하기로 한다.

17. 임차인이 구조 변경을 원할 경우 사전에 임대인과 협의한다.

18. 임차인은 계약을 연장하지 않을 경우 2개월 전에 통보하기로 한다.

19. 임차인은 산업단지관리공단에 입주 체결을 하며, 이에 임대인은 임대신고
서를 제출한다.

20. 임대인은 산업단지 내 실사 완료 상태로 임차인은 입주와 동시에 임대신고
를 하기로 한다.

21. 본 건물은 지식산업센터로 산업집적활성화 및 공장설립에 관한 법률에 적
용을 받으나 임차인은 신고의 의무는 없다.

소공할까?
개공할까?

제1판 1쇄 2024년 11월 7일

지은이 조성자
펴낸이 허연   **펴낸곳** 매경출판㈜
기획제작 ㈜두드림미디어
책임편집 최윤경, 배성분   **디자인** 김진나(nah1052@naver.com)
마케팅 한동우, 구민지

매경출판㈜
등록 2003년 4월 24일(No. 2-3759)
주소 (04557) 서울시 중구 충무로 2(필동 1가) 매일경제 별관 2층 매경출판㈜
홈페이지 www.mkbook.co.kr
전화 02)333-3577
이메일 dodreamedia@naver.com(원고 투고 및 출판 관련 문의)
인쇄·제본 ㈜M-print 031)8071-0961

ISBN 979-11-6484-722-8 (03320)

책 내용에 관한 궁금증은 표지 앞날개에 있는 저자의 이메일이나
저자의 각종 SNS 연락처로 문의해주시길 바랍니다.